W0179508

Rolf Lindner ist Professor für Europäische Ethnologie an der Humboldt-Universität zu Berlin.

Rolf Lindner

Walks on the Wild Side

Eine Geschichte der Stadtforschung

Campus Verlag
Frankfurt/New York

Zitate aus englischsprachigen Quellen, die gedruckt nicht in deutscher Übersetzung vorliegen, wurden für dieses Buch ins Deutsche übersetzt von Moritz Ege, Berlin.

Bibliographische Informationen der Deutschen Bibliothek

Die Deutsche Bibliothek verzeichnet diese Publikation in der Deutschen Nationalbibliographie. Detaillierte bibliographische Daten sind im Internet über http://dnb.ddb.de abrufbar.

ISBN 3-593-37500-1

Copyright © 2004 Campus Verlag GmbH, Frankfurt am Main
Umschlaggestaltung: Guido Klütsch, Köln
Umschlagmotiv: Straßenszene in Manhatten, um 1910. Aus: *New York Street Kids*, 136 Photographs. Selected by The Children's Aid Society. With captions by John von Hartz, New York 1978.
Druck und Bindung: KM-Druck, Groß-Umstadt
Gedruckt auf säurefreiem und chlorfrei gebleichtem Papier.
Printed in Germany

Besuchen Sie uns im Internet: **www.campus.de**

Für Sarah Katharina, auf deren erstes Buch ich mich schon freue.

Inhalt

Danksagung

Das vorliegende Buch ist aus einer Vortragsreihe hervorgegangen, die ich am Institut für Europäische Ethnologie der Humboldt-Universität zu Berlin gehalten habe. Die äußerst wohlwollenden Kritiken, die diese Vorlesung im *Tagesspiegel* und in der *taz* erfahren hat, bildeten für mich den letzten Anstoß, das Vorlesungsmanuskript in Buchform zu bringen; dafür danke ich den Kritikern Josefine Janert und Carsten Würmann. Ganz besonderen Dank schulde ich Moritz Ege, der die Übersetzung der englischen Zitate übernommen und mir bei der Erstellung der Bibliographie geholfen hat. Dr. Judith Wilke-Primavesi, meine exzellente Lektorin, hat aus mir rausgeholt, was rauszuholen war. Wenn es jetzt noch hapert, liegt es ganz allein an mir. Last but not least gilt mein Dank Ulf Hannerz, Institut für Sozialanthropologie, Universität Stockholm und Loïc Wacquant, Department of Sociology, University of California, Berkeley für persönliche Mitteilungen via E-mail.

Einleitung

Die Großstadt des 19. Jahrhunderts erscheint jenen, die sich als erste der Stadt-forschung zuwenden, als eine immense *terra incognita,* als ein unbekanntes Land, das es zu erkunden gilt. »Auf dem Lande«, schreibt Charles Booth, einer der Pioniere der Stadtforschung, »liegt das Gewebe des menschlichen Lebens offen zutage; persönliche Beziehungen binden das Ganze zusammen. Das Gleichgewicht, auf dem die bestehende Ordnung beruht, ist, ob zufriedenstellend oder nicht, eindeutig und offensichtlich. Ganz anders sieht es in den Großstädten aus, wo wir, was diese Fragen angeht, in Dunkelheit leben, mit zweifelnden Herzen und aus Unkenntnis sich ergebenden unnötigen Ängsten.« (Booth 1889, S. 1)

Charles Booth (1840–1916), Reeder und Reformer, war Initiator und Leiter eines der gewaltigsten Unternehmen in der Geschichte der Stadtforschung, *Life and Labour of the People in London,* eine 17-bändige Studie über Armut in London. Booth, der als »geborener Geschäftsmann« beschrieben wird, scheint der Idealtypus des viktorianischen Bürgers gewesen zu sein, dessen methodische Lebensführung der Sozialforscherin und Booth-Mitarbeiterin Beatrice Webb zufolge so ausgeprägt war, dass man darin gleichsam eine Verkörperung der Protestantischen Ethik sehen konnte: »Gewissen, Vernunft und Neigung zur Pflicht sind seine großen Qualitäten; andere Eigenschaften kann man an ihm gar nicht entdecken, wenn man nicht sehr eng befreundet ist.« (Webb 1988, S. 264) Seine ausgesprochen starke empirische Orientierung verdankte sich keiner akademischen Ausbildung, sondern den Erfahrungen aus dem Geschäftsleben, als Reeder und Großkaufmann, der schon früh so etwas wie eine Trendanalyse entwarf. Die Orientierung an Zahlen und Tatsachen übertrug er auf seine Untersuchungstätigkeit, die er angeblich hauptsächlich abends und nachts, nach Geschäftsschluss, durchführte. Dabei entwickelte er ein Verständnis von Sozialforschung als Mittel der rationalen, auf Fakten beruhenden Erschließung der Wirklichkeit zur Optimierung sozialpolitischer Eingriffe.

London wird in der Viktorianischen Zeit zu einem »demographischen Koloss« (David Green), ein »Viktorianisches Babylon« (Lynda Nead), eine »Monster Metropole« (Henry Mayhew), mit der sich keine andere Stadt messen kann; selbst Paris, für Walter Benjamin »Hauptstadt des 19. Jahrhunderts«, ist nur halb so groß. Von hier nimmt die Stadtforschung ihren Ausgang und sie tut dies, wie wir noch sehen werden, methodisch und moralisch im protestantischen Geiste, als »Victorian Evangelical discourse« (Christopher Herbert). Die Ängste, auf die Booth anspielt, haben ihren Grund in der räumlichen Segregation der sozialen Klassen, die sich in der Großstadt des 19. Jahrhunderts vollzieht. Als eines ihrer Charakteristika wird angesehen, dass es in ihr zur »räumlichen Konfiguration der Gesellschaft« (Elisabeth Pfeil) kommt. Diese nimmt in den meisten europäischen Großstädten den Ost-West-Gegensatz an: Im Westen liegt meistens das feine Wohnviertel der Wohlhabenden, im Osten das Massenquartier der werktätigen Armen. Im London der Viktorianischen Ära, dem Untersuchungsfeld von Booth, gewinnt der Gegensatz zwischen Ost und West seine wohl krasseste, in Gareth Stedman Jones' sozialhistorischer Studie *Outcast London* zum Thema gemachte Ausprägung. Aber gegen Ende des 19. Jahrhunderts sind »auch in Berlin, wie in London, gewisse Stadtteile ganz den Arbeitern ausgeliefert«, wie es Werner Hegemann in seiner Abhandlung über »Das steinerne Berlin« formuliert (Hegemann 1979, S. 240). Diese topographische Trennung wird in der Regel meteorologisch, nämlich mit den in Europa vorherrschenden Westwinden begründet, die dazu führten, dass Industrieanlagen, und folglich auch Mietskasernen, im Osten der Stadt errichtet wurden – und damit, im *Gegen*zug, den »Zug nach dem Westen« (so der Titel eines Berlin-Romans aus der Gründerzeit) provozierte, »von dem arbeitsamen und erwerbenden nach dem genießenden und ausgebenden Berlin« (Lindau 1886, S. 74). Die sozialräumliche Verteilung hat von Anfang an eine symbolische Dimension, die die Trennung zu einem Graben vertieft, den es zu überwinden gilt, um, wie es eine gängige Metapher der sozialen Emissäre zu Beginn des 20. Jahrhunderts beschreibt, an das »andere Ufer« zu gelangen. Auf historisch eigentümliche Weise kann Berlin bis heute als Beispiel für diesen symbolischen Trennungsprozess – die »Mauer im Kopf« – gelten, hat sich doch die sozialräumliche Spaltung der Stadt, diesseits und jenseits der Systeme, in das kollektive Gedächtnis ihrer Bewohner eingebrannt.

Die Trennung in »Ost« und »West« geht im Viktorianischen London mit einer imaginären Geographie einher, die zwischen »unserem Land« und dem »Land der Barbaren« unterscheidet, eine Variante der imperialen Konstruktion von Orient und Okzident (Said 1995, S. 54). Nicht von ungefähr ist, in zeitgenössischer Analogie zu Afrika, vom Osten der Stadt als dem »dunklen Kontinent« die Rede: die unbekannte, nur »ein Steinwurf weit« entfernte Welt, die zum Auslöser kultureller Phantasien hinsichtlich ihrer Bewohner wird.

Es ist also die räumliche Absonderung der unteren Klassen, die Anlass zur Sorge und *damit* zur Forschung gibt. »Der höheren Inspektion und der öffentlichen Beobachtung entzogen«, wie es in Edwin Chadwicks *Report into the Sanitary Conditions of the Labouring Population in Great Britain* (1842) heißt, galt es, die Distrikte der Arbeiter und Pauper dem registrierenden Blick und dem kontrollierenden Auge zu öffnen, um sie der ›Sanierung‹ im wörtlichen wie im übertragenen Sinne zuzuführen. Von Anfang an ist die Stadtforschung mithin in Machtstrukturen verstrickt, in die Macht zu observieren, zu inspizieren und aufzuzeichnen, Teil des panoptischen Regimes im Sinne von Michel Foucault. Das wird schlaglichtartig am Beispiel der »Überblicksstudie« deutlich, die ja eine Gesamtschau der geographischen, materiellen und moralischen Lage der jeweiligen Population geben will. Deren Bezeichnung, *survey*, ist von *surveillance* (Überwachung) abgeleitet. Beim *survey*, methodische Umsetzung der *superior inspection*, von der Chadwick sprach, gehen folglich Untersuchungstätigkeit und Kontrolltätigkeit in eins. Eine zentrale Technik, die im Rahmen des *survey* Anwendung zur Sichtbarmachung von Personengruppen und Phänomenen im Weichbild der Stadt findet und zu einem *basic tool* der Stadtforschung wird, ist das *mapping*, das Kartieren, eine Technik, die die moderne Großstadt lesbar macht. Die ersten thematischen Karten werden aus medizinisch-epidemiologischer Perspektive entwickelt, um die Verteilung der Mortalität und damit eventuell die Seuchenherde der Cholera-Epidemien zu lokalisieren, die um 1832 die westeuropäischen Hauptstädte heimsuchen. Aber schon bald wird diese Methode auf andere Phänomene übertragen, um deren räumliche Verteilung sichtbar zu machen (Picon 2000). Auch auf dem Gebiet der kartographischen Erschließung des großstädtischen Raums hat Booth mit der ihm eigenen Rigorosität Maßstäbe gesetzt, ließ er doch bei seiner *Inquiry into the Life and Labour of the People in London* Straße für Straße gemäß der sozialen und moralischen Merkmale ihrer Bewohner erfassen. Die erste der Boothschen Karten, in denen nicht wenige Wissenschaftshistoriker die eigentliche Leistung der Untersuchung sehen, hat das East End von London zum Gegenstand (*Descriptive Map of East End Poverty*, 1889), aber in der Folge weitet Booth sein Kartenwerk auf zwölf Blätter aus, die das Gebiet von Hammersmith im Westen bis Greenwich im Osten, Hampstead im Norden und Clapham im Süden Londons erfassen (*Maps Descriptive of London Poverty*, 1898–99). Booth entwickelt ein Farbsystem, um die sozialen Klassen im städtischen Raum sichtbar zu machen. Dieses Farbsystem, dessen Skala von Schwarz [sic!] zur Kennzeichnung der Klasse A, der »Elemente der Unordnung«, bis zum Gelb der Klasse H, der *servant keeping class* der Wohlhabenden reicht, ist ein exzellentes Beispiel dafür, dass die topographische und die symbolische Raumkonstruktion in der frühen Stadtforschung ein Amalgam bilden. Indem Booth die *black spots*, für ihn Zeichen einer trostlosen Verbindung von Armut, Laster und Verbrechen, im Weichbild der Stadt sichtbar macht, tilgt er die weißen Flecken auf der Landkarte von London.

Weiße Flecken auf der imperialen Landkarte zu löschen, wurde Mitte des 19. Jahrhunderts zu einer englischen Obsession. »Reisen und Kolonialismus sind immer noch genauso die Hauptleidenschaften von Engländern, wie sie es in den Tagen von Raleigh und Drake waren«, konstatiert Roderick Murchison, Präsident der *Royal Geographical Society*, anlässlich der Expeditionen von Richard Burton und John Speke ins innere Afrika (Stafford 1989, S. 208). Auch die Viktorianischen Stadtforscher begreifen sich als Entdeckungsreisende, oder werden, wie Booth, als solche begriffen, und es ist, wie Asa Briggs betont, bemerkenswert, wie oft die Erkundung der unbekannten Großstadt mit der Erforschung von Afrika und Asien verglichen wurde (Briggs 1963, S. 60). Auf dem zweiten Blick freilich erscheint dieser Vergleich keineswegs mehr so erstaunlich, sind doch die Erforscher des East End nicht nur Zeitgenossen der Afrikareisenden, sondern auch deren Geistesverwandte: Beide verbindet das »imperiale Streben«, so Edward Said, die weißen Flecken auf der Landkarte zum Verschwinden zu bringen (Said 1999, S. 232). Indem die Stadtforschung den »schwarzen Kontinent« *at home* erschließt und damit die »Wilden der Zivilisation« verortet – »ihre eigenen Pygmäen«, wie William Booth, Gründer der Heilsarmee, die Bewohner des Londoner »Urwalds« bezeichnet – macht diese sie, zumindest potenziell, der Kolonialisierung zugänglich. Dieses Wechselspiel zwischen Erkundungstätigkeit und Kolonisierungsarbeit wird in der engen Verbindung der frühen Stadtforschung mit Programmen der zivilisatorischen ›Hebung‹ der Bevölkerung deutlich, wie sie zum Beispiel in der Kooperation mit der Stadtmission oder mit dem Settlementwesen zutage tritt, jener Bewegung, die in der »Niederlassung Gebildeter inmitten der armen und arbeitenden Bevölkerung« einen Ansatz zur Lösung der »sozialen Frage« sah. Die Parallelen von äußerer und innerer Mission zeichnen sich ab: Dem Reisenden und dem Missionar der europäischen Expansion tritt der Reisende *at home* und der innere Missionar zur Seite (Geisthövel, Siebert, Finkbeiner 1997).

Selbst die heroische Attitüde, außerordentliche Gefahren und Nöte überwinden zu können, ist den Reisenden des geographischen und des metaphorischen Afrika gemeinsam; sie ist Teil dessen, was Said als »Abenteuerimperialismus«

bezeichnet hat. Die kulturelle Kodierung des East End als »dunkler Kontinent« projiziert Fantasien vom »mysteriösen Osten«, der unsagbare Abenteuer und Mysterien verspricht. Mit diesem Versprechen ist aber implizit eine Motivebene angesprochen, die in der reinen Machtfunktion nicht aufgeht, »eine verzehrende Neugier nach allem, was fremd- und neuartig war«, wie es Alan Moorehead in Bezug auf die Afrikareisenden formuliert hat (Moorehead 1965, S. 129). Die gesellschaftliche Aufsichts- und Kontrollfunktion, der die Stadtforschung dienen soll, wird daher häufig durch die individuelle Neigung des Forschers konterkariert, ein Interesse am »Anderen« zu haben, in der fremden Lebenswelt gar einen Gegenentwurf zum Eigenen zu sehen. Daher verpasst jede simple Reduktion der Forschung auf Machtinteressen die Faszination, die mit dieser Forschung einhergeht.

Auch Henry Mayhew (1812–1887), Zeitgenosse und publizistischer Kollege von Charles Dickens – ein »soziologischer Dickens« wie James Bennett (1981, S. 35) schreibt, aber auch, wie Jonathan Raban (1973, S. 68) ergänzt, anti-klerikal, satirisch und ein Liebhaber von Spirituosen – verstand sich dem Vorwort zu seiner monumentalen Studie *London Labour and the London Poor* (1861/62) zufolge als »Reisender« und zwar »in das unentdeckte Land der Armen« (Mayhew 1967, S. III). Die Reise trat er an, um Informationen über eine Klasse von Menschen einzuholen, von der die Öffentlichkeit, so Mayhew, weniger Kenntnisse hat als von den entferntesten Stämmen der Erde – Mayhews »Cockney Polynesia«, wie es Christopher Herbert in seiner Abhandlung über die ethnographische Imagination im 19. Jahrhundert formuliert hat (Herbert 1991). Auch Mayhew geht es also um die Tilgung weißer Flecken auf der sozialen Landkarte Londons. Und auch ihm geht es darum, seltsame und fesselnde Geschichten aus dem »mysteriösen Osten« heimzubringen, Fakten, die so außergewöhnlich sind, dass der Reisende, »wie Bruce« (der berühmte Afrikaforscher des 18. Jahrhunderts), sich damit abfinden muss, »dass man ihm, bis weitere Forscher seine Berichte bestätigen, eben solche Geschichten unterstellt, wie sie Reisende angeblich gerne erzählen« (Mayhew 1967, S. III). Aber Mayhew vollzieht von Anfang an einen ihn von anderen Reisenden unterscheidenden Perspektivenwechsel. In *London Labour and the London Poor*, schreibt Jonathan Raban in seinem Essay über den »unsichtbaren Mayhew«, gibt Mayhew Menschen Gesicht, Stimme und Persönlichkeit, »die zuvor bloß als Gegenstand von Gerüchten und Alpträumen existierten« (Raban 1973, S. 64). In der Tat ist das im Vorwort zu seiner großen Studie vorgestellte Programm seiner Zeit weit voraus, ja findet, so weit ich zu sehen vermag, im 19. Jahrhundert keine Entsprechung mehr: »Es wird angenommen, dass das Buch aus vielen Gründen merkwürdig ist«, stellt Mayhew selbstbewusst fest:

»Es kann sicherlich deshalb als bemerkenswert angesehen werden, weil es den ersten Versuch darstellt, die Geschichte eines Volkes in den Worten der Menschen selbst zu publizieren – eine buchstäbliche Beschreibung ihrer Arbeit, ihrer Verdienste, ihrer Probleme und ihrer Leiden, und zwar in ihrer eigenen, ›ungeschminkten‹ Sprache; und eine Schilderung ihrer häuslichen Verhältnisse und ihrer Familien auf der Grundlage von persönlicher Beobachtung und unmittelbarer Gemeinschaft mit den Individuen.« (Ebd.)

Wie kühn dieses Programm seinerzeit war, kann nur der erwägen, der weiß, dass die unteren Klassen gewissermaßen für unmündig gehalten wurden, intellektuell nicht in der Lage, ihre Situation zu reflektieren, moralisch überdies zur Täuschung neigend. Noch bei Charles Booth, vierzig Jahre später, waren es gesellschaftliche Aufsichtspersonen wie Beamte der Schulbehörden, Mieteneinnehmer, Fürsorger und Polizisten, die Bericht über ihre ›Schutzbefohlenen‹ erstatteten; bei Mayhew aber wird den Betroffenen selber Gelegenheit zur Rede gegeben. »Er war einer der ersten Advokaten und erfolgreichen Vertreter der Technik durch direkte Interviews und Beobachtungen Material aus erster Hand zu sammeln, was Robert E. Park und (Bronislaw) Malinowski gleichermaßen erfreut hätte«, schreibt Terence Morris (1957, S. 63) und stellt Mayhew damit symbolisch in eine Reihe mit den Ahnherrn der soziologischen und ethnologischen Feldforschung. *The history of a people from the lips of the people themselves; personal observation; direct communion*, das sind die drei großen methodischen Stichworte, die Mayhew gleichermaßen zu einem Vorreiter der *oral history* wie zu einem Ethnographen *avant la lettre* machen. Er ist der erste, der versucht, die Innensicht zu verstehen, *the native's point of view*, wie es mehr als ein Jahrhundert später der Kulturanthropologe Clifford Geertz formulieren wird. Es ist gesagt worden, dass sich dieses Interesse am Anderen nicht zuletzt der eigenen antibürgerlichen Haltung verdankt. Jedenfalls zeichnet Mayhew das Leben des Straßenvolks nicht nur in seinen ökonomischen Zwängen, es lebt auch, wie der Herausgeber einer deutschen Auswahledition von *London Labour and the London Poor* schreibt, »in einem libidinösen Reich der Freiheit, das inmitten der viktorianischen Welt als ein anarchisches Fremdes, als ein lustvoll Anderes existiert« (Tetzeli von Rosador 1996, S. 377). Es ist wohl das »lustvoll Andere«, das den »travesty-gentleman« Mayhew anzog (Raban).

Kartographie und Ethnographie, die beiden methodischen Säulen einer Stadtforschung, der es um die Erkundung urbaner Lebenswelten geht, finden ihre definitive disziplinäre Gestalt in der bis heute bedeutendsten und einflussreichsten

Schule der Stadtforschung, der *Chicago School of Urban Sociology*, die ihre Goldene Zeit in den 1920er Jahren erfuhr. Diese Richtung verband Humanökologie, also die Wissenschaft von der räumlichen Verteilung von Bevölkerungsgruppen, mit der Ethnographie je spezifischer sozialer, kultureller und ethnischer Lebenswelten, um zu jener Forschungsprogrammatik zu gelangen, die bis heute das Paradigma der *urban ethnography* auf den Punkt bringt: die Beobachtung sozialer Phänomene in ihrer natürlichen Umgebung (*natural setting*). Dabei eignet sich die Doppelbedeutung von *setting* als Umgebung *und* Schauplatz besonders gut, um das Genre der Ethnographie nicht nur als Forschungs-, sondern auch als Darstellungsweise zu skizzieren. Noch immer geht es dabei darum zu zeigen, »wie das Leben an einem Ort, zu einer Zeit, in einer Gruppe abläuft« (Geertz 1990, S. 138). Aus diesem Anliegen erklärt sich die eigentümliche evokative Kraft der Ethnographie: Der Leser fühlt sich, ist die Beschreibung ›dicht‹ genug, wie in einem Werk der Literatur oder in einem Film, an den Schauplatz der Handlung versetzt, um zu sehen, zu hören und zu fühlen, was der Feldforscher gesehen, gehört und gefühlt hat.

Dies – die Versetzung des Lesers an den Schauplatz der Handlung – wird auch mit der vorliegenden Geschichte der Stadtforschung versucht; in gewisser Weise ist der Leser aufgefordert, diese Geschichte nachzuleben. Die Abhandlung bietet eine historisch argumentierende Einführung in Themen, Methoden und Theoreme entlang exemplarischer, methodisch wie analytisch bahnbrechender Studien, das, was man gemeinhin Klassiker nennt. Der behandelte Zeitraum erstreckt sich über mehr als 150 Jahre, angefangen mit Henry Mayhew, dem lange Zeit vergessenen und bis heute nicht angemessen gewürdigten Pionier der Stadtethnographie, bis hin zu den neuesten Arbeiten des Bourdieu-Schülers Loïc Wacquant, der in der South Side von Chicago forschte. In den einzelnen Kapiteln entstehen so Skizzen von Forschungsgenerationen und der für sie charakteristischen Problemstellungen, die auch ein Licht auf die Erfahrung der Stadt und die Forschungspolitik in bestimmten historischen Momenten werfen. Zugleich wird das Überzeitliche bestimmter Interessen, Denkfiguren und Argumentationsmuster deutlich. Ein besonderes Augenmerk wird auf die Darstellung der Methoden gelegt, nicht nur um den Lesern ein plastisches Bild vom Vorgehen zu vermitteln und deutlich zu machen, dass wir alle »auf den Schultern von Riesen« stehen, sondern auch, um daraus methodische Anregungen für eigene Forschungsprojekte ziehen zu können.

Die Geschichte der Stadtforschung ist nicht zuletzt auch eine Geschichte der Obsessionen und Leidenschaften der Forscher: von Alexandre Parent-Duchâtelet, der Anfang der 1830er Jahre sämtliche Kloaken von Paris durchwanderte, bis zu Loïc Wacquant, der nahezu vier Jahre in einem Chicagoer *boxing gym* bis zur Turnierreife trainierte, um eine Studie über die Profession des Boxens, über »Körper und Seele« des Boxers zu verfassen. Diese Obsession wird von der Logik »nahe« gelegt, die der Forschungsweise innewohnt: Ethnographien sind, wie Amann und Hirschauer betonen, »nicht regulative, sondern *mimetische* Formen empirischer Sozialforschung« (Amann/Hirschauer 1997, S. 20). In dieser existenziellen Komponente liegt ihre ungebrochene Attraktivität und Faszination als Forschungs- und Darstellungsweise. Zugleich gewinnen wir über die Beweggründe zur Forschung und die Motive der Forscher einen Einblick in die Sozial- und Kulturgeschichte der Moderne, soweit sie sich als Verhältnis zu den ›Anderen‹ der Stadt, der *other, nether, wild side* artikuliert.

Die Stadt als Brutstätte von Krankheiten und Laster

In den frühen Erkundungstexten wird die Stadt oder besser: ein bestimmter Ausschnitt der Stadt als Abort beschrieben, als Kloake, ein vor Schmutz starrender Ort der Ansteckung, der Krankheit, des Todes. In die Beschreibungen schleicht sich zugleich eine Faszination ein, die mit dem Ekel ein seltsames, unauflösbares Amalgam bildet. Stephen Greenblatt hat in einem instruktiven Aufsatz mit dem beziehungsreichen Titel »Filthy Rites« auf die Bedeutung aufmerksam gemacht, die Widerwillen und Ekel für die Entwicklung der Wissenschaften vom Menschen hatten (Greenblatt 1991, S. 32). Es ist, paradox gesagt, die Faszination durch den Ekel, eine *nostalgie de merde*, wie es Greenblatt drastisch formuliert, die zur Triebkraft der Forschung wird. Sie schlägt sich in einer kulturellen Praxis nieder, dem *slumming*, der Erkundung der Armenviertel als einer exotischen und zugleich unheimlichen Welt. In dieser zumeist von der Polizei patrouillierten Visite verdichtet sich die imaginäre Geographie des städtischen Raumes aus der Perspektive des bürgerlichen Publikums, sind hier doch all jene unaussprechlichen Schrecken versammelt, die diesem die Lust der Angst, den Nervenkitzel, bereiten.

Eine besonders intensive Rolle spielt dabei die Erfahrung des Geruchs, der aufgrund seiner durchdringenden Präsenz besonders schwer zu regulieren ist. Alain Corbin hat in seiner *Geschichte des Geruchs* (1992) die Obsession beschrieben, mit der sich bürgerliche Beobachter der Aborte und Kloaken und des damit beschäftigten Personals annahmen, den Kanalreinigern, Kloaken- und Straßenfegern. Nicht nur in hygienischen Abhandlungen, die die Gefahren der miasmatischen Gase heraufbeschworen, sondern auch in Beschreibungen des städtischen Szenarios spielten diese fast die ganze viktorianische Ära hindurch eine prominente Rolle. Unrat und Unratsammler wurden in eine symbiotische Beziehung gebracht, galt doch das Einsammeln des Unrats als nützliche Tätigkeit für den »menschlichen Abfall«. Entsprechend wurde der Einsatz von Bettlern und Zuchthäuslern, generell der Armen und Gebrechlichen und damit des gesellschaftlich »Unwerten« und »Nichtsnutzigen« als Kloaken- und Straßenfeger gefordert. In den von Henry Mayhew beschriebenen *pauper street cleaners*, die zur unbezahlten ›Drecksarbeit‹ gezwungen wurden, und den von Philanthropen bezahlten »Straßenordonanzen« gewinnt diese symbiotische Beziehung organisierte Form.[1] Auf diese Weise gingen »topographische Toilette« und »soziale Toilette« Hand in Hand (Corbin 1992).

Die Rede vom »Schmutz« ist eine semantische Verdichtung, das heißt eine Vorstellung, die »für sich allein mehrere Assoziationsketten« vertritt, »an deren Kreuzpunkte sie sich befindet« (Laplanche/Pontalis 1992, S. 580). Im 19. Jahrhundert bildet sich eine Assoziationskette heraus, die Arbeit, Armut und Schmutz, eine andere, die Schmutz und Laster miteinander verbindet. »Dreck und Unrat sind die entscheidenden Faktoren bei dem Bild, das sich (der Bourgeois) vom Volk macht«, heißt es bei Alain Corbin (1992, S. 192). »Schmutz« bedeutet in diesem Zusammenhang nicht nur Dreck, sondern ist immer auch eine moralische Kategorie, die auf Unanständiges, vor allem sexuell Anstößiges verweist. Noch in der für die erste Hälfte des 20. Jahrhunderts so charakteristischen Jugendschutzformel vom »Kampf gegen Schmutz und Schund« ist diese Konnotation virulent. »Schund« meint geistig minderwertige Literatur, »Schmutz« Sexuelles in Wort und Bild. Im angelsächsischen Diskurs ist das entsprechende zentrale Wort *filth*, »Unflat«, womit nicht nur »ekelerregender Dreck«, namentlich die Ausscheidungen des menschlichen Körpers, sondern auch »Verderbtheit« gemeint war. Der vor Schmutz starrende Ort der Ansteckung wird zugleich als ein Ort der Ausschweifung imaginiert. Eben dies zeigt Greenblatt in drastischer Form am Beispiel der »schmutzigen Riten« der Nebue-Cue auf, die den Beobachter, Captain John G. Bourke, dazu veranlassen, eine fünfhundertseitige Studie über skatologische Riten zu verfassen, »Ergebnis zehnjähriger besessener Forschungen« (1991, S. 32). Die *nether side* des Beobachtungsfeldes ist, so hat es den Anschein, häufig auch die des Beobachters selbst.

Von Anfang an werden in den Berichten aus der Welt der Armen Verbindungen zwischen Topographie und Moral geknüpft. »Die Fiebernester und die Stätten der physischen Verlotterung sind zugleich die Stätten der moralischen Verdorbenheit, der Unordnung und des Verbrechens«, schreibt 1842 der führende britische Vertreter des Sanitärgedankens, Edwin Chadwick, der – ganz im Sinne der genannten Assoziationskette – Abwässer mit Krankheit und Krankheit mit moralischer Verkommenheit verbindet. Analog zu den zeitgenössischen Vorstellungen von den Verheerungen morastiger Dämpfe, den Ausdünstungen des Bodens, wird in Bezug auf die Lebensweise der Armen von einem »moralischen Miasma« gesprochen. Bestimmte Viertel gelten gleichermaßen als Brutstätten von Krankheiten wie von Verbrechen und Lastern – »sinks of vice«, Senkgruben des

Lasters, wie es anspielungsreich heißt. Die Vorstellung von Wohngebieten als Brutstätten von Krankheit und Laster kommt noch heute im Konzept der Wohngebietssanierung (lat. *sanere* = heilen, gesund machen) zum Ausdruck. Dass das englische Wort »slum« anfangs auch als »*Schlamm*viertel« übertragen wurde (siehe Spiller 1911), ist dafür bezeichnend. Immer wieder werden der sumpfige Pfuhl und der Sündenpfuhl in einem Atemzug genannt. »Slums als dreidimensionale Obszönitäten«, diese – doch kritisch gemeinte – Wendung scheint mir die Verbindung von Topographie und Moral, das heruntergekommene Viertel, in dem das Laster ›haust‹, auf den Begriff zu bringen (Dyos 1967, S. 9).

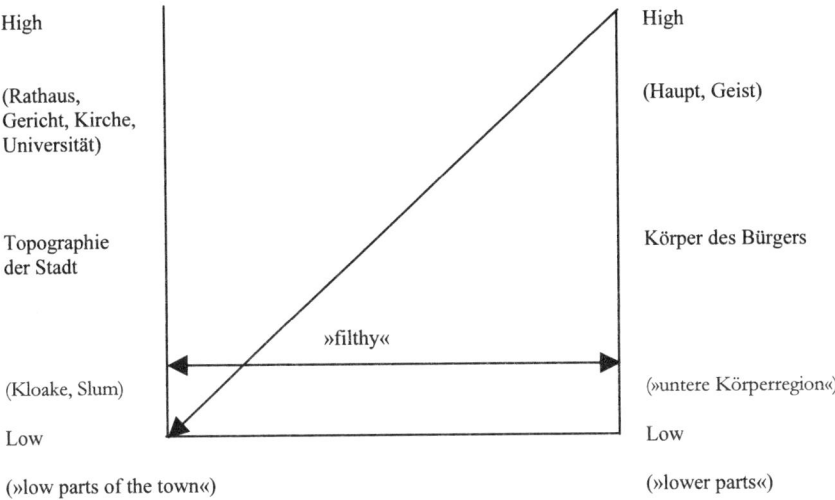

Abb. 1: Lindner nach einer Grafik in: Peter Stallybrass/Allon White, *The Politics and Poetics of Transgression*, London 1986.

Peter Stallybras und Allon White haben den Zusammenhang zwischen Topographie und Moral radikalisiert, indem sie die Topographie der Stadt und den bourgeoisen Körper in eine analoge Beziehung gesetzt haben. So wie die Topographie der Stadt über eine Hierarchie verfügt – mit Rathaus, Gericht und Kirche an der Spitze, Slum und Kloake als Abort –, so auch der bürgerliche Körper: mit dem »Haupt« einerseits und den »niederen Körperregionen«, den »lower parts« andererseits. Die paraorganische Nähe dieser symbolischen Beziehung wird deutlich, wenn man sich eine der frühesten Definitionen von »Slums« als »nie-

21

dere Teile der Stadt« (Egan 1821) vor Augen hält.[2] Für Stallybrass und White kommt es in den Obsessionen der Bourgeoisie zu einer Verschiebung von den Niederungen des Körpers zu den Niederungen der Stadt. Während jene tabuisiert[3] beziehungsweise in der Sprache der Psychoanalyse »vergessen« werden, werden diese zum Gegenstand einer geradezu zwanghaften Beschäftigung, »einer ständigen Sorge, die wiederum vollständig in Begriffe gefasst ist, die aus Diskursen über den Körper stammen« (Stallybrass/White, 1986, S. 145). Man könnte mit Pearson geradezu vom »Suhlen« in Metaphern der Ausscheidung sprechen (1975, S. 162). Eine Passage aus dem vielleicht berühmtesten Sozial-Pamphlet der viktorianischen Ära, »The Bitter Cry of Outcast London« (1883), illustriert die Manie und Manier, in der diese Rede geführt wurde:

»Um in diese verseuchten Nester zu gelangen, muss man in Hinterhöfe eindringen, wo giftige und übelriechende Gase von den überall verstreuten Ansammlungen von Abwasser und Müll her aufsteigen. [...] Durch dunkle und schmutzige Durchgänge, in denen es vor Ungeziefer wimmelt, muss man sich einen Pfad ertasten. Erst dann, falls einen der unerträgliche Gestank nicht zurücktreibt, kann man in die Behausungen Einlass finden, in denen sich jene Tausende Geschöpfe drängen, die nicht weniger als man selbst zu der Rasse gehören, für die Jesus gestorben ist.« (Zitiert nach Dyos 1967, S. 19f.)

Man braucht die These von der Verschiebung von den Niederungen des Körpers auf die Niederungen der Stadt nicht zu teilen, um von der Obsession der Rede mehr als irritiert zu sein.[4] Hier deutet sich ein Subtext an, der in den Untersuchungen des Arztes und Sozialreformers Alexandre Parent-Duchâtelet an die Oberfläche gelangt.

Fiebersumpf und Sündenpfuhl:
Die Erforschung der Stadt im Kontext der Moralstatistik

Die starke Verbindung von »topographischer« und »sozialer Toilette«, von Verschmutzung als Ursache von Seuchen wie der Cholera, und Verderbtheit als Ursache von venerischen Krankheiten, charakterisiert auch die Anfänge der Erforschung der Stadt im Kontext der Moralstatistik. Dieser Terminus umfasste eine stattliche Reihe an bevölkerungsstatistischen Phänomenen, von der Erfassung der Eheschließungen, der unehelichen Geburten, der Selbstmorde und der Verbrechen bis hin zu Bildungsstatistiken. Schon früh wurden Daten miteinander verglichen, wie in einer der ersten moralstatistischen Karten von Balbi und Guerry aus dem Jahre 1829, »Statistique Comparée De L'État De L'Instruction

Et Du Nombre Des Crimes«, die Bildungsstand und Vorkommen von Verbrechen in den französischen Verwaltungsbezirken miteinander in Beziehung setzte (vgl. Robinson 1982, S. 159). Eines der wichtigsten Hilfsmittel der Stadtforschung, die »thematische Kartierung«, das heißt die Visualisierung der Verteilung bestimmter Phänomene im städtischen Raum, später eines der Markenzeichen der Chicago School of Urban Sociology, geht unmittelbar aus der Verbindung von topographischer und sozialer »Toilette« hervor.

Bis gegen Ende des 18. Jahrhunderts war Aufgabe der Karten eine Abbildung der Stadt aus der Vogelperspektive zu liefern. Dabei kam es vor allem darauf an, ein möglichst exaktes, gewissermaßen naturgetreues Bild von der Stadt zu zeichnen, mit ihren Straßen, Plätzen und Monumenten. Diese Überblickskarten blieben das ganze 19. Jahrhundert hindurch die übliche Form urbaner Kartographie, freilich mit dem Unterschied, dass sie nunmehr vor allem die rasche Transformation der städtischen Raumstruktur zu repräsentieren hatten. Neben diesen Karten von der *Anatomie* der Stadt traten jedoch Karten, die die *Physiologie* der Stadt, die Lebensvorgänge in ihr, sichtbar und damit verständlich machen sollten. Deren Entstehung ist in Zusammenhang mit den sich rasch entwickelnden Medizinwissenschaften zu sehen, die mit ihrer »méthode d'observation« zur Vorbilddisziplin einer Soziologie wurden, die mit der Beobachtung und Klassifikation sozialer Tatbestände beschäftigt ist (Lepenies 1978). Das wird an der Entwicklungsgeschichte der so genannten thematischen Karten exemplarisch deutlich (vgl. Robinson 1982). Sie entstanden zunächst als medizinische Karten im unmittelbaren Zusammenhang mit einem der größten neuzeitlichen Schrecken, der Cholera-Epidemie, verlagerten sich aber rasch auf soziale Tatbestände sui generis. Die wohl berühmteste medizinische Karte dieser Zeit war »Dr. John Snows Einzeichnung der Cholerafälle rund um eine einzige verunreinigte Pumpe in Soho im Zentrum Londons, welche die Verbindung zwischen Nähe zur Pumpe und Sterblichkeit aufzeigt« (Bulmer, Bales, Sklar 1991, S. 32). An John Snow erinnert noch ein gleichnamiges Wirtshaus, das am Schauplatz der Broad Street Pumpe, der Quelle der Seuche, eingerichtet wurde – in den Augen von Robinson eine etwas unangebrachte Würdigung, war doch Snow seit seiner Jugend ein strikter Abstinenzler (1982, S. 177f.).

Wir können in der Cholera, die 1831/32 die westeuropäischen Metropolen erreichte, eine »Heimsuchung« im wahrsten Sinne des Wortes sehen, war doch nicht zuletzt die Expansion des britischen Weltreichs und die Zunahme des Handels zwischen Asien und Europa für ihre Verbreitung mit verantwortlich. 1817 in Indien ausgebrochen und deshalb auch die asiatische beziehungsweise »orientalische« Krankheit genannt (so der Hamburger Stadtphysikus Heinrich Wilhelm

Buck, der noch 1830 die Cholera in Deutschland nicht für denkbar hielt, wenige Monate bevor die Cholera-Epidemie in Hamburg ausbrach), gelangte die Cholera über Mesopotamien und Persien 1823 nach Tiflis und Baku, dem Einfallstor zu Russland, und schließlich in den Westen. Das unaufhörliche Vorrücken der Seuche muss wie eine Plage gewirkt haben, deren Heraufkunft unausweichlich ist. Wie es eine Londoner Zeitschrift 1832 ausdrückte, betrachtete man die Seuche, als sie in Asien auftauchte, noch mit Neugier, in der Weite Russlands schon mit Argwohn, in England schließlich mit Schrecken (Hilger 1991).

Das »Bösartige« an der Cholera, und als eine solche Krankheit wurde sie bezeichnet, war ihre Übertragung durch Bazillenträger. Das machte auch ihren Schrecken aus, der sich unter anderem in der Furcht vor der kontaminierenden Berührung durch die »Unerwünschten« – die indigene Variante der »Unberührbaren« – artikulierte. Besonders perfide war, dass diese Übertragung gerade durch das »Gewünschte« erfolgen konnte, durch kontaminierte Geldmünzen und -scheine zum Beispiel – auch hier könnte man von einer »Heimsuchung« sprechen.[5] Zugleich galt die Cholera, im Unterschied zu anderen, »distinguierenden« Krankheiten, als ein massenhaftes und vor allem vulgäres Leiden. Während der Tuberkulose, der im Cholera-Jahr 1832 in Hamburg mehr Menschen zum Opfer fielen als der Seuche selbst, als »Schwindsucht« vergeistigende Kräfte wie gesteigerte Empfindsamkeit zugeschrieben und die Krankheit damit gewissermaßen geadelt wurde, mussten »das beständige Erbrechen und Ausscheiden ungeheurer Mengen flüssiger Exkremente in einer Epoche, die Körperfunktionen mehr als jede andere zu verbergen suchte, widerwärtig und zutiefst ekelerregend wirken« (Evans 1990, S. 298). Man könnte auch sagen, dass die Cholera die Bürger massiv und unausweichlich an die »vergessenen« Partien ihres Körpers erinnerte.

In London ebenso gut wie in Hamburg oder Paris gelangte die Cholera aus den überbevölkerten, sanitär mangelhaft ausgestatteten Quartiere der arbeitenden Bevölkerung in die besseren Wohnviertel, und zwar über Dienstmädchen, Hausdiener und Lieferanten[6], aber auch durch das Zusammentreffen mit Angehörigen der arbeitenden Klassen im öffentlichen Verkehr. Dies alles führte der bürgerlichen Klasse die Dringlichkeit von positivem Wissen über die Ursachen und Zentren der Seuche vor Augen. Zu den Erhebungsinstrumenten gehörten auch die medizinischen Karten, die die lokalen Zentren der Epidemie verorteten. So wurden beispielsweise die Ergebnisse eines Berichts über den Verlauf und die Folgen der Cholera-Epidemie in Paris 1832 mittels einer Karte zusammengefasst, die die Verteilung der Sterblichkeitsraten in den 48 Bezirken von Paris zeigte: »Tableau d'Assemblage des 48 quartiers de la Ville de Paris, offrant dans le même temps le Degré respectif d'Intensité des Ravages que le Choléra y a excercé« (Picon 2000). Gerade am Pariser Beispiel wird der fließende Übergang vom medizinischen zum moralischen, vom medizinwissenschaftlichen zum sozialwissenschaftlichen Diskurs deutlich. Eine Schlüsselrolle kommt dabei dem Arzt, Hygieniker und Sozialreformer Alexandre Parent-Duchâtelet zu. Parent-Duchâtelet war Mitglied des Komitees, das mit der Erstellung des Berichts über die Cholera-Epidemie beauftragt war und galt zugleich als *der* Kenner der Pariser Abwasserkanäle. Um Material für seinen *Essai sur les cloaques ou égouts de la ville de Paris* (1824) zu finden, ließ er, der als strenger Empiriker galt, es sich nicht nehmen, in die Kloaken von Paris hinabzusteigen und sie höchstpersönlich zu durchwandern, um, wie es später heißen wird, ein Wissen »aus eigener Anschauung« zu gewinnen. Mehr noch: Wie eine »Notice Historique« von F. Leuret zur Person Parent-Duchâtelets zeigt, hat er bei seiner Untersuchung der Welt der Kloaken nicht vor der teilnehmenden Beobachtung zurückgeschreckt:

»Um diesen Essay zu erstellen, wie seine Arbeit zu bezeichnen er die Bescheidenheit besaß, hat er nicht nur alle Arbeiten über die Kloaken gelesen und die Arbeiter befragt, sondern er hat alles sehen wollen, und wiederholt hat er jeden Abwasserkanal von Paris durchwandert; er hat an allen Tätigkeiten der Kanalarbeiter teilgenommen, die er einzeln befragte und die er in ihrer Wohnung aufsuchte, um schließlich von ihnen all das, was sie betraf, in Erfahrung zu bringen.« (Leuret 1857, S. XII)

Dabei entwickelte er, will man seinem Biographen Glauben schenken, ein geradezu erotisches Verhältnis zu den Kloaken: »Es verwundert nicht, dass Parent gegenüber den Kloaken nicht den Widerwillen an den Tag legte, den diese Orte natürlicherweise hervorrufen; ich möchte fast sagen, dass er sie liebte.« (Ebd., S. XIV) In Parent-Duchâtelets Person und Werk kommt das Ineinanderübergehen des medizinischen und moralischen Diskurses, die Analogie von »Fiebersumpf« und »Sündenpfuhl« und die hoch entwickelte Obsession der Zeit für Senkgruben aller Art in exemplarischer Weise zur Geltung. Für ihn waren Prostituierte dort, wo Männer in großer Massierung leben, ebenso unvermeidlich wie Kloaken – eine bemerkenswerte Analogie, die die Untersuchung sowohl von Abwasserkanälen als auch des Milieus der Prostitution nach ein und derselben Methode als logisch erscheinen lässt: »Was ihn auf die Erforschung der Prostitution vorbereitet hat, so schreibt er, war nichts anderes als seine Erfahrung in den Abwasserkanälen, wo er, ›inmitten der abstoßendsten und widerwärtigsten Erzeugnisse großer Menschenmassen‹ (Bell) mit fauliger Materie hantierte.« (Green 2001)

Verstärkt wurde diese Analogie noch durch die Betonung der Gefahr, die von der biologischen Ansteckung ausgehe, galt die Syphilis in den Augen von Parent-Duchâtelet doch als die verheerendste aller Krankheiten, die sich durch

Übertragung verbreiten. Freilich scheint nur der vulgäre Körper kontaminierend zu wirken. Parent-Duchâtelet, ein »wahrer Linnaeus der Prostitution« (Corbin), der – wie Linné die Pflanzenarten – Prostituierte nach ihrer Klientel (*filles à soldats, filles des barrières, pierreuses ou femmes de terrain*) klassifizierte, untersuchte ausschließlich die öffentliche Prostitution, weil er diese – und im Unterschied etwa zur *maitresse de maison* nur diese – als eine Gefahr für die herrschenden Klassen ansah. Diese selektive Gefahrensicht zeigt aber auch, dass die beschworene Gefahr über die Dimension der venerischen Kontamination hinausgeht. Das Milieu der Straßenprostitution bildet wie das Verbrechen eine Gegengesellschaft, »eine soziale Grundlage, die eine zugleich moralische, soziale, sanitäre und politische Bedrohung darstellte« (Corbin 1990, S. 5). Brian Green (2001) geht in seiner Interpretation des zeitgenössischen Diskurses noch weiter; für ihn ist »die Prostituierte« als Signifikant die »geschlechtliche« Verkörperung einer allgemeinen moralischen, körperlichen, politischen und sozialen Bedrohung, die von der Arbeiterklasse ausgeht.

Um diesen Gefahrenherd im Weichbild der Stadt kenntlich zu machen, wendet Parent-Duchâtelet die bei der Untersuchung der Cholera erprobten Methoden an. 1836 fertigt er im Zusammenhang mit seiner Studie über Prostitution eine ganz dem Muster der Ermittlung der Choleraherde folgende Karte an, die die Verteilung der Prostituierten in den 48 Distrikten von Paris zeigt (»Distribution des prostituées dans chacun des 48 quartiers de la ville de Paris«). Dabei bemüht er sich auf Kontinuitäten aufmerksam zu machen. Um nämlich die Gewohnheiten eines Arrondissements oder eines Viertels, die Art seiner Bevölkerung kennen zu lernen, sei es nicht unwichtig, führt Parent-Duchâtelet sein Forschungscredo aus, Detailkenntnisse darüber zu gewinnen, wie die tolerierten Häuser zu verschiedenen Zeiten räumlich verteilt waren. Zu diesem Zweck fertigt er eine Tabelle an, die für ihn auf evidente Weise deutlich macht, »dass es [...] Orte gibt, die anscheinend Häuser der Unzucht anziehen, während andere sie beharrlich abweisen; dass Orte, die nahe beieinander liegen, ja häufig sogar aneinander grenzen, in dieser Hinsicht die schärfsten Gegensätze bilden« (Parent-Duchâtelet 1857, S. 322).

Die enge Verzahnung des medizinischen mit dem sozialen Diskurs in der thematischen Kartierung wird, wie wir noch genauer sehen werden, bis zu den *spot maps* der Chicagoer Soziologie der 1920er Jahre, die etwa die *vice areas*, das heißt die Gebiete organisierter Prostitution in Chicago, oder die Verteilung der *gangs*, der *rooming houses* oder der *taxi-dance halls* im Weichbild der Stadt zeigen, ein Charakteristikum der Stadtforschung bleiben.[7]

26

Überblicken und Überwachen:
Die *survey* der Statistischen Gesellschaften

Von Anfang an geht es in den Stadtuntersuchungen um zwei untrennbar miteinander verflochtene Prozesse, die zugleich zwei Diskurse repräsentieren: *congestion*, die Überbevölkerung, und *contagion*, die Ansteckung. Beide Formeln verweisen auf mehr als auf physische Tatsachen, auf die erdrückende Bebauungsdichte und katastrophale Überbelegung in den Distrikten der armen und arbeitenden Bevölkerung sowie auf die damit verbundene Gefahr von Epidemien. Hinter diesen Prozessen stehen Diskurse, die um soziale Unordnung kreisen: Die Ansammlung von Menschen kann immer auch als Zusammenrottung gedeutet werden, die Ansteckung als eine geistige Infiltration, als eine Initiation in Anschauungen, Haltungen und Praxen, die der bestehenden Gesellschaft zuwiderlaufen. So werden die Wohnstätten der Armen zu Brennpunkten von »Cholera, Kriminalität und Chartismus« (Jones 1976, S. 167) gemacht.

In seiner Abhandlung über den Slum-Diskurs der frühen viktorianischen Periode hat Anthony Wohl festgestellt, dass die moralischen Aspekte besonders betont wurden: »Wie die Wirkungen des Slumlebens auf den Charakter hervorgehoben wurden, so hielt man oft auch die Slums selbst für Resultate schlechten Charakters.« (1977, S. 8) Die Phantasien, die damit einhergingen, verraten sich durch die ›farbigen‹ Wortschöpfungen, mit denen die Stätten des Elends im öffentlichen Diskurs bezeichnet werden: *fever dens, rookeries, warrens* (vgl. Pearson 1975, S. 155). In einer Rhetorik des Animalischen werden die Wohnstätten der Armen als »Nester«, »Bau«, »Höhlen«, »Gruben« und »Brutstätten« bezeichnet, wobei assoziativ immer wieder die Vorstellung von der wahllosen Fortpflanzung (»Kaninchenbau«) mitschwingt. Die Phantasien gehen so weit, dass Menschen unter diesen Bedingungen als wortwörtlich vertiert angesehen werden: als menschliche Maulwürfe und Troglodyten hausen sie in Kellerverschlägen.

Eine wesentliche Rolle in diesem – am markantesten von Edwin Chadwick repräsentierten – Diskursfeld spielen die in den 1830er Jahren aus dem Boden schießenden Statistischen Gesellschaften, insbesondere die 1833 gegründete *Manchester Statistical Society* und die ein Jahr später ins Leben gerufene *London Statistical Society*, der späteren *Royal Statistical Society*. Dass Manchester London zeitlich vorangeht ist ein wichtiger Indikator für den hier zu umreißenden Problemhorizont. Manchester ist nicht zuletzt deshalb zum Geburtsort der empirischen Soziologie geworden, weil diese Stadt eine *neue* Wirklichkeit repräsentiert. Nicht die große Stadt an und für sich ist Anlass für die Gründung der Statistischen Gesellschaften, sondern es sind die Wohn- und Lebensbedingungen der lokalen Arbeiterbevölkerung, einer neuen Klasse und »Rasse«, die sich weitgehend der Kenntnis der ansässigen Mittelschichten entziehen. »Vor höherer Inspektion und öffentlicher Beobachtung verborgen«, wie es Edwin Chadwick in seinem *Report on an Inquiry into the Sanitary Conditions of the Labouring Population of Great Britain* (1842) ausdrückte, galt es die Distrikte der Arbeiter und Armen dem registrierenden Blick zu öffnen. Die Statistischen Gesellschaften sollten dazu dienen, für die lokale Bourgeoisie Informationen über die Bevölkerung dieser *terra incognita* zu sammeln, zu analysieren und zu verbreiten. Dies ist zugleich die Geburtsstunde der empirischen Sozialforschung (Kern 1982).

Einer, der eine solche Reise in die *terra incognita* angetreten ist, ist James Phillip Kay, der spätere Sir James Kay-Shuttelworth, Gründungsmitglied der *Manchester Statistical Society* und Autor des einflussreichen Pamphlets *The Moral and Physical Condition of the Working Classes Employed in the Cotton Manufacture* in Manchester (1832). Friedrich Engels nutzte diese Schrift ausgiebig als Quelle für seine eigene Studie *Die Lage der arbeitenden Klasse in England* (1845). Bei Kay lässt sich der Impuls, den die Cholera-Epidemie der Forschung gegeben hat, unmittelbar nachvollziehen, war doch das Herannahen der Seuche und die damit verbundene Aufgabe, medizinische Vorsorge zu treffen, Anlass zur groß angelegten Inspektion der Wohn- und Lebensverhältnisse der Armen:

»[…] man erinnerte sich auf einmal der ungesunden Wohnungen der Armut und zitterte bei der Gewissheit, dass jedes dieser schlechten Viertel ein Zentrum für die Seuche bilden würde, von wo aus sie ihre Verwüstungen nach allen Richtungen in die Wohnsitze der besitzenden Klasse ausbreite« (Engels 1974 [1845], S. 295).

Eilig wurde eine Gesundheitskommission ins Leben gerufen, die die Untersuchung der Bezirke initiierte. Im Zuge dieser Inspektion entwickelten die Sozialreformer neue Untersuchungstechniken wie beispielsweise *Interviewraster*, die über Familiengröße und Zusammensetzung der Familien, Bildung und Ausbildung der Familienmitglieder und die Wohnverhältnisse (Anzahl der Räume, Vorhandensein von Wasseranschluss, Abort etc.) informierten. Sie entwickelten *Fragebögen*, die Auskunft über Einkommen und Ausgaben bestimmter Arbeiterfamilien einholten, und Prüftechniken wie beispielsweise *cross examination*, die die Gültigkeit bestimmter Aussagen überprüfen sollten (vgl. Kern 1982). Eigentliches Anliegen dieser Erhebungen war freilich nicht, den Ursachen der Armut auf die Spur zu kommen, sondern die mangelnde Verbindlichkeit der bürgerlichen Wertvorstellungen zu dokumentieren (vgl. Weisbrod 1986). Dieses Anliegen verband die Statistischen Gesellschaften mit den Anfängen des religiös geprägten Fürsorgewesens, das ebenfalls Haus-zu-Haus-Inspektionen durchführte, um sich ein Bild vom sittlichen Zustand der Armen zu machen. Dort, wo es zur Personalunion kommt, wird die enge Verknüpfung dieser beiden Strömungen besonders deutlich; so war James Phillip Kay nicht nur Gründungsmitglied der Statistischen Gesellschaft von Manchester, sondern auch Mitbegründer der *Manchester and Salford Provident Society* von 1832, einem »Besuchsverein«, der den durch systematische Hausbesuche ermittelten Armen moralische Belehrung und praktische Hilfe zuteil werden ließ (ebd., S. 190). Einem solchen Besuchsverein, nämlich dem 1830 gegründeten »Hamburger Besucherverein«, verdanken wir die wohl frühesten Aufzeichnungen aus einer deutschen Großstadt: Johann Hinrich Wicherns tagebuchähnliche Aufzeichnungen »Hamburgs wahres und geheimes Volksleben« aus den Jahren 1832/33 zeichnen »Bilder des Greuels und Abscheus« vom Elend der Menschen in den Hamburger Armenvierteln, insbesondere in St. Georg, der »verrufensten Gegend« (Wichern 1981; Dießenbacher 1986).

James Kay imaginierte seine Untersuchung, wie James Donald schreibt, als eine Reise in das »Herz der Finsternis« und in dieser Imagination sind alle Diskurselemente enthalten, die wir bislang erörtert haben:

»Wer die Aufgabe hat, den Fußstapfen des Todesboten (der Cholera) zu folgen, der muss in die Armutsbehausungen herabsteigen, sich in die engen Gassen begeben, in die dicht gedrängten Hinterhöfe, in die übervölkerten Wohnstätten des Elends, wo sich in unseren großen Städten Pauperismus und Krankheit um die Quelle sozialen Unmuts und politischer Unordnung scharen, und er muss in der Brutstätte der Pest mit Bestürzung die Übel erblicken, die mitten im Herzen der Gesellschaft im Geheimen gedeihen.« (Zitiert nach Donald 1999, S. 30)

Diese Passage voller Metonymien und Metaphern, die von den Schrecken erzählt, die jener erfährt, der sich herabbegibt zu den sozial niederen Schichten, macht nochmals deutlich, dass es den frühen Sozialreformern weniger um die Verbesserung der Lebensumstände als vielmehr um moralische Verbesserung ging, um die Vermittlung von Verhaltensnormen wie Mäßigkeit, Sauberkeit und Ordnung. Mit Grausen muss der Kundschafter des Bürgertums, der dem Boten des Todes folgt (jenem Schrecken, der zur Ernennung der Gesundheits- und damit zur Untersuchungskommission führt), feststellen, dass dort, im »Herzen der Finsternis«, Übel im Geheimen gedeihen, die schlimmer sind als Armut und Krankheit, Übel, die gewissermaßen ins Herz der Gesellschaft zielen.

Die Arbeit der Statistischen Gesellschaften ist nicht von ungefähr durch die spezifische viktorianische Mischung charakterisiert, *moralische* Übel zu attackieren, um auf diesem Wege die *materielle* Lage der armen und arbeitenden Klassen in den Großstädten zu verbessern. Bei den Tür-zu-Tür-Umfragen der Statistischen Gesellschaft von Manchester, die eine methodische Neuerung darstellten, wurden, wie es damals hieß, »moralische Statistiken« erhoben, um zum Beispiel den Einfluss der Wohnverhältnisse (Anzahl der Bewohner, Räume und Betten) auf das sexuelle Verhalten zu erkunden. Überbelegung galt als sicherer Indikator für sexuelle Devianz, das heißt Inzest, Kindesmissbrauch oder Verkehr mit Schlafburschen. »In Leeds«, heißt es in einem Bericht, »fanden wir Brüder und Schwestern und Kostgänger beider Geschlechter, die dasselbe Schlafzimmer mit den Eltern teilten; daraus entstehen dann Folgen, vor deren Betrachtung das menschliche Gefühl zurückschaudert.« (Zitiert nach Engels 1974, S. 272) Die Schreckensvorstellungen des Bürgertums bleiben unausgesprochen und können nur erahnt werden. Immer wieder ist die Rede von »unsagbaren Zuständen«, von »Folgen, vor deren Betrachtung das menschliche Gefühl zurückschaudert«, von »Ekelhaftigkeiten der empörendsten Art«, so dass der Phantasie freier Lauf gelassen wird. »Inzest war die *unausgesprochene Sünde*, die im Zentrum einer Vielzahl von zeitgenössischen Augenzeugenberichten aus den spätviktorianischen Innenstädten stand.« (Vincent 1995, S. 347; Hervorhebung R.L.)

Im Zuge ihrer Erkundungen stoßen die Ermittler der Statistischen Gesellschaften auf eine *race apart*, auf eine Kultur, in der sich all jene Züge manifestieren, die kennzeichnend sein sollen für moralische Deprivation: moralische Laxheit, Trägheit, Sorglosigkeit, Unmäßigkeit und sexuelle Freizügigkeit. Diese Kultur ist nahezu gleichbedeutend mit jener »der Iren«. Mit der Entdeckung der »Iren«, die, wie ein Ermittler schreibt, »die wunderbare Fähigkeit haben, den Standard des Komforts und der Reinlichkeit in jedem Hof, in jeder Straße und in jeder Siedlung, in der sie erscheinen, zu senken« (Hollingshead, zitiert nach Wohl 1977, S. 9), wird das Verhältnis von Ursache und Wirkung endgültig auf den Kopf gestellt.

Selbst Friedrich Engels, der nicht müde wird, seine englischen Arbeiter zu entschuldigen und auf die Umstände zu verweisen, unter denen zu leben sie gezwungen sind, stimmt in diesen Tenor ein und schreibt dem »irischen Volkscharakter« einen Hang zum Schmutz zu, fühlt er sich doch unter Umständen »erst im Schmutz behaglich« (1974 [1845], S. 265). Damit bewegt sich Engels, wie Stallybrass und White betonen, innerhalb eines kolonialen Diskurses, »der im späten 16. und frühen 17. Jahrhundert herausgebildet worden war, als man die Iren als eine Rasse konstruiert hatte, die jenseits der Grenzen des Erträglichen lebte … es hieß, sie seien ›schädlicher und wilder‹ als ›wilde Bestien‹; man beschuldigte sie der ›Unsauberkeit in Kleidung, Nahrung und Unterkunft‹; sagte, sie lebten in einem ›stinkenden Misthaufen‹ und kämen,wie wilde Tiere aus ihren Löchern‹ aus ihren ›Schweineställen‹, um sich ihr Essen zu ergattern.« (Stallybrass/White 1986, S. 132) Auch bei Engels lebt und schläft »der Ire« mit dem Schwein, spielen die Kinder mit ihm, reiten auf seinem Rücken und wälzen sich mit ihm im Mist, werden letztlich, diese Assoziation wird nahegelegt, selber zu Schweinen (Engels 1974 [1845], S. 322).

Die Haltung der frühen Sozialreformer, so das Fazit von Anthony Wohl in seiner Monographie *The Eternal Slum*, stimulierte moralische Kreuzzüge zur Verbesserung des Charakters der Bewohner, nicht aber die Analyse der der Wohnungsnot zu Grunde liegenden ökonomischen Ursachen. Im Unterschied zu seinen Zeitgenossen sah Friedrich Engels sehr wohl die ökonomischen Prozesse, die dazu führten, dass die Cottages in Manchester mit Arbeitern voll gepfropft wurden, dass jedes Fleckchen zwischen den alten Häusern verbaut wurde, so dass es an Licht und Luft fehlte. Diese Entwicklung hätte es »den Besitzern dieser Viehställe [ermöglicht], sie an Menschen für hohe Miete zur Wohnung zu überlassen, die Armut der Arbeiter auszubeuten, die Gesundheit von Tausenden zu untergraben, damit nur *sie* sich bereichern« (ebd., S. 286; Hervorhebung im Original R.L.). In seinem Versuch, das englische Proletariat reinzuwaschen, verdichtet Engels jedoch alle abnormen Praktiken in der Figur des »wilden Iren«, der als Inkarnation moralischer Unterentwicklung zu einem Ansteckungsherd für die anderen – ›braven‹ – Arbeiter stilisiert wird. In nuce begegnen wir hier der Unterscheidung, die in der zweiten Hälfte des 19. Jahrhunderts prägend für den Diskurs über die arbeitenden und armen Klassen werden wird, die Unterscheidung nämlich zwischen den »honest« und den »dishonest poor«, zwischen der »respectable« und der »rough working class«. Es gilt, die »honest poor« und die »respectable working class« vor den anderen zu schützen, die sie mit dem Gift des Müßiggängertums und der Unmäßigkeit infizieren könnten. Als deren Verkörperung gilt bis weit in das 20. Jahrhundert hinein die irische Bevölkerung. Eine erste Schutzmaßnahme bildet die Klassifikation selbst, indem sie »gute« und »böse« Arme unterscheidet und so auf Seiten der »Guten« einen Prozess der Distanzierung in Gang setzt und ihnen die Befürchtung einflößt, mit den »Bösen« in einen Topf geworfen zu werden. Auf diese Weise stellt sich die »Charakterbildung« als ein Prozess der Selbsterziehung qua Distanzierung dar.

Am Beginn der Stadtforschung stand, wie wir gesehen haben, die Angst vor der Cholera. Das ganze 19. Jahrhundert hindurch wird die *grande peur*, ob nun physischer oder sozialer Art, die Erforschung der Stadt ›inspirieren‹. Mittelbar muss man auch Engels' Abhandlung, in der nicht wenige eine Art Gründungstext der

Stadtsoziologie sehen[8], diesem Entstehungskontext zurechnen, verdankt sie doch ihren Impuls und auch einen Teil ihrer Daten der Arbeit der Kommissionen, die im Jahre der Cholera (1832) eingerichtet worden waren. Ziel dieser Untersuchungstätigkeit war es, sich überhaupt erst einen Überblick über die moralische und physische Lage der arbeitenden und armen Klassen zu verschaffen, über die man »am Westende der Stadt«, wie es 1844 in Bezug auf ein ähnliches Unterfangen in London hieß, »ebenso wenig [...] wusste wie von den Wilden Australiens oder der Südsee-Inseln« (zitiert nach Engels 1974 [1845], S. 261).

»*Sich* einen Überblick verschaffen« bedeutet, dass Angehörige einer Klasse (wie die Mitglieder der Statistischen Gesellschaft, bei denen es sich häufig um Textilfabrikanten handelte) sich Kenntnisse aus erster Hand über das Leben einer anderen Klasse mit niedrigerem sozialen Status verschaffen. Bei der Sozialforschung handelt es sich also von Anfang an um ein »studying down«, wie die Erforschung der unteren Klassen später im Rahmen der akademischen Soziologie genannt werden wird.[9] Dabei erscheint es den Zeitgenossen als ganz selbstverständlich, dass die »eine Hälfte« wissen will, wie die »andere Hälfte« lebt; nie jedoch kehrt sich die Richtung dieser Einbahnstraßen-Forschung um, im Gegenteil: die »größtmögliche Privatsphäre für die Zivilisierten« geht mit »vollständiger Öffentlichkeit für die Ungewaschenen« einher (Olsen 1974, S. 12f.). Der Wunsch, sich einen Überblick über die moralische, physische wie geographische »Lage« zu verschaffen, führt zur Übersichtsstudie, zum *survey*. Diese Bezeichnung ist ein Synonym für *surview* und meint einen umfassenden Überblick, wie man ihn nur von einer »commanding position«, von einer höheren Position gewinnt, sei sie sozial oder sei sie topographisch. *Surview* ist wiederum verwandt mit dem französischen Wort *surveillance*, Überwachung; »to survey« heißt also immer zugleich Überblicken und Inspizieren, wobei Untersuchungstätigkeit und Kontrolltätigkeit zusammenfallen. Der *Survey* entpuppt sich so als das disziplinarische Auge der positivistischen Sozialwissenschaft.

In den Tiefen sozialer Mysterien: Die sozialen Entdeckungsreisenden und die Wilden der Zivilisation

Die Nüchternheit, mit der die Statistischen Gesellschaften bei ihrer Recherche objektiver Fakten über die Lage der arbeitenden Klassen ans Werk gehen, begrenzt naturgemäß den Auswuchs von Phantasiegebilden. Man mag abgestoßen, ja angewidert sein vom Anblick derer da unten, aber man begibt sich noch nicht in jene metaphorische Tiefe, wo man *tatsächlich* auf Wilde stößt. Das bleibt den sozialen Entdeckungsreisenden vorbehalten. Was die Mitglieder der Statistischen Gesellschaften noch als einen bildhaften Vergleich verstanden hatten, dass nämlich die Bewohner von Salford und anderen Industriestädten so unbekannt seien *wie* die Ureinwohner von Australien, wird von den sozialen Entdeckungsreisenden der 1870er und 1880er Jahre schon um ihr Gewerbe willen wortwörtlich genommen: Sie müssen ihre Objekte möglichst fremd machen, um Interesse für ihre Reiseberichte zu wecken. Die Bewohner des Londoner East End werden so tatsächlich zu Wilden der Zivilisation (wie etwa in James Greenwoods *The Wilds of London*, 1874). Ging es bei den frühen Sozialreformern noch um die Unzugänglichkeit der »anderen Hälfte«, bedingt durch die verschachtelte, labyrinthische Bauweise der Gassen und Höfe, und damit letztlich um ein Problem der Sanierung, so ist es in der zweiten Hälfte des 19. Jahrhunderts die schiere Undurchdringlichkeit der Slums. Diese sowohl sozial als auch kulturell und moralisch konnotierte Undurchdringlichkeit gemahnt an den Dschungel Indiens und an das »dunkelste Afrika«. Mit der Ablösung des Wortes *back slum* als Bezeichnung für die Hinterhöfe durch *slum* als generalisierende Bezeichnung ganzer Wohngebiete wird das Verständnis der Elendsquartiere als verstreute »Nester« durch die Vorstellung von Slums als unermessliche Wildnis ersetzt (Mayne 1993). Folglich sind die größten physischen und psychischen Anstrengungen vonnöten, um diesen dunklen Kontinent und seine Bewohner der »anderen Hälfte« bekannt beziehungsweise verständlich zu machen. Beginnend mit den späten 1860er Jahren, und parallel zu den Anstrengungen britischer Entdeckungsreisender, die Quellen des Nils zu finden, schlägt die Stunde der »social explorers«, der sozialen Entdeckungsreisenden, die ihr Afrika im East End von London finden.[10] Von der Vertrautheit der Leserschaft mit Reiseliteratur aus fernen Ländern zehrend, wird ein neuer Literaturzweig, ein neues Genre etabliert, das von den Abenteuern einer Person berichtet, die sich in den Dschungel Londons begibt.

»Mit dem ersten dieser Kapitel beginne ich ein Reisebuch«, so leitet George R. Sims seinen Bericht *How the Poor Live* vom Leben in den Londoner Slums ein: »Ich werde das Ergebnis einer Reise aufzeichnen, welche in eine Gegend führt, die vor unserer Haustür liegt – in einen dunklen Kontinent, der vom Hauptpostamt mit einem kleinen Spaziergang zu erreichen ist.« (1889, S. 3) Durch einen literarischen Kunstgriff signalisiert diese Ankündigung die Nähe *(post office)* des kategorisch Fremden *(dark continent)* und evoziert damit jene

Mischung aus Angst und Neugier, von dem das Genre lebt. Noch bei einem soziologischen Klassiker wie *Street Corner Society* (1943) ist diese narrative Struktur, wie wir noch sehen werden, zu finden.[11] Am Genre der kolonialistischen Reiseliteratur gemessen gilt es allerdings, die Ferne des Nahen hervorzuheben, um dem Expeditionscharakter der Reise Glaubwürdigkeit zu verleihen. Jack London, der mit seiner Sozialreportage *The People of the Abyss* (1902) die Geschichte des Genres in gewisser Weise abschließt, tut dies, indem er vorgibt die Agentur Cook & Son als Reiseführer anzuheuern:

>»Aber Herr O. Cook, in Firma O. Thomas Cook & Son, Pfadfinder und Reiseführer, dieses lebende Adressbuch für die ganze Welt, der Helfer aller verirrten Reisenden erster Klasse, der mich ohne Bedenken im Augenblick mit Leichtigkeit und Geschwindigkeit nach dem dunkelsten Afrika und ins innerste Tibet hätte schicken können, Herr O. Cook kannte nicht den Weg nach dem Londoner East End, das nur einen Steinwurf weit [auch dies eine gebräuchliche Metapher, die die Nähe des kategorisch Fremden suggeriert, R.L.] vom Ludgate Rondall entfernt liegt.« (London 1976 [1902], S. 7)

Durch die überspitzte Darstellung dessen, was die Reiseagentur Cook & Son »ohne Bedenken im Augenblick mit Leichtigkeit« vermag, signalisiert London nicht nur die Kühnheit seines Unterfangens. Er legt auch nahe, dass um die Jahrhundertwende weiße Flecken nur noch auf der Landkarte des Großstadtdschungels existieren. Nicht von ungefähr fand der Journalist, Literat und Sozialreformer Walter Besant am Londoner East End am bemerkenswertesten, dass es dort keine Hotels, folglich auch keine Reisenden gab. Im Vergleich dazu erwies sich der Erdball als erschlossen: »Auch in den entlegendsten Gegenden«, so Fritz Kramer in *Verkehrte Welten*, »fand der Reisende die Sicherheit seiner Kultur« (Kramer 1977, S. 69).

Die Form der Expedition nimmt in gewisser Hinsicht das Ergebnis der Recherche vorweg; die Andersartigkeit der zu beobachtenden Realität gilt als nicht mehr diskutierte Voraussetzung der Forschungsreise. Folglich kann auch nicht verwundern, dass der Entdeckungsreisende bei seinem wagemutigen Unterfangen im dunklen Londoner Kontinent auf Buschmänner, Pygmäen, Papuas, Parias und ganz generell auf Wilde stößt. Als »freiwilliger Pfadfinder [*volunteer explorer*, ein militärischer Begriff, R.L.] in die Tiefen der sozialen Mysterien«, so James Greenwood, der das Genre begründete, praktiziert er ein »studying down«, das sich nicht mehr in erster Linie auf die soziale Hierarchie zwischen Forscher und Erforschtem, sondern auf die Topographie des Raums bezieht. In der Reiseliteratur »at home« tritt die topographische Tiefe an die Stelle der geographischen Ferne. Der Weg des Forschers führt stets in die »Tiefe(n)«, in den menschlichen Abgrund, zu den back-of-the-yards-, Höhlen- und Kellerbewohnern und nicht zuletzt zu jenen, die in den Abwasserkanälen hausen. So erkundet auch Emil Klaegers als »Wanderbuch aus dem Jenseits« bezeichneter Expeditionsbericht *Durch die Wiener Quartiere des Elends und Verbrechens* (1908), eine der wenigen deutschsprachigen Studien, die Sammelkanäle in Wien.[12] »Low-Life Deeps« (1876), »From the Depths« (1885), »The Nether World« (1889), »People of the Abyss« (1902), so oder so ähnlich lauten die Titel der Entdeckungsreisen in den sozialen Untergrund. In dem sich um die Jahrhundertwende häufenden Gebrauch des Wortes »Abgrund«, wie in Londons *The People of the Abyss* (1902) oder Mary Higgs' *Glimpses into the Abyss* (1906), sieht Peter Keating (1976) eine neue soziale Qualität, die die Verzweiflung angesichts der sich verschlechternden Verhältnisse und die Betroffenheit aufgrund der wachsenden Militanz der Arbeiterbewegung reflektiert. Unmittelbar wirksam scheint aber vor allem ein literarischer Einfluss gewesen zu sein, auf den Keating ebenfalls hinweist: Jack London habe die Wendung »The People of the Abyss« aus einer Kurzgeschichte von H.G. Wells »In the Abyss« übernommen. In dessen Roman *Die Zeitmaschine* (1895), in dem es um eine Allegorie des Klassenkonflikts geht, werden die verweichlichten Eloi von den in unterirdischen Gängen hausenden Morlocks, die bei Nacht an die Erdoberfläche treten, ausgeplündert. Ganz Ähnliches lässt auch Jack London anklingen. Falls nicht bald etwas geschieht, so das von ihm gezeichnete Menetekel, werden *sie* kommen und euch beziehungsweise uns zugrunde richten. Auch die Umschlagillustration von Klaegers *Wanderbuch*, die vermutlich nicht unwesentlich zum Erfolg des Buches beigetragen hat, legt eine solche Assoziation nahe, zeigt sie doch Kanalbewohner mit Physiognomien, die Cesare Lombroso entlehnt zu sein scheinen:[13] Unterwürfig und zugleich bedrohlich. Sie starren auf jene, die sich – lichtbringend – in die Tiefe, in den Sammelkanal begeben.

Als typische Orte dieser Erkundungstätigkeit erweisen sich jene Anstalten, die den gesellschaftlichen »Bodensatz« über Nacht bergen, Obdachlosenasyle, so genannte Männerheime und Wärmestuben. Emil Klaegers *Wanderbuch aus dem Jenseits* verbindet auf paradigmatische Weise die Erkundung Wiener Sammelkanäle mit dem Bericht aus Männerheim, Wärmestube sowie privatem Nachtasyl. Diese Orte bieten sich insofern besonders gut für Erkundungszwecke an, als sie als Bereiche anonymer Begegnung leicht zugänglich und maximale Fremdheit bei geringstem persönlichen und zeitlichen Aufwand zu garantieren scheinen. In *einer* Nacht, gewissermaßen in einem *one night stand*, lässt sich der Übergang von der gesicherten zur verlorenen Existenz nachvollziehen. Das macht sie besonders attraktiv für journalistische Zwecke. Dass diese Zugänglichkeit zu kuriosen Begegnungen im »Feld« führen konnte, zeigt Klaeger in einer der aufschlussreichsten Passagen seines »Wanderbuchs«, die im Männerheim in der Brigittenau spielt. Dort trifft er auf einen »malerisch zerlumpten Vagabunden«, mit »wunderbar wirrem Haar« und »in trotziger Haltung«, ein gesellschaftlicher *outcast* wie aus dem Bilderbuch: »Meine bereits gesunkene Hoffnung auf ein interessantes Erlebnis belebte sich. Rasch stand ich auf, brachte meinen Lumpenanzug durch entsprechende Haltung zur Geltung [Klaeger hatte sich als Vagabund vermummt, R.L.] und näherte mich kollegial jenem Tisch.« (Klaeger 1908, S. 80) Bald jedoch sieht sich Klaeger mehr von seinem »Kumpan« befragt, als dass er selber seinen vermeintlichen Informanten zum Reden bringt. Schließlich gesteht dieser, ganz begeistert von Klaegers »Spitzbubengeschichten«: »Jetzt kann ich es Ihnen sagen. Ich bin ja kein Vagabund, sondern Journalist, Redakteur des […] Blattes in Krakau, und wollte in dieser Verkleidung nur Studien machen.« (Ebd., S. 81)

Methodengeschichtlich war sicherlich das Spektakuläre und Neue an der Rolle des Entdeckers, dass dieser nicht nur über das Leben der Armen schrieb, sondern auch auf Zeit einer der ihren wurde. Mit den sozialen Entdeckungsreisen kommt das auf, was in den Sozialwissenschaften als »verdeckte teilnehmende Beobachtung« bezeichnet wird. Noch zutreffender wäre wohl von »Mitleben« zu sprechen, und zwar in dem Sinn, den der umstrittene Anthropologe und »Rassenseelenforscher« Ludwig Ferdinand Clauss, ein Husserl-Schüler, der mimetischen Methode gegeben hat: als Mitspielen fremder Lebensrollen (Clauss 1954; über Clauss: Weingart 1995). James Greenwood scheint der Erste gewesen zu sein, der der erfahrungswissenschaftlichen Regel gefolgt ist, »dass man, wenn man herausbekommen will, wie ihr Leben ist, dieses selbst erleben muss« (Brunt 1990, S. 79). Aber diese Regel wird schnell zur genrespezifischen Formel, ob nun beim Berliner Naturalisten Hans R. Fischer (»Ein Jeder, der über soziale Zustände schreibt, sollte dieselben aus eigener Anschauung kennen«, 1887) oder bei dem New Yorker Stephen Crane (»Man kann nichts davon berichten, ohne sich selbst in diesem Zustand zu befinden«, 1894). Beide begeben sich ins Asyl, um dort eine Nacht zu verbringen. In den um die Jahrhundertwende geläufigen Wendungen nach dem Muster als x unter nx (»als Armer unter Armen«, »als Vagabund unter Vagabunden« etc.) kommt diese mimetische Annäherung an den »Anderen« zum Ausdruck.

In einer 1866 in der *Pall Mall Gazette* erschienenen Artikelserie »A Night in a Workhouse« berichtet Greenwood von einer solchen Erfahrung im Arbeitshaus von Lambeth.[14] »Über das Thema ist schon viel gesagt worden – im Namen der Armen, im Namen der Ämter; aber noch nie von jemandem, der aus keinem anderen Motiv als Wissbegier und um der Verbreitung der Wahrheit willen das

Experiment gewagt hätte, eine Nacht im Arbeitshaus zu verbringen und auszuprobieren, was es eigentlich heißt, ein Gelegenheitsarbeiter zu sein.« (Greenwood 1866, S. 2f.)[15] Aus Greenwoods Bericht wird deutlich, welche Erkenntnismöglichkeiten ein solches »Elendsexperiment«, wie der Naturalist Stephen Crane später das Vorgehen bezeichnet, eröffnet. Unfähig in der ihm fremden Umgebung, in ungewohnter Nähe mit den »Anderen« Schlaf zu finden, um auf diese Weise dem »Grauen« zu entgehen, horcht der teilnehmende Beobachter in die Dunkelheit hinein und entwickelt eine Phänomenologie des Hustens, aus der man den *geraubten* Schlaf des Autors noch herausliest:

»Unablässig bewegte sich irgendwer unruhig hin und her, und wie die Nacht fortschritt, wurde die Stille immer öfter von Hustengeräusch gebrochen… Jede Art des Hustens, die ich jemals gehört habe, war dort zu hören: das hohle Husten, das kurze Husten, das hysterische Husten, das regelmäßig wiederkehrende Bellen, ähnlich dem Viertelstundenschlag eines Uhrwerks, der das Fortschreiten des Zerfalls anzeigt; das Husten aus gewaltiger, hohler Brust, Husten aus kleinerer, enger – hier einer, dort zwei oder drei auf einmal, dann ein Moment der Stille, in der man über all dies nachdachte und sich fragte, wer als nächster anfangen würde.« (Greenwood 1866, S. 11)

Indem Greenwood gerade *nicht* erfährt (und auch nicht zu vermitteln vermag), was es heißt, als *casual* zu leben, erhält der Leser die Information, die ihm wichtig und die zu vermitteln Greenwood wortwörtlich in der Lage ist: wie man sich fühlt, wenn man sich leibhaftig in die Situation des anderen begibt. Letztlich geht es bei diesem Selbstversuch um Selbsterfahrung durch Überschreitung des Selbst, um eine »ekstatische Erfahrung des Selbst«, wie Hubert A. Knoblauch das Motiv der Transvestiten umschrieben hat (1997, S. 108).

Greenwoods Bereitschaft *eine* Nacht in einer ähnlichen Weise zu verbringen wie es gezwungenermaßen Tausende seiner Mitmenschen über längere Zeit tun, wurde von Sir William Hardman, dem Herausgeber der *Morning Post*, als ein Akt der Tapferkeit bezeichnet, »für den er das Viktoriakreuz erhalten sollte« (Keating 1976, S. 15).[16] Um diesen kühnen Akt vollziehen zu können, musste sich aber der teilnehmende Beobachter zunächst mittels abgerissener Jacke, Baumwolltuch im Henker-Stil und ramponiertem Billy Cock-Hut unkenntlich machen, das heißt, sich seiner Umgebung durch Verkleidung als *casual*, als Gelegenheitsarbeiter anpassen. Die fiktive Übernahme einer Rolle (deshalb auch später die Genrebezeichnung »Rollenreportage«) und die damit in der Regel verbundene Verkleidung als Forschungstechnik geben bereits, bevor die eigentliche Untersuchung beginnt, Auskunft über die soziale und kulturelle Kluft, die Forscher und zu Erforschende trennt. In der Verkleidung drückt sich ein Verständnis von Klasse als System kultureller Zeichen aus, bei dem der Schmutz, wie schon bei Corbins Bourgeois, eine zentrale symbolische Rolle spielt. Alle Expeditionsberichte der Zeit, ob journalistischer, literarischer oder sozialwissenschaftlicher Provenienz, flechten die Szene der Verkleidung als »Authentisierung des Selbst« in die Darstellung ein. Dabei zeigen sie, deutlicher als der eigentliche Bericht, welche Vorstellungen sie vom Anderen hegen, das sich eindeutig als das »Andere der Zivilisation« präsentiert:

»Als die Zeit zum Aufbruch gekommen war, rußte ich gründlich Gesicht, Hände und Hals, zog getragene, schmutzige Unterkleidung an, ein Paar üble Hosen, ein an den Ellenbogen durchlöchertes Jackett, klobige, verfärbte Schuhe, und ein Hut, der schon fast eine Verkleidung für sich war. Was die vollendenden Striche anbetraf, so hatte ich einen geradezu künstlerischen Stolz; dazu gehörte ein schmuddeliges rotes Flanelltuch, das ich mit einer Sicherheitsnadel befestigt um den Hals legte, eine Lehmpfeife gefüllt mit übel riechendem Tabak, ein nach billigem Whiskey riechendem Atem, ein wackliger Gang und ein hängender Kopf.« (Sanborn 1895, S. 2)

Mit dieser uns als Parodie erscheinenden (und möglicherweise auch parodistisch gedachten) Ästhetisierung der Armut – das »Elendskostüm« als Bühnenkleidung – sind wir wieder an unseren Anfang, zur Rede vom Schmutz als semantische Verdichtung zurückgekehrt. Noch einmal wird, an den Schichten der Kleidung (mit der verräterischen schmutzigen Unterkleidung) und an den »vollendenden« schmuddeligen Accessoires, die Assoziationskette von Arbeit, Armut, Schmutz und Gestank deutlich. Der grundlegende Unterschied zu früheren Untersuchungen liegt darin, dass diese Assoziation nunmehr auch auf den Forscher selbst Anwendung findet: »Kaum stand ich auf der Straße, als ich auch schon den Unterschied fühlen sollte, den meine Kleidung schuf« (London 1977, S. 12; ähnlich Klaeger 1908, S. 29). Diese Unterschiedserfahrung ist freilich nicht nur eine der Deklassierung, die der volkstümlichen Logik gehorcht: »Kleider machen Leute«. Sie markiert auch einen Schwellenzustand im Sinne der Ritualtheorie, der impliziert, »dass es kein Oben ohne das Unten gibt und dass der, der oben ist, erfahren muss, was es bedeutet, unten zu sein« (Turner 1989, S. 96f.).[17] Durch die magische Kraft der Kostümierung war London »in einer Sekunde [...] zu einem ihren geworden [...]. Der Mann im Arbeitszeug und mit dem schmutzigen Tuch um den Hals sagte nicht mehr ›Herr‹ zu mir. Jetzt hieß es ›Kamerad‹, ein schönes, herzliches Wort mit einem Klang von Wärme und Freude, den das andere Wort nicht besitzt« (London 1977, S. 12f.). Damit durchläuft er jenen Seinswechsel, der als charakteristisch für die Schwellenphase angesehen wird. Worum es hier letztlich geht, ist das »Eintauchen in die heilende Kollektivität des ›Volkes‹« (Ickstadt 1981, S. 265), ist die Erfahrung der *communitas*, des Einsseins

Abb. 2: Herman Heijermans in seiner Vermummung für die Reportage »Nachtasyl«, 1908. Aus: Diedericke M. Oudesluijs, *Holländer an der Havel. Flamen und Niederländer in Berlin*, 3. Auflage, Berlin 1994.

mit der Masse, in der er sich vorübergehend auflöst: »Und als ich endlich nach East End gelangte, stellte ich erfreut fest, dass die Angst vor der Masse mich verlassen hatte. Jetzt gehörte ich selbst zur Masse. Das unermessliche, übelriechende Meer war über meinen Kopf zusammengeschlagen, oder ich war sanft hineingeglitten, und es hatte nichts Fürchterliches an sich – außer dem Heizerhemd.« (London 1977, S. 13) So kann der Akt der symbolischen Erniedrigung durch die Auflösung des Selbst im Anderen wie in einem *exercitium* zu einem Prozess der Läuterung und zu einem Mittel individueller Regeneration werden.

»Zwischen der Depression zu Beginn der 1890er und den progressiven Reformen des Jahrzehnts nach 1910«, schreibt Eric Schocket aus amerikanischer Sicht, »warf sich eine Anzahl von Autoren, Journalisten und Sozialforschern aus der weißen Mittelschicht ins Elendskostüm (*dressed down*), um körperlich zu überschreiten, was sie als eine wachsende Kluft zwischen der Mittelschicht und den weißen Arbeiterklassen und Unterschichten wahrnahmen« (Schocket 1998, S. 110). Dieses *dressing down*, der dem *studying down* angemessene Dress-Code, erweist sich, wie es Schocket treffend formuliert, als Klassen-Transvestismus. Die Verkleidung als Arbeiter, Arbeitsloser, *casual,* Pauper oder *tramp* zeigt, dass es sich hier um ein *Gesellschafts*spiel[18] im wahrsten Sinne des Wortes handelt: »Kleidung als visuelles, phantasievolles Oberflächenzeichen ist integraler Bestandteil der Rhetorik der Maske [...] Es ist gerade die oberflächliche Eigenschaft – die Tatsache, dass man sie an- oder ablegen kann – die sie ideal für ein Phantasiegebilde macht, das mit Identität und Differenz spielt.« (Low 1993, S. 253) Aber es ist hier noch eine andere Sache im Spiel. Mit der erfahrungswissenschaftlichen Regel, dass, wenn du etwas über das Leben der Anderen herausbekommen möchtest, du es am eigenen Leib erfahren musst, ist eine methodologisch begründete Chance gegeben, »andere« Erfahrungen zu machen, eine Lizenz zur *Ersatz*-Erfahrung, die in ansonsten tabuisierte Zonen des sozialen und psychischen Lebens führen kann. Daher ist Gail Chin-Liang Low zuzustimmen, wenn sie schreibt, dass die eigentliche Attraktion des *cross-cultural dress* darin besteht, ›transgressive‹ Freuden auf Zeit zu ermöglichen. So wird die Reise in das unbekannte Land der armen Leute zu einem *Trip* im übertragenen Sinne des Wortes. Mit dieser Überschreitung (*transgression*) scheint eine spirituelle Erfahrung verbunden, die es durchaus sinnvoll erscheinen lässt, im *transgressor* einen Pilger zu sehen, der sowohl Befreiung von irdischen Übeln als auch para-religiöse Erleuchtung (*communitas*) sucht. Schocket hat in diesem Zusammenhang von »regeneration through incorporation«, von spiritueller Wiedergeburt durch Einverleibung des Anderen gesprochen.

Es stellt sich die Frage, ob dies nicht überhaupt eine zentrale Komponente der Felderfahrung bildet. Im Zusammenhang mit der Feldphase im Forschungsprozess ist häufig von Initiation (oder zweiter Sozialisation) die Rede. Das macht durchaus Sinn, ist doch der Initiand jemand, der in die Gepflogenheiten einer Gemeinschaft eingeweiht wird. Vor dem Hintergrund des Gesagten lässt sich freilich auch fragen, ob es nicht genau so viel Sinn macht, wenn nicht gar mehr, die Feldphase als eine Schwellenphase zu verstehen. Als Phase zwischen zwei klar definierten Situationen, der Findungsphase und der Vertextungsphase, weist die Feldphase die für Schwellenphasen charakteristischen Merkmale von Unstrukturiertheit, Mehrdeutigkeit und Polyvalenz auf. Wie in der Schwellenphase der Übergangsriten kann es auch im Feld zur Inversion des normalen Verhaltens kommen, eine Umkehrung, bei der der Feldforscher entpersönlicht wird, das heißt, sich außerhalb der Normen seiner Herkunftskultur befindet. Nicht zuletzt darin besteht aber auch der Reiz (*thrill*) der Feldforschung. So betrachtet könnte man Disziplinen, deren methodisches Kernstück die Feldforschung bildet, auch als Schwellendisziplinen bezeichnen, die den Seinswechsel als Erkenntnischance begreifen.

Henry Mayhew –
Pionier der Stadtethnographie

>»Mayhew war eindeutig der größte Sozialforscher
> Mitte des 19. Jahrhunderts. Aufmerksam, ironisch, distanziert
> und doch einfühlsam, hatte er ein Auge für all das Sperrige und
> Eigentümliche, das der statistischen Messung entgeht.«
> (*E.P. Thompson* 1977, S. 276)

Im Sommer 1849 trafen in London zwei folgenreiche Ereignisse zusammen, wobei in seltsamer Verquickung eine (soziale) Infektion durch eine andere (bakterielle) abgelöst wurde: Die Erleichterung auf Seiten des Bürgertums über den Niedergang des Chartismus, der ersten organisierten Arbeiterbewegung in England, wurde konterkariert vom Entsetzen über die Cholera-Epidemie, die durch die Stadt wütete (Thompson 1971).[19] Innerhalb von drei Monaten fielen ihr 13.000 Menschen zum Opfer; ihren Höhepunkt erreichte die Epidemie am 10. September mit 432 Toten.

Am 24. September erschien im *Morning Chronicle*, neben der *Times* die bedeutendste Tageszeitung Londons, ein ungezeichneter Artikel mit dem Titel »Ein Besuch in den Cholera-Distrikten von Bermondsey«. Die Orte des Fiebers und der Krankheit seien so bekannt, heißt es in diesem Artikel, »dass man London pathologisch kartieren und in seine morbiden Distrikte und tödlichen Kantone aufteilen könnte«. Einmal mehr zeigt sich hier die Geburt der städtischen Kartographie aus dem Kampf gegen die Cholera. Der anonyme Autor, hinter dem sich Henry Mayhew verbirgt, beschreibt als einen solchen tödlichen Kanton Jacob's Island:

»Betritt man den Bereich dieser Pestinsel, so schlägt einem die Luft mit Friedhofsgeruch entgegen, und ein Gefühl des Ekels und der Niedergeschlagenheit überkommt jeden, der an diese dumpfe Luft nicht gewöhnt ist... Das Wasser ist spinnwebartig mit dreckigem Schaum bedeckt, und das Licht bricht sich in der fettigen Schmutzschicht. Große Mengen grünen, verrottenden Unkrauts schwimmen in ihm, und an den Brückenpfeilern hängen die aufgedunsenen Kadaver toter Tiere, durch Verwesungsgase zum Bersten aufgequollen... Wie wir so die stinkende Gosse entlanggingen, schien die Sonne auf einen schmalen Wasserstreifen. Im hellen Licht hatte er die Farbe starken grünen Tees, während er im Schatten massiv wie schwarzer Marmor aussah – tatsächlich glich er eher wässrigem Schlamm als schlammigem Wasser. Und doch wurde uns versichert, dass die elenden Bewohner nur dieses Wasser zu trinken hätten. Während wir mit Entsetzen darauf starrten, sahen wir, wie Abflussrohre und Kanäle ihren Dreck hinein entleerten. Wir sahen eine ganze Galerie torloser Aborte, die, sowohl von Männern als auch von Frauen benutzt, auf offener Straße darüber errichtet war. Wir hörten, wie sich Kübel um Kübel von Unrat hinein ergoss, und die Glieder der herumstrolchenden Jungen, die darin badeten, erschienen, dank des krassen Kontrastes, weiß wie parischer Marmor. Und dennoch sahen wir, während wir angesichts der entsetzlichen Zustände ungläubig dastanden, wie ein kleines Kind von einem gegenüberliegenden Balkon eine Blechkanne an einem Strick hinunterließ, um einen Kübel, der neben ihm stand, zu füllen.« (Zitiert nach v. Rosador 1996, S. 367f.)

Am 9. Oktober kommentierte der *Morning Chronicle*, dass die Ursache für diese Pestilenz im Schmutz und Elend der Armen zu finden sei: »Wir, die reichste Nation der Erde, lassen zu, dass unsere Mitmenschen in stinkenden, schmutzstarrenden Schweineställen darben, von denen ein Bauer heute wüsste, dass Schweine darin eingehen.« (Zitiert nach Thompson 1967, S. 44) Der Tenor hatte sich also seit der ersten Cholera-Epidemie im Jahre 1832 nicht verändert, ebenso wenig die Assoziationskette von Armut, Schmutz und Gestank. Das Bild, das sich das Bürgertum von den Armen macht, blieb von Schmutz und Unrat geprägt.

Die notorische Pestinsel Jacob's Island gab bereits rund zehn Jahre zuvor die Kulisse ab für Charles Dickens Roman *Oliver Twist*:

»In dieser Gegend, jenseits Dockhead, das zu Southwark gehört, liegt die Jakobsinsel. Sie ist von einem sechs bis acht Fuß tiefen und während der Flut fünfzehn oder zwanzig Fuß breiten sumpfigen Graben umgeben, der früher der Mühlenteich genannt wurde, heute aber unter dem Namen Folly Ditch bekannt ist. Er ist eine Art toter Arm der Themse und kann dadurch gefüllt werden, dass man die Schleusen öffnet, die sich bei den Bleimühlen befinden, nach denen er seinen früheren Namen erhalten hatte. Dann kann jemand, der auf einer der hölzernen Brücken steht, die in der Nähe der Mühlengasse den Graben kreuzen, sehen, wie die Bewohner der Häuser überall aus ihren Hintertüren und Fenstern Eimer, Kübel und Gefäße aller Art hinunterlassen, in denen sie Wasser hochziehen; und wenn er dann das Auge auf die Häuser selbst richtet, so wird das Bild vor ihm sein höchstes Erstaunen erregen. Gebrechliche hölzerne Galerien an der Hinterseite von einem halben Dutzend Häusern mit großen Löchern darin, durch die man nach dem Schlamm unten hindurchsehen kann; zerbrochene und verklebte Fenster, aus denen Stangen herausgesteckt sind zum Trocknen der Wäsche, die aber nie dort zu sehen ist; Stuben, so eng und schmutzig, dass die Luft selbst für den Unrat, den sie bergen, zu widerlich zu sein scheint; hölzerne Kammern, die über den Morast hinausragen und in ihn hinunterzustürzen drohen, wie es mit einigen schon gesehen ist; mit Kot bedeckte Wände und zerbröckelnde Grundmauern – jeder Zug der Armut, wie er abstoßender nicht sein kann, jedes Anzeichen von Schmutz, Unflat und Verfall, wie man es sich ekelhafter nicht denken kann: Das sind die Dinge, mit denen die Ufer von Folly Ditch geschmückt sind.« (Dickens 1928, S. 398f.)

Man kann sich darüber streiten, welche der beiden Beschreibungen literarisch gelungener ist, aber das ist hier zweitrangig (vgl. dazu Humpherys 1977, S. 191f.). Während Mayhew auf beinahe emphatische Weise sein Entsetzen und seine Verwunderung angesichts der Zustände artikuliert, klingt in Dickens' Beschreibung die moralische Bewertung, ja Verurteilung der Menschen und ihrer Lebensumstände an. Und noch etwas fällt auf: Mayhew nimmt den Standpunkt des Augenzeugen ein, womit er, aus heutiger Sicht, die »Ich-war-da«-Autorität des Ethnologen in Anspruch nimmt. Gleichwohl variiert er in seinem Text nur mehr ein bekanntes Thema. Nichts deutet darauf hin, dass dieser Artikel den Auftakt eines Unternehmens bildet, das Mayhew nach Ansicht der Sozialhistorikerin Eileen Yeo zu einem hervorragenden Rang in der Geschichte der Sozialforschung berechtigt (Yeo 1971, S. 51).

Die Altersgenossen Dickens und Mayhew waren persönlich miteinander bekannt, waren in den 1830er und 40er Jahren gemeinsam in Zeitschriftenprojekten, *den* Projekten der Zeit, involviert und agierten gemeinsam auf der Bühne: in einer von Dickens adaptierten Farce *Every Man in his Humour* (1846) von Ben Jonson, in deren Besetzungsliste im Übrigen fast die ganze Redaktion des *Punch* stand. Dickens hat Mayhew überdies ein literarisches Denkmal gesetzt. Nach allem, was wir wissen, gab Mayhew das Vorbild für den Landlord von und in *David Copperfield* ab, Dr. Micawber, der, ein großer Projektemacher, ständig in Geldnöte gerät und vom Schuldgefängnis bedroht ist. Dr. Micawbers Beschreibung – ein Schädel, so glatt und kahl wie ein Ei und ein freundliches breites Gesicht – entspricht zeitgenössischen Porträts von Mayhew.

Mayhew, 1812 als zweiter von sechs Söhnen eines angesehenen und wohlhabenden, als Familientyrann beschriebenen Londoner Rechtsanwalts geboren, versuchte sich schon früh der ›fürsorglichen‹ Macht des Vaters zu entziehen, indem er aus der hoch angesehenen, durch ihre strenge Disziplin bekannten Westminster School weglief und auf einem Schiff der East India Company anheuerte. Mit zwanzig gründete er seine erste Zeitschrift, *The Thief*, eine Art Vorläufer des Readers' Digest. Bereits mit diesem Projekt, das noch im Gründungsjahr scheiterte, erwies er sich als ein außerordentlich ideenreicher, zugleich aber auch vielfach unglücklicher Projektemacher, der in seinem Leben mehrmals Bankrott erklären und vor seinen Gläubigern flüchten musste. Erstmals war dies 1834 der Fall, als der Versuch scheiterte, gemeinsam mit Gilbert Abott A'Beckett, seinem Freund aus Schultagen, das Queen's Theatre zu leiten. Mayhew ging nach Paris, Zufluchtsstätte für junge literarische Abenteurer sowie für Verweigerer von konventionellen Laufbahnen in den *learned professions*. Hier stieß er zu einem Zirkel von Literaten, Dramatikern und Bildenden Künstlern um Douglas Jerrold (der sich auf der Flucht vor einem von Mayhews Vater angestrengten Prozess befand), sowie William Makepeace Thackeray. Es war die erste Generation englischer Bohemiens, die die Mode in die Welt setzte nach

Paris zu gehen. Wie lange Mayhew in Paris blieb, ist nicht genau rekonstruierbar (wohl aber, dass er in der Rue d'Amboise, nahe des Rotlichtbezirks des Palais Royal wohnte). Zurückgekehrt nach London war er unter anderem maßgeblich an der Konzeption der bedeutendsten satirischen Zeitschrift der viktorianischen Ära beteiligt, dem 1841 gegründeten *Punch, or the London Charivari*. Knapp zwei Jahre lang war er deren Herausgeber, zog sich dann zurück und verkaufte seine Anteile für eine unbedeutende Summe. Er beteiligte sich daraufhin an der *Illustrated London News*, der ersten illustrierten Zeitschrift Europas, blieb *Punch* aber bis 1846 als »suggestor in chief« verbunden. Im selben Jahr musste Henry Mayhew, der unter seinen Zeitgenossen als Mann der Ideen, als Konzeptionist galt, Bankrott erklären: Ein weiteres ambitioniertes Projekt, *Iron Times*, eine täglich erscheinende Zeitung mit Nachrichten, Klatsch und Plaudereien über und um die Eisenbahn war gescheitert.[20]

Labour and the Poor: Die unbekannte Welt der Armen von London

Eines seiner wenigen erfolgreichen, gleichwohl unvollendeten Projekte kündigte der *Morning Chronicle* am 18. Oktober 1849 – also drei Wochen nach dem Cholera-Artikel – an: die Serie *Labour and the Poor*, die, wie es hieß, »eine umfassende und detaillierte Darstellung des sittlichen, geistigen, materiellen und physischen Zustands der arbeitenden Armen in England« präsentieren sollte, nach Einschätzung eines Zeitgenossen »fraglos das größte, originellste und kostspieligste Projekt, das jemals von einer einzelnen Zeitung in Angriff genommen wurde« (zitiert nach Thompson 1971, S. 12). Wie wir bereits aufgrund der Erhebungen von James Phillip Kay und den anderen im Kontext der Sozialreform agierenden Forschern der 1830er Jahre wissen, orientierte sich der Titel an den Enqueten der 1830/40er Jahre. Neu mag an dem Vorhaben der vorgesehene geographische Radius gewesen sein, vor allem aber die Tatsache, dass es sich um ein journalistisches Unternehmen handelte. Die Artikelserie sollte sowohl die wichtigsten Industriestädte Englands wie Manchester und Leeds als auch Agrargrafschaften wie Dorset und Cambridgeshire durchleuchten, für die jeweils besondere Berichterstatter vorgesehen waren. Als Spezialkorrespondent für die Metropole London war der anonyme Autor des Cholera-Artikels, Henry Mayhew, genannt. Mayhew, von dem auch die Idee zu der Serie stammte, stellte allerdings Ansprüche, die weit über die übliche Darstellung der Lage hinausgingen; er wollte, wie er in einem Schreiben an die Herausgeber des *Morning Chronicle* betonte, zum ersten Mal die Gesetze der induktiven Philosophie auf die abstrakten Fragen der Politischen Ökonomie anwenden (Humpherys 1977, S. 197). Dass dieser wissenschaftliche Anspruch keine Selbstüberschätzung war, macht Thompson deutlich, der betont, dass es eine Reihe von Mayhews Zeitgenossen so erschien, als hätte er, wäre ihm das Schicksal günstig gewesen, auch ein formidabler Philosoph oder Soziologe werden können, »ein John Stuart Mill oder Herbert Spencer« (Thompson 1971, S. 19).

Am 25. September 1849 erscheint der erste »Brief« des Londoner Korrespondenten, in dem er seine Aufgabe und seine Vorgehensweise skizziert:

»Man hat mir die Aufgabe anvertraut, die Lage der Armen von London zu untersuchen, und ich werde nun die Sichtweise vorbringen, die ich auf das Thema einzunehmen beabsichtige. Unter dem Ausdruck ›Arme‹ verstehe ich all jene Personen, deren Einkommen nicht zur Befriedigung ihrer Bedürfnisse genügt ... Die große und verhältnismäßig unbekannte Gesamtheit von Menschen, die diese Definition einschließt, werde ich anhand zweier unterschiedlicher Klassen ins Auge fassen, nämlich der *ehrlichen* und der *unehrlichen* Armen; und ich beabsichtige, erstere in *die sich Mühenden* (*striving*) und die *Invaliden* (*disabled*) zu unterteilen – anders gesagt werde ich also die Gesamtheit aller Armen der Stadt in drei Abschnitten betrachten: ob sie *arbeiten wollen*, ob sie *nicht arbeiten können*, oder ob sie *nicht arbeiten wollen*.«

Die Ankündigung des Vorhabens lässt zunächst einmal im Hinblick auf Darstellungs- und Untersuchungsweise nichts Neues erwarten. Die Definition der Armut ist banal, die Armen in *honest poor* und *clever paupers* zu unterteilen beziehungsweise in solche, die der Unterstützung würdig (*deserving*) und in solche, die ihr unwürdig (*undeserving*) sind, war eine gängige Praxis der moralischen Klassifikation. Sie war aufs engste mit der Systematisierung und Kontrolle des Almosenwesens verbunden. Ebenso wenig neu war die von Mayhew hier geäußerte Absicht, die Armen in ihren Behausungen aufzusuchen. In der zeitgenössischen Gestalt des Armenpflegers, dem »friendly visitor«, war der gezielte Besuch, der einer Kontrolle gleichkam, bereits institutionalisiert. Entscheidender als die Tatsache der bloßen Kontaktaufnahme ist wohl die Frage danach, wie stark der Besucher tatsächlich daran interessiert war, etwas von den Aufgesuchten über deren Lage und Lebensweise zu erfahren – »durch innigen Umgang mit ihnen das echte oder eingebildete Unrecht ihres Loses kennen zu lernen«, wie es Mayhew im genannten ersten Brief formuliert.

Die Stärke von Mayhews Berichten und das Neue an ihnen wird darin gesehen, dass er, wie seine Biographin Anne Humpherys betont, den städtischen

Armen eine Stimme verleiht: »Mayhew übergab seine Überblicksstudie (*survey*) den Stimmen der Arbeiter« (Humpherys 1984, S. 105).

Humpherys zufolge hat sich Mayhew, der genauso gut auch Geistliche, Ärzte und Philanthropen hätte befragen können, bewusst für diese Perspektive entschieden:

»Er entschied sich für das Leben und die Ansichten der Arbeiter, und dies war sowohl eine Entscheidung von historischer Tragweite als auch der Grund, warum er für uns wichtig ist. Da die anderen Reporter, die für die Serie ›Labour and the Poor‹ aus den Fabrikdistrikten und den ländlichen Bereichen berichteten, die gegenteilige Entscheidung trafen und den Gedanken und Gefühlen der Arbeiter wenig Beachtung schenkten, ist die Entscheidung, anders vorzugehen, eindeutig von Mayhew, nicht von der Zeitung getroffen worden.« (Ebd., S. 106)

Schon in seinem ersten Bericht (Letter II–23. Oktober 1849) über die Seidenweber von Spitalfields kommt diese Stärke eindrucksvoll zur Geltung. Spitalfields, ein Gebiet im East End, war lange Zeit berühmt für seine Webereien. Mayhew skizziert zunächst deren Geschichte, um auf diese Weise einige traditionsreiche Gewohnheiten der Weber für den Leser nachvollziehbar zu machen. Die ersten Weber in Spitalfields waren Hugenotten und lange Zeit war die Bevölkerung ausschließlich französisch, so dass es üblich war, Französisch zu sprechen und Messen in französischer Sprache abzuhalten (Thompson/Yeo 1971, S. 105). Die Weber waren für ihre Liebe zu Blumen bekannt und, was Mayhew offensichtlich fasziniert hat, die nahezu einzigen Botaniker in London. Überdies gehörten sie zu den fleißigsten Insektenforschern im Königreich, mit einer eigenen entomologischen Gesellschaft. Mayhew versteht es in dieser Passage, dem Leser die Seidenweber von Spitalfields als eine Gruppe nahe zu bringen, deren Fähigkeiten und Interessen weit über die handwerklichen Fertigkeiten und das berufliche Wissen hinausreichten: »So *waren* die Weber von Spitalfields also Anfang unseres Jahrhunderts; sie besaßen Geschmack und gingen Betätigungen nach, deren Verfeinerung und Intelligenz selbst dem heutigen Handwerker zur Ehre gereichen würden, die aber in einer Zeit, in der die Vergnügungen der Gesellschaft fast ausnahmslos vulgär und gefühllos waren, um so glänzender leuchteten.« (Ebd., S. 106) Der Kontrast zwischen der von Mayhew beschriebenen und der aktuell vorgefundenen Situation konnte krasser nicht ausfallen, hatte doch die Erfindung des dampfbetriebenen Webstuhls und die Mechanisierung des Handwerks in den ersten beiden Jahrzehnten des 19. Jahrhunderts das Gewerbe der Handweberei so gut wie zerstört und die ehemaligen selbstständigen Handweber zu Lohnwebern gemacht.

Nachdem Mayhew die Geschichte der Weber und die allgemeine ökonomische Lage des Gewerbes skizziert hat, macht er den Leser mit seinem Vorgehen bekannt, das ihm dazu dienen solle, zu einer unvoreingenommenen und unverzerrten Darstellung der Gefühle und der Lage der Lohnweber zu kommen: »Nachdem ich mit dem örtlichen Arzt und einem der führenden und intelligentesten Arbeiter Bekanntschaft gemacht hatte, vereinbarten wir, in eine bestimmte Straße zu gehen und die ersten sechs Weberhäuser zu besuchen, auf die wir stießen.« (Ebd., S. 108) Im ersten Haus, das viele kleine Blumentöpfe mit Fuchsien ziert, treffen die Befrager auf einen Weber, der mit seiner Familie Samtkrägen für Mäntel anfertigt. Er erzählt ihnen, dass er 3s.6d. pro Yard erhält, fast die Hälfte weniger als zwanzig Jahre zuvor. Mayhew lässt den Mann ausführen: »Die Arbeiter müssen die niedrigen Preise akzeptieren, weil sie nicht die Mittel haben, um auszuhalten und abzuwarten, und sie wissen, dass Andere die Arbeit übernehmen, wenn sie es nicht tun. Es gibt immer genug arbeitslose Weber, was den niedrigen Preisen geschuldet ist, und so müssen die Menschen die doppelte Menge Arbeit wie früher verrichten, um zu überleben.« (Ebd., S. 109)

Für Mayhew lassen sich die Ansichten der sechs befragten Arbeiter verallgemeinern; alle führten ihr Elend auf die Konkurrenz unter den Auftraggebern zurück, die zu Lohnkappungen führt. Mayhew lässt anschließend aus Vergleichsgründen unkommentiert Seidenweber zu Wort kommen, die der Chartistenbewegung angehören (»Arbeiter, die dafür bekannt sind, radikale politische Meinungen zu vertreten«) und schließt den Bericht mit einer Schilderung eines »Durchschnittsfalls« von Verelendung unter den Webern ab. Der ganze Bericht ist durch die Absicht geprägt, die Lage der Betroffenen objektiv zu schildern, »mich von meinen eigenen individuellen Ansichten – was auch immer sie sein mögen – weder für noch gegen eine Sache einnehmen zu lassen« (ebd., S. 105).

Die Berichte werden zu einer Sensation. Im *Punch* vom März 1850 schreibt der Schriftsteller William Thackeray:

»Ihr gesteht, von solch erstaunlichem und schwierigem Elend keine Vorstellung gehabt zu haben? Wie solltet ihr auch? Ihr – ihr und ich – wir gehören zu den oberen Schichten, wir hatten keinen Umgang mit den Armen, bis ein so klarsichtiger und tatkräftiger Mann wie der Autor des *Chronicle* für uns in das Land des armen Mannes reist und mit dieser Geschichte von Schrecklichem und Wundersamem zurückkehrt.« (Punch vol. XVIII (1850), S. 93)

Von Oktober 1849 bis Dezember 1850 veröffentlicht Mayhew insgesamt 82 Briefe über die unbekannte Welt der Londoner Armen. Pro Folge schreibt er zehntausend Wörter oder mehr, seine Beiträge werden über sechs Kolumnen in der Zeitung gedruckt. Er schreibt über Näherinnen und Schneiderinnen, über Hafenarbeiter und Seeleute, Tischler und Schreiner, Hutmacher und Damenschneider, Säger und Zimmerleute, Küfer und Gerber, Hausierer und Straßenmusikanten, Markt- und Straßenhändler, ein wahres Panorama, eine Enzyklopädie des arbeitenden London, mit einem besonderen Schwerpunkt auf den traditionellen Londoner Gewerben. Mayhew lässt die Menschen so viel wie möglich selbst zu Wort kommen, und sie berichten über ihre Arbeit, über Familie und Unterkunft und über ihren Kampf ums tägliche Brot. Er versucht, ihre Sprechweise so authentisch wie möglich wiederzugeben und schenkt auch den Umständen, unter denen die Gespräche stattfinden – die Auswahl der Informanten, der Ort des Gesprächs, die Teilnehmer an der Unterredung – Aufmerksamkeit. Auf diese Weise gewinnt der Leser mehr als nur einen Eindruck von den Lebensumständen: Er gewinnt Kenntnis von der Lebensweise und von den Ansichten der Armen sowie von der Art und Weise, wie sie die Welt erfahren. Seine erfolgreichsten Geschichten freilich sind jene mit einem *human touch*, wie es später heißen wird, die Lebensgeschichten der Näherinnen, die aufgrund ihrer Not in die Prostitution gezwungen werden. Die Resonanz auf Mayhews Interviews mit den Näherinnen mag bereits durch eine weit verbreitete zeitgenössische Ikonologie geprägt gewesen sein, die ein nobles, aber pathetisches Bild von der Näherin zeichnete. Jedenfalls wurde ein Hilfsfonds eingerichtet, eine *Working Tailors' Association*, sowie eine *Female Emigration Society* gegründet. Letztere sollte die Frauen durch Emigration nach Australien vor dem Niedergang retten (Humpherys 1984, S. 98f.).

Auch das Unternehmen *Labour and the Poor* fand, wie so viele zuvor, kein glückliches Ende. Innerhalb eines Jahres hatte sich Henry Mayhew eine stattliche Anzahl an Gegnern gemacht: nicht nur Unternehmer, deren »sweatshop« und Werkstätten er untersucht hatte oder solche, die befürchteten, zum Untersuchungsobjekt zu werden, sondern auch Politische Ökonomen, die sich von dem »Amateur«-Ökonomen Mayhew bedroht fühlten; Philanthropen, die meinten, Mayhew mische sich zu sehr in ihre Vorstellung von »Liebesarbeit« ein, welche Mayhew seinerseits als »Liebe zur Macht« desavouierte; Vertreter des Freihandels, die Restriktionen aufgrund der Berichte befürchteten, und nicht zuletzt Kollegen, die Mayhew den Erfolg neideten. Mayhew überwarf sich schließlich mit dem Verleger, der Verleger mit ihm. Grund war der zunehmend unternehmerkritische Ton der Berichte, der die Anzeigenkunden und Klientel des *Morning Chronicle* aufschreckte. Insbesondere die Brüder Nicoll, Londons führende Hersteller von Paletots, Anzeigenkunden des *Chronicle* und im 18. Brief Gegenstand der Kritik, machten ihren Einfluss auf den Verleger geltend. Dabei kam ihnen das unternehmerfreundliche Blatt *The Economist* zu Hilfe, das seine Skepsis gegenüber den von Mayhew genannten Zahlen damit begründete, dass diese nicht auf den Angaben des Arbeitgebers, sondern auf den Aussagen der Arbeiter beruhten, die als prinzipiell unzuverlässig angesehen wurden. Der Dissens macht noch einmal deutlich, welch einen Affront Mayhews Neuerung, den Armen eine Stimme zu geben und sie damit quasi-offiziell zu Repräsentanten ihrer eigenen Sache zu machen, seinerzeit darstellte. Der Bruch kam endgültig, als der *Morning Chronicle* im Oktober 1850 einen Artikel über das Unternehmen der Brüder Nicolls veröffentlichte, in dem der Stücklohn gepriesen und die Vorteile der Heimarbeit im Familienverbund hervorgehoben wird, so dass gerade Mayhews zentrale Argumente gegen die unregulierte Gelegenheitsarbeit unterminiert wurden. Am 28. Oktober berief Mayhew eine Versammlung ein, bei der er vor angeblich 1.500 Schneidern aus dem East End seinen Dissens mit dem Herausgeber des *Morning Chronicle* öffentlich machte und erklärte, dass seine früheren Arbeitgeber »an die politico-ökonomischen Herren der Zeit gekettet« seien (Thompson 1967, S. 54).

Labour and the Poor, 1971 in einer Auswahl von Edward P. Thompson und Eileen Yeo in Buchform erschienen, gilt heute als frühes Meisterwerk der Sozialforschung im städtischen Raum, das den Gebrauch von Statistiken mit Betrachtungen vor Ort und vor allem mit der Erhebung hunderter Lebensgeschichten der Armen verband. Was aus heutiger Sicht in Mayhew einen Pionier der Sozialforschung sehen lässt, ist vor allem sein Anspruch auf eine unvoreingenommene Herangehensweise:

»Das Sammeln von Tatsachen und das Aufzeichnen von Meinungen sind meine Berufung. Ich habe das Vorhaben mit dem strengen Entschluss unternommen, mich von meinen eigenen individuellen Ansichten – was auch immer sie sein mögen – weder für noch gegen eine Sache einnehmen zu lassen. Wie in der Naturwissenschaft der Hang zum Theoretisieren den Geist verwirrt und ihn nur noch die Naturphänomene sehen lässt, die er sehen will, so weiß ich auch, dass in der Politik das parteiische Denken eine gefärbte Brille ist, durch die hindurch zu viele Beteiligte die gesellschaftlichen Ereignisse in diesem Land und anderswo beurteilen. Hier wird die splitternackte Wahrheit präsentiert. Wir werden kaum eine Zeile schreiben, die nicht als Notiz vor Ort aufgezeichnet wurde, so dass sich der Leser, wie verblüffend und unglaublich die Umstände auch scheinen mögen, darauf verlassen kann, dass es ihm an Erfahrung und nicht dem Berichterstatter an Wahrhaftigkeit mangelt.« (Thompson/Yeo 1971, S. 105)

In einer beeindruckenden Art und Weise hat Mayhew Daten überprüft, offizielle Statistiken und individuelle Fallstudien einander kontrastiert und Interviews aufzeichnen lassen. Das Wichtigste aber war nach Ansicht von Thompson, dass die Armen Mayhew vertrauten, weil sie in ihm jemanden sahen, der nicht ehrerbietig war – so wie sie selbst.

London Labour and the London Poor:
Das Straßenvolk von London

Nach dem Bruch mit dem *Morning Chronicle* setzte Henry Mayhew seine »Reise ins unentdeckte Land des armen Mannes« auf eigene Faust fort. Von Dezember 1850 an publizierte er sein neues Werk, *London Labour and the London Poor*, als Serie. Die wöchentlich erscheinenden Hefte im Quartformat, mit einem Umfang von jeweils 18 doppelspaltigen Seiten und mit einem Holzschnitt versehen, werden zu zwei Pence pro Stück im (Bahnhofs-)Buchhandel und im Straßenverkauf vertrieben. Wie bei Serienformaten üblich, sind die einzelnen Ausgaben fortnummeriert, damit die Teile nach Abschluss der Serie zu einem Band gebunden werden konnten. Im Februar 1852 war auch dieses Projekt erst einmal gescheitert. Aufgrund von finanziellen Querelen überwarf sich Mayhew mit dem Drucker, der seinerseits alle unverkauften Exemplare beschlagnahmte und überdies eine Verfügung erreichte, die es Mayhew verbat weiterhin Exemplare seiner Arbeit zu verkaufen.

Tetzeli von Rosador hat darauf aufmerksam gemacht, dass die Analogie der Titel auch eine Analogie von Intention und Inhalt zwischen der *Morning Chronicle*-Serie und dem neuen Projekt nahe legt. Das gilt umso mehr als der von Mayhew im ersten Brief skizzierte Plan, die Armen der Stadt unter drei Gesichtspunkten zu behandeln, nämlich ob sie arbeiten wollen, nicht arbeiten können oder nicht arbeiten wollen, sich nunmehr auch im Untertitel des neuen Unternehmens niederschlägt: »A Cyclopaedia of the Conditions and Earnings of Those That *Will* Work, Those That *Cannot* Work, and Those That *Will Not* Work«. In der Vorrede zum ersten Band heißt es dann auch: »Der vorliegende Band ist der erste einer projektierten Serie, die in fertiger Form eine Enzyklopädie des Fleißes, der Not und des Lasters der großen Metropole bilden soll.« (Mayhew 1967 [1861], vol. 1, S. iii) Zwar übernahm und überarbeitete Mayhew Material und zum Teil ganze Artikel aus der *Labour and the Poor*-Serie (und er tat dies sicherlich nicht zuletzt aus publikationsökonomischen Gründen), schon die Auswahl und das Arrangement des Materials deuten jedoch eine grundlegende Veränderung der Perspektive an. Andrew Tolson (1990) hat diesen Perspektivenwechsel als den Übergang vom *sozialen Survey* zur *Kulturstudie* bezeichnet. Anders ausgedrückt: Mit dem neuen Projekt wurde aus dem *Sozialforscher* Mayhew, der eine Armutsstudie durchführt, der *Ethnograph* des Londoner Straßenvolks.

Das Thema »Straßenvolk« war nicht neu, im Gegenteil. Es bildete einen permanenten Teil der so genannten *low life*-Literatur und der burlesken Bühne in der ersten Hälfte des 19. Jahrhunderts. Vor allem mit ihren pittoresken Gestalten – dem Brunnenkressemädchen, dem Leierkastenmann, dem blinden Bettler – bildeten die journalistischen und literarischen Darstellungen des Straßenlebens eine Tradition, die ein interessiertes (Kauf-)Publikum garantierten. In dieser Hinsicht schloss Mayhew also an ein bekanntes und beliebtes Genre an, und man kann nur vermuten, dass er dies nicht zuletzt tat, um den kommerziellen Erfolg des ersten »Blaubuchs« zu sichern, »das je in Fortsetzungen zu zwei Pence pro Nummer veröffentlicht wurde« (Mayhew 1967 [1861], vol. 1, S. iii).[21] Die *working trades*, die in der *Morning Chronicle*-Serie noch im Mittelpunkt standen, sind in der neuen Studie an den Rand gedrängt – insofern ist Himmelfarb (1973) in ihrer vehementen Kritik an *London Labour and the London Poor* Recht zu geben. Das war ganz anders geplant, nimmt man zeitgenössische Ankündigungen der Serie als Indiz. Diesen zufolge sollte sie noch mit den Produzenten (*artizans, labourers*) beginnen und, nach Berücksichtigung der mit dem Transport und der Distribution Beschäftigten, mit dem Straßenvolk (*costermongers, patterers, hawkers*) abschließen. Stattdessen kehrt er diese Reihenfolge um, und beginnt mit dem Straßenvolk, um sich anschließend, wie er in einem Brief an seine Leser, abgedruckt auf der Rückseite der fünften Nummer vom 11. Januar 1851, erläutert, den Produzenten zu widmen, »zuerst den Seide-, Baumwoll-, Woll-, Kammgarn-, Flachs-, Hanf- und Coir-Arbeitern, sowie den Haut-, Gedärm- und Federarbeitern, was sowohl diejenigen einschließt, die diese Stoffe herstellen, als auch diejenigen, die sie verarbeiten« (Mayhew 1851 o.S.). Mayhew schloss also an das etablierte literarische Genre der *characters and scenes* an, aber er vollzog diesen Anschluss auf eine Weise, die ihn gegenüber den Usancen des Betriebs auszeichnet, ging er doch mit seinem Anspruch auf Wissenschaftlichkeit weit über das zeitgenössisch Übliche hinaus. Was ihm als Ziel seiner Studien letztlich vorschwebte, war nicht weniger als eine Anthropologie der nomadischen Rassen, die sich schließlich als eine Anthropologie nomadischer Kulturen entpuppte.

Die noch heute als gültig angesehene vierbändige Ausgabe von *London Labour and the London Poor* von 1861/62 beginnt im Tenor einer anthropologischen Abhandlung der Zeit:

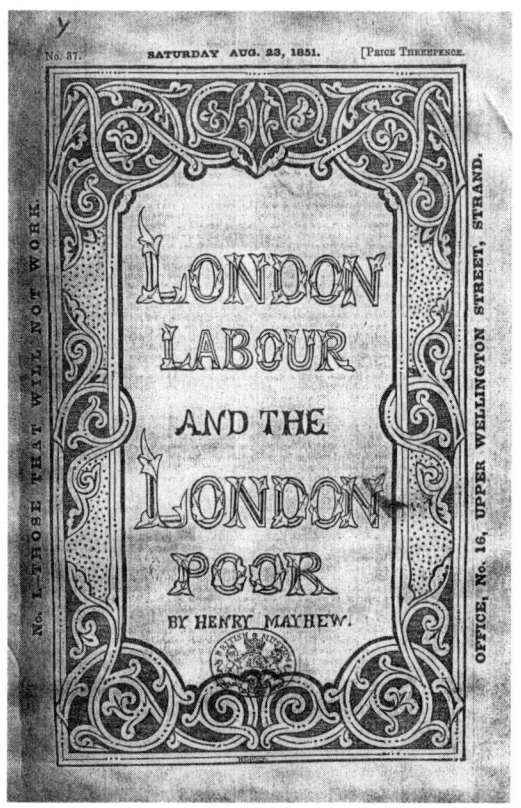

Abb. 3: Cover der Heftausgabe von *London Labour and the London Poor*, Nr. 37 vom 23. August 1851.

»Unter den tausend Millionen Menschen, die, wie man sagt, die Bevölkerung des gesamten Erdballs ausmachen, gibt es – in sozialer, moralischer und vielleicht sogar in körperlicher Hinsicht – lediglich zwei distinkte und deutlich gekennzeichnete Rassen, nämlich die Wanderer und die Siedler, der Vagabund und der Bürger, die nomadischen und die zivilisierten Stämme.« (1967 [1861], vol. 1, S. 1)

Mit Rückgriff auf Ideen des führenden Anthropologen der Zeit, James Cowley Prichard, Autor einer *Natural History of Mankind* sowie auf Dr. Andrew Smith, der im Auftrag der Regierung Buschmänner in Südafrika untersucht hatte, konstruiert Mayhew nicht nur die Universalie zweier Rassen, nämlich Wanderer und Siedler. Er behauptet überdies, dass jede dieser Rassen oder Stämme eine eigene Kopfform habe, dass sich zu jedem zivilisierten Stamm eine wandernde Horde geselle, und dass diese wandernden Horden über eine jeweils eigene Sprache verfügen, die es ihnen ermögliche, ihre Pläne vor anderen (dem zivilisierten Stamm) zu verheimlichen. Es sei merkwürdig, so schließt Mayhew seine anthropologischen Ausführungen,

»dass noch niemand die obigen Fakten zur Erklärung gewisser Anomalien im gegenwärtigen Zustand unserer eigenen Gesellschaft verwendet hat: dass wir, wie die Kaffern, Fellachen und Finnen, von wandernden Horden umgeben sind – den ›Sonquas‹ und ›Fingos‹ unseres Landes –, Arme, Bettler und Ausgestoßene, die nichts außer dem besitzen, was sie erlangen, indem sie den fleißigen, vorausblickenden und zivilisierten Teil der Gemeinschaft plündern; dass die Köpfe dieser Nomaden eher wegen der stärkeren Entwicklung ihrer Kiefer und Backenknochen denn der des Schädels bemerkenswert sind; und dass sie eine eigene Geheimsprache besitzen, ein englisches *cuze-cat*, einen so genannten ›Slang‹, um ihre Pläne zu verheimlichen. Dies sind so auffällige Gemeinsamkeiten, dass wir, halten wir sie uns vor Augen, uns nur wundern können, dass die Analogie so lange unbemerkt geblieben sein sollte.« (Mayhew 1967 [1861], S. 2)

Dieser analogisierende Rückgriff auf die anthropologische Literatur der Zeit hat Mayhew gerade in der jüngsten Diskussion viel Kritik eingebracht. Ganz offensichtlich wollte er seiner Studie mit der Anthropologie der zwei Rassen, die ganz dem zeitgenössischen ›zivilisationsgeschichtlichen‹ Diskurs folgt, wissenschaftliche Dignität verleihen. Aus heutiger Sicht entwertet dieser Rahmen die ethnographische Leistung Mayhews aber geradezu. Während er sich gegenüber der Anthropologie seiner Zeit als Dilettant erwies, war seine ethnographische Leistung der zeitgenössischen Ethnologie voraus. Die exponierte Stelle freilich, an der Mayhew die Argumentations*figur* von den zwei Rassen einführt, macht den Perspektivwechsel überdeutlich. Jetzt geht es nicht mehr um die Armen, deren Los wir nur unzureichend kennen, sondern um ein fremdes Volk im eigenen, mit besonderen Zügen und Merkmalen: »Er (Mayhew) musste sein Publikum davon überzeugen, dass die Menschen, über die er schrieb, Teil der englischen Gesellschaft waren und doch von ihr getrennt, mit der Mittelschicht verwandt, aber doch eine andere ›Rasse‹, Mitbewohner derselben Stadt und doch Angehörige eines anderen ›Stammes‹.« (Nord 1987, S. 132f.)[22]

Nachdem Mayhew allgemeine Bemerkungen zu den wandernden Stämmen Englands – und hier ein letztes Mal in sehr grober Form anthropologische Bemerkungen über deren, vom evolutionistischen Standpunkt, barbarischen Charakter – gemacht hat, wendet er sich dem Straßenvolk Londons in systematisch-empirischer Absicht zu:

»Diejenigen, die ihren Lebensunterhalt auf den Straßen der Metropole erwerben, bilden eine sehr große und vielfältige Gruppe. Tatsächlich sind die Mittel, zu denen sie Zuflucht nehmen, um auf den öffentlichen Straßen ›etwas aufzugabeln‹, wie die Leute es nennen – und das ist es oft buchstäblich –, so mannigfaltig, dass der Verstand sich lange Zeit vergeblich bemüht, wenn er versucht, sie in eine wissenschaftliche Anordnung oder Klassifikation zu bringen.« (Mayhew 1967 [1861], vol. 1, S. 3)

Es scheint jedoch, fährt Mayhew fort, »dass man das Straßenvolk in sechs verschiedene Gattungen oder Arten unterteilen kann. Dies sind im Einzelnen:

I   Straßenverkäufer
II   Straßenkäufer
III Straßensammler
IV   Straßenakteure, Künstler und Schausteller
V   Straßenhandwerker und Hausierer
VI   Straßenarbeiter« (ebd.)

Die Klassifikation deutet an, dass das Thema »Straßenvolk« bei weitem nicht so pittoresk war, wie es auf den ersten Blick erscheinen mag. Mitte des 19. Jahrhunderts bildete die Ökonomie der Straße, gerade wegen der Kundschaft aus der Arbeiterschaft, einen bedeutenden volkswirtschaftlichen Sektor. Vor allem die Straßenhändler, um 1850 laut Mayhew rund 30.000 an der Zahl, stellten einen wichtigen Teil der städtischen Ökonomie Londons dar, deren Umsatz Mayhew auf 3 Millionen Pfund Sterling jährlich schätzt: »So sehr dies auch den aristokratischen Stolz der reichen Händlerklassen angehen mag, man kann nicht leugnen, dass [...] ein großer Bestandteil des Handels in Großbritanniens Hauptstadt in den Händen des Straßenvolkes liegt.« (Mayhew 1967, vol. 2, S. 3) Gerade die mobile Distributionsweise, und dies zu niedrigen Kosten, wurde als ein unschätzbarer Vorteil angesehen: »Die Klasse der fahrenden Händler ist also nicht nur insofern von Bedeutung, als sie einen großen Teil der Armen ausmachen, sondern auch dadurch, dass die arbeitenden Menschen von ihnen einen wichtigen Teil ihrer Lebensmittel und Kleidung erhalten.« (Vol. 1, S. 9) Für den Großteil der arbeitenden Bevölkerung im East End waren die Straßenhändler die wichtigste, wenn nicht gar einzige Quelle, um ihren Bedarf an Nahrungsmitteln, insbesondere an Gemüse, Obst und vor allem Fisch (Hering) auf preiswerte Art zu decken, zumal dort auch der Einkauf von kleinsten Mengen möglich war. »Man wird solche Kunden – also diejenigen, die an das Einkaufen auf den Straßen gewöhnt sind – nicht dazu bringen, in Geschäften einzukaufen«, wurde Mayhew von einem Händler erklärt, der sich im Straßenhandel bestens auskannte. »Sie lassen sich nicht davon überzeugen, dass sie in den Geschäften ebenso billig einkaufen können. Außerdem neigen sie zu der Meinung, dass Ladeninhaber reich sind und Straßenhändler arm, und dass sie da lieber gleich die Armen unterstützen.« (Vol. 1, S. 60) Die Fülle der auf den Straßenmärkten angebotenen

Artikel ist erstaunlich. Mayhews Liste von Esswaren, die auf den Straßen feilgeboten werden, stellt eine wahre Fundgrube für historische Nahrungsforscher dar: gebratener Fisch, heiße Aale, eingelegte Schnecken, Schafsfüße, Schinkenbrote, Erbsensuppe, heiße Zuckererbsen, billige Pasteten, Mehlpudding mit Pflaumen, Mehlpudding mit Fleisch, gebackene Kartoffeln, Gewürzkuchen, Teewecken und Teegebäck, Korinthenplätzchen, Bonbons, Weinbrandkugeln, Hustendrops sowie Katzen- und Hundefutter. Mayhews wahrlich viktorianische Klassifikationswut unterscheidet allein unter der ersten Rubrik die Straßenverkäufer von Fisch, von Gemüse und Obst, von Esswaren und Getränken, von Schreibwaren, Literatur und Kunst, von Fertigwaren (von Hühneraugensalben bis zu »Wundertüten«), von Gebrauchtwaren, von lebenden Tieren (von Eichhörnchen bis Schildkröten) sowie von Mineralien und Raritäten. Es würde hier zu weit führen aufzuzählen, was Mayhew des Weiteren im Zusammenhang der anderen genannten Gruppen im Einzelnen aufführt; allein seine Liste, die dem Leser einen Eindruck über die »Arten« des Straßenvolks geben soll, stellt eine kulturhistorische Quelle ersten Ranges dar.

Mit der Klassifikation gibt Mayhew zugleich die Gliederung seiner enzyklopädischen Darstellung des Londoner Straßenvolks vor. Der voluminöse erste Band von *London Labour and the London Poor* ist ganz den Straßenverkäufern gewidmet. Das Thema des Straßenvolks wird aber, wie Mayhew in der Vorrede zum ersten Band bemerkt, einen zweiten Band benötigen, »um es auf so vollständige Weise abzuschließen, wie ich es auch für die moderne Geschichte dieses und aller (!) anderer Teile des Volkes zu leisten hoffe« (vol. 1, S. IV).

Beide Bände, die die Darstellung des Londoner Straßenvolks bis zu den Straßensammlern abhandeln (mit einer großen Unterabteilung »Of the London Dustmen, Nightmen, Sweeps, and Scavengers«, der Ökonomie und Lohnpolitik in diesen Berufszweigen) sind identisch mit dem Inhalt der wöchentlichen Quarthefte, die Mayhew von Dezember 1850 bis Februar 1852 herausgab. Im dritten Band, den er nach Wiederaufnahme seines Projekts im Jahre 1856 verfasste, beschäftigt er sich vor allen Dingen mit den Straßenakteuren, Künstlern und Schaustellern; der übrige Raum dieses Bandes wurde von den Verlegern mit Material aus Artikeln aus dem *Morning Chronicle* aufgefüllt. Die letzten beiden der sechs Kategorien des Straßenvolkes, die Straßenhandwerker und die Straßenarbeiter, hat Mayhew offensichtlich nie abgehandelt. Im vierten Band von *London Labour and the London Poor* schließlich, der sich mit jenen beschäftigen sollte, »die nicht arbeiten wollen«, stammen nur die ersten 37 Seiten von Mayhew selbst. Den Rest – über Bettler, Diebe und Schwindler sowie über Prostituierte – schrieben andere, »weniger begabte Autoren«, wie Humpherys meint (1984, S. 133).

Von der Sozial- zur Kulturanalyse: Die Costermongers als städtische Subkultur

Wenn vom *Ethnographen* Mayhew (im Unterschied zum Sozialforscher) die Rede ist, dann bezieht sich diese Charakterisierung auf die ersten beiden Bände von *London Labour and the London Poor*, die ganz der Darstellung von Leben und Arbeiten des Straßenvolks gewidmet sind. Innerhalb dieses Korpus sticht eine Abhandlung von rund 60 doppelspaltigen Seiten hervor, die unmittelbar der allgemeinen Skizzierung des Londoner Straßenvolks folgt, eine Art Monographie über die *costermongers*. Der Name soll sich, zutreffend oder nicht, einer Apfelsorte (*costard*) verdanken. Tatsache ist, dass die Costermongers insbesondere Händler in Gemüse, Obst und Fisch waren. Interessanter als die Frage, ob die Ableitung des Namens nun zutrifft oder nicht, ist der Tatbestand, dass hier eine Gruppe von Straßenhändlern durch eine Bezeichnung identifizierbar gemacht wird beziehungsweise sich selber identifizierbar macht: Costermongers oder auch *Costers* ist sowohl Fremd- als auch Selbstbezeichnung.

In seiner Arbeit über die Costermongers habe Mayhew sich Eileen Yeo zufolge an das Subkultur-Konzept herangetastet, eine adäquate Formulierung aber letztlich noch nicht gefunden (Yeo 1971, S. 86). In der Tat gewinnt der heutige Leser den Eindruck, dass Mayhew an etwas dran ist, was er noch nicht zu greifen versteht. Möglicherweise standen ihm auch seine Anleihen bei der Anthropologie seiner Zeit für den Rahmen seiner Studie im Wege.

Sehen wir uns die Abhandlung über die Costermongers näher an, so können wir in der Tat zu keiner anderen Einschätzung kommen, als dass wir es hier mit einer detaillierten Ethnographie einer städtischen Subkultur in der Mitte des 19. Jahrhunderts zu tun haben:

»Den *instinktiven Ethnologen* in ihm reizte die Seltsamkeit dieser versprengten großstädtischen Gemeinschaft [der Costers, R.L.], die sich durch Eigentümlichkeiten von Sprache, Kleidung und sozialen Sitten abgrenzte, während ihre Not sein unsentimentales Mitgefühl weckte. Das Bild, das er im ersten Band seiner großen Studie der Armen von London von den Costers zeichnet, ist nicht nur wegen seines Detailreichtums bemerkenswert, sondern auch wegen der Klarheit, mit der es ihre Situation darstellt.« (Chesney 1970, S. 48)

Mayhew geht nicht nur auf die Besonderheiten des Gewerbes ein, auf das Kapital und Einkommen, auf die Märkte und Handelsrechte, sondern diskutiert auch die Politik der Costermongers, ihre religiöse Einstellung, ihre Erziehung und ihre Amüsements. Wir finden Abschnitte über die Gewohnheiten der Costermongers, über ihre Glücksspiele, über die Rolle von Ehe und Konkubinat, über die Wohnungen, die Kleidung, die Lektüre, sogar über ihre Spitznamen. Ein ganz wichtiger Aspekt für Mayhew ist der Slang der Costermongers, der ihm gewissermaßen Beweis für die Richtigkeit seiner Zwei-Rassen-Theorie ist. Eben darin sah Andrew Tolson die entscheidende Verschiebung vom Survey zur Kulturstudie, gewinnt doch das Interview, im Sinne einer diskursiven Technologie, im Zusammenhang mit dem Straßenvolk einen neuen Status. Mayhew war nicht mehr länger – wie in der *Morning Chronicle*-Serie – ausschließlich daran interessiert, *was* gesagt wurde, sondern auch und vor allem daran, *wie* etwas gesagt wurde, und diese Art und Weise des Sprechens und die Art der Erzählungen wurden in seinen Augen zu Zeichen von *Costers*.

»In diesem Prozess wird eine neue Form sozialer Identität konstruiert, die sich doch erheblich vom repräsentativen Zeugen unterscheidet [...]: der *Typus*. Die Kultursoziologie, die in Mayhews Werk zum Vorschein kommt, will also nicht länger einfach ableiten, berechnen oder verbessern – sie will *typisieren*. Die Typisierung muss nicht nach repräsentativen Fakten Ausschau halten, sie benötigt *Zeichen*, die man lesen kann, um kulturelle Verallgemeinerungen zu begründen. So wird auch ein bestimmtes Interesse an Sprache möglich, da linguistische Unterschiede hier kulturelle Unterschiede bezeichnen (siehe Mayhews Interesse am Slang der Costers etc.).« (Tolson 1990, S. 122)

Was wir also bei der Darstellung der Costermongers vor uns haben, ist eine Subkultur-Analyse *avant la lettre*, in deren Mittelpunkt der ›Stil‹ der Subkultur steht, wie er zum Beispiel im Argot, in Kleidung und Freizeitaktivitäten zum Ausdruck kommt. Unübersehbar wird dies im Abschnitt über die Kleidung der Costermongers:

»Die gewöhnliche Tracht eines Costermongers ist so haltbar wie die eines Speicherarbeiters und so wunderlich wie die eines Stalljungen. Zur Arbeit trägt ein wohlhabender Coster für gewöhnlich eine kleine Stoffmütze, die ein wenig schief sitzt. Eng anliegende Mützen aus Kammgarn sind bei dieser Gruppe zur Zeit sehr in Mode und Ringellocken an den Schläfen gelten als Gipfel der Eleganz. [...] Mäntel werden kaum getragen; die Jacken aus breitem Cord mit Ärmeln und Rücken aus Barchent sind so lang wie die eines Bediensteten am Hofe (*groom*) und fast bis zum Hals zugeknöpft. [...] Gerne werden zwei große Taschen – manchmal auch vier – mit riesigen Klappen oder Revers, wie bei einem Jagdrock, getragen. [...] Der Modestoff für Hosen ist zur Zeit ein dunkles ›Kabel-Cord‹, und die Hosen sind so geschnitten, dass sie am Knie eng sitzen und dann bis zum Stiefel, den sie schließlich beinahe bedecken, langsam weiter werden. [...] Der größte Stolz des Costermongers sind aber sein Halstuch und seine Stiefel.

Männer und Frauen, Jungen und Mädchen haben dafür eine Schwäche. Von einem Mann, der sein Seidenhalstuch nicht trägt – seinen *King's-man*, wie man sagt – heißt es, dass er in verzweifelten Umständen steckt und man schließt darauf, dass er es versetzt hat, um morgens überhaupt Ware einkaufen zu können. Gegenwärtig sind gelbe Blumen auf grünem Grund oder rot-blaue Muster *en vogue*. Die Frauen tragen ihre Halstücher in die Kleidung gesteckt und die Männer locker um den Hals gewickelt, so dass die Enden über der Jacke hängen. Selbst wenn ein Costermonger bereits zwei oder drei Seidenhalstücher bei sich trägt, zögert er selten, sich noch eines zu kaufen, wenn ihn ein buntes, protziges Muster, das an einem Türpfosten in der *Field-Lane* hängt, in Versuchung führt. Die Schwäche des Costermongers für ein gutes, robustes Paar Stiefel ist eine ganz ähnliche Neigung, die sich in der gesamten Klasse findet. Alle, vom Vater bis zum jüngsten Kind, sind gut beschuht. Ihre diesbezügliche Vorliebe ist so groß, dass man einen Costermonger sofort durch einen Blick auf die Füße erkennen kann. Auf alles wird er eher verzichten als auf seine Stiefel, und alle sehen es als schlimme Herabsetzung an, ein gebrauchtes Paar – ›Übersetzer‹, wie man dazu sagt – zu tragen. Unter den Männern ist dieser Stolz so weit gediehen, dass manche sich ihr Oberleder stilvoll haben ornamentieren lassen und es nicht ungewöhnlich ist, dass man jüngere Männer aus dieser Gruppe sieht, die ein Herz oder eine Distel, umgeben von einem Kranz aus Rosen, unter den Spann ihrer Stiefel eingearbeitet haben...« (Mayhew 1967, vol. 1, S. 51)

Dieser kunstvolle Kleidungscode straft die Rede vom zerlumpten East Ender auf eine geradezu herausfordernde Weise Lügen. Man ist versucht Vergleiche mit Subkulturen des 20. Jahrhunderts zu ziehen, etwa mit den »Zoot Suiters« in den vierziger und den Teddy Boys (»Edwardians«) in den fünfziger Jahren, die ebenfalls Elemente der Kleidungsformen der Mittel- und Oberklasse übernommen und abgewandelt haben.[23] Aber diese Versuchung, der wir hier nicht nachgeben wollen, zeigt nur, wie stark uns diese Beschreibung an moderne Subkulturanalysen erinnert. Schon im Katalog der moralischen und geistigen Unterscheidungsmerkmale der wandernden Stämme, den Mayhew seinen Untersuchungen vorangestellt hatte, deutet sich eine kulturanalytische Orientierung an (vol. 1, S. 3). Worum es sich nämlich bei den zivilisierten und wandernden Stämmen *in nuce* handelt, sind nicht zwei Rassen, sondern zwei Kulturen, deren Mitglieder sich in ihren Einstellungen und Vorstellungen, in ihren Neigungen und Abneigungen diametral gegenüberstehen.[24] Der Titel von Gertrude Himmelfarbs Pamphlet *The Culture of Poverty*, der den Bezug zu den Arbeiten des Kulturanthropologen Oscar Lewis herstellt, ohne dass er im Text explizit gemacht wird, trifft den Sachverhalt exakt, und auch Asa Briggs hat diesen Bezug mit dem Titel seiner wohlwollenden Mayhew-Rezension »The culture of poverty in 19th-century London« geknüpft (Briggs 1966). Die Nähe zu Lewis' Konzept der »Kultur der Armut« besteht gerade darin, dass auch Mayhew das Leben auf der Straße als eine eigenständige Kultur beschreibt. Sein Merkmalskatalog entspricht den Verhaltensdispositionen, die Lewis den Angehörigen der »Kultur der Armut« rund hundert Jahre später zugeschrieben hat (vgl. Lewis 1971, S. 45–57; Lindner 1999). Daher kann man Christopher Herbert (1991) nur beipflichten, wenn er in Mayhews Werk, vor allem in der Studie über die Costermongers, das Kultur-Konzept als »Proto-Idee« im Sinne von Ludwik Fleck enthalten sieht.

Was mit dem Bild des Nomaden entworfen wird, ist ganz offensichtlich der Gegentyp zum viktorianischen Bürger:

> »Das Straßenvolk lebt für Mayhew nicht nur in einem materiell-ökonomischen Reich der Notwendigkeit, es lebt auch in einem libidinösen Reich der Freiheit, das inmitten der viktorianischen Welt als ein anarchisches Fremdes, als ein lustvoll Anderes existiert. Das kann gewiss als eine bürgerliche Projektion, als eine Phantasie Mayhews gesehen werden, der im Widerspiel von persönlicher Lockung und Abstoßung seine Wünsche und Ängste, die des Bürgerbohemiens, ausagiert sieht. Doch es sind eben solche Phantasien, welche die eigene, scheinbar fest fixierte Position verrücken und deshalb den Blick für Ver-rücktes, anderes öffnen.« (Von Rosador 1996, S. 377)[25]

Vermutlich hat P. Thompson Recht, dass nur ein Mensch, der wie Mayhew nicht mit den üblichen Moralismen und Heucheleien seiner Zeit übereinstimmte, überhaupt in der Lage war, die wenig ehrerbietigen Aussagen des Straßenvolkes zu sammeln (1967, S. 60). Jedenfalls scheint vieles von dem, was dem »Nomaden« als Einstellung und Haltung zugeschrieben wurde (Mangel an Voraussicht und Vorsorge für die Zukunft, laxe Einstellung zum Eigentum), auch auf Mayhew zugetroffen zu haben. So wurde Mayhew beispielsweise im Prozess wegen Bankrotts vom zuständigen Konkursverwalter des unverantwortlichen Leichtsinns gescholten. In gewisser Hinsicht war er selbst ein Spieler, ein Hasardeur.

Henry Mayhew als Stadtsoziologe:
The Great World of London-Projekt

Nicht nur der Satiriker und Sozialforscher Mayhew bedingen einander, auch der Sozialforscher und der unstete Projektemacher. Mayhew ist gewissermaßen *als* Sozialforscher ein Projektemacher; Taithe spricht davon, dass sein ruheloser Charakter ihn dazu brachte, immer wieder neue Unternehmungen zu lancieren statt sie konsequent zu Ende zu führen (1996, S. 13). Mayhews grandiosen Pläne scheinen von vornherein zum Scheitern verurteilt, und doch gewinnt man den Eindruck, dass es dieser Pläne bedarf, um ihn zur Arbeit zu motivieren. Das gilt auch für sein letztes großes Vorhaben unter dem projektierten Titel *The Great World of London*, von dem schließlich eine vierhundertseitige, zusammen mit

John Binny verfasste Abhandlung über Gefängnisse in London realisiert wurde, »ein erbärmliches Fragment eines gutgemeinten Projekts«, wie Mayhew meinte (zitiert nach Humpherys 1984, S. 144). Karel Williams hat, fast schon in Mayhewscher Manier, hochgerechnet, welchen Umfang das gesamte *Great World*-Projekt gehabt hätte, wäre es in der angekündigten Weise realisiert worden, und ist dabei auf 300 Bände mit je 650 Seiten gekommen (Williams 1981, S. 246). »The Great World of London« sollte ursprünglich das sein, was der Titel andeutet und nun zur Überschrift von § 1 der Einleitung degradiert wurde, nämlich London als eine große Welt für sich zu betrachten. Letztlich ging es Mayhew um die Erforschung von London als eigener Welt, mit ihren Polen (*Belgravia* und *Bethnal Green*, der eine »eiskalt aufgrund seiner überspannten Mode, Form und Zeremonie, der andere gehüllt in einen ewigen Winter welkender Armut«), ihren »Kontinenten«, ihren Völkern (»In der Welt von London finden wir beinahe jede geographische Spezies der menschlichen Familie«), um Religion, Magie und Aberglauben, um differente Sprachformen und Sprechweisen, kurz:

»Von der ›Welt‹ von London‹ zu sprechen bedeutet also nicht, sich einer Metapher zu bedienen, da die Menschen der Metropole sich nicht nur in Sitten und Gebräuchen und in der Religion, sondern sogar sprachlich derart unterscheiden, als ob sie zu verschiedenen Rassen gehörten. Betrachten wir den besonderen Dialekt einer jeden Gruppe, dann finden wir heraus, dass jedem unterscheidbaren Gesellschaftskreis eine Art von Argot zugehört, dass es den Slang des Salons gibt, den von Exeter Hall, den der Anwaltsverbände, der Offiziersmesse, des Redaktionszimmers, des Künstlerateliers, des Klubhauses, des Rennstalls, der Werkstatt, der Küche, gar der Parlamentskammern – so gewiss, wie es auch den Slang des Fischmarktes von Billingsgate und den der billigen Herbergen gibt.« (Mayhew/Binney 1968 [1862], S. 6)

In der 63-seitigen, sechs Paragraphen umfassenden Einleitung gibt Mayhew zunächst einen allgemeinen Überblick über London, gefolgt von einem »Balloon View of London« in § 2. In § 3, in dem es um die Größe Londons geht, frönt er seinem »exzentrischen Positivismus« (Brunt 1995), indem er sich zum Beispiel vorstellt, dass die Aufstellung aller Einwohner Londons in Zweierreihen eine Länge von 670 Meilen ergeben würde; in § 4 stellt er die Wahrnehmung Londons aus verschiedenen Perspektiven dar, je nach sozialer Stellung und Interesse, aber auch nach ›Einfallstor‹: London aus der Eisenbahnperspektive, vom Hafen aus und aus den Höhen der St. Paul's Cathedral. § 5 der Einleitung beschäftigt sich mit den Kontrasten von London (Arm und Reich, *Charity* und *Crime*). Im sechsten Paragraph, der von den Straßen Londons, ihrem Verkehr und ihren Namen handelt, beweist Mayhew abermals seinen unersättlichen Drang zur Klassifikation. So unterscheidet er die Straßen einerseits nach dem Prinzip der Namensgebung (*loyal title, nobles, hero-worship*; *astronomical, zoological, botanical; trades, materials* – zum Beispiel gibt es acht Wood Streets, sieben Silver Streets und zwei Diamond Rows) und andererseits nach ihrem Charakter: beispielsweise *fashionable, respectable or »genteel«; narrow commercial lanes, streets for particular trades*. Dabei beweist er immer wieder einen ausgesprochenen Sinn für eine Ethnographie, die auf suggestive Weise seine Intimität mit dem Feld vor Augen führt:

»[…] eines der ganz besonderen Viertel von London ist die Gegend um die Docks. Auch die Straßen haben dort allesamt etwas mehr oder weniger Maritimes; die Läden verkaufen Ausrüstung für Schiffe oder Matrosen und die Schaufenster so mancher Geschäfte sind bestückt mit Quadranten und Sextanten aus glänzendem Messing, mit Chronometern und Kompassgehäusen, deren Windrosen von den vorbeifahrenden Kutschen und Frachtwägen vibrieren, während über dem Türrahmen eine riesige Statue eines Marineoffiziers mit Dreispitz hängt, der einen ständigen Blick auf die Leute im ersten Stock der gegenüberliegenden Straßenseite wirft. Dann kommen die billigen Schuhgeschäfte für Matrosen, die sich attraktiver Schilder wie ›Jack und seine Mutter‹ erfreuen; die Schänken heißen *Jolly Jack Tar* (Angeheiterte Teerjacke) oder tragen ähnlich einnehmende Namen, und im Hinterzimmer jeder Bar finden ›Konzerte umsonst‹ statt. Hier gibt es auch viele Geschäfte von Segeltuchmachern, deren Schaufenster voll von Seilen sind und die beim Vorbeigehen nach Teer riechen. Die Lebensmittelhändler in der Nachbarschaft machen in Proviant und stellen in ihren Fenstern Blechbüchsen mit Fleisch und Zwieback aus. Für jeden Artikel wird garantiert, dass er ›in jeglichem Klima haltbar‹ sei. Auf die Straßenecken haben die Stoffwarenhändler schon beinahe ein Monopol. Ihre Fenster leuchten teils in den satten Farben der roten und blauen Flanellhemden, während die Türen daneben mit Hängematten oder Ölzeug fast zugestellt sind, während die Hauswand vorne selbst halb von Leinwandhosen, groben Seemannsjacken und dicken, tiefschwarzen Mänteln verdeckt ist.« (Ebd., S. 61)

Nach dieser Einleitung beginnt das »erste Buch« des Projekts, das sich dem »Professional London« widmet. Es ist dieser Abschnitt von rund 15 Seiten, der ein stadtsoziologisches Projekt erahnen lässt, das sich, wäre es realisiert worden, mit der *Chicago School of Urban Sociology* hätte messen können. Zugleich erweiterte Mayhew mit dieser Skizze, und darin liegt vielleicht das eigentlich Sensationelle, den herkömmlichen Untersuchungshorizont. Zum ersten Mal werden die höheren gesellschaftlichen Schichten zum Gegenstand der Forschung gemacht, so dass wir hier den sehr frühen Entwurf zu einem *studying up*, zu einer ethnographischen Eliteforschung vor uns haben.

Ausgehend vom allgemeinen Überblick über die Metropole will Mayhew zur detaillierten Betrachtung ihrer verschiedenen Teile übergehen, und zwar, »in angemessener geographischer Abfolge der Reihe nach jedes Viertel der großstädtischen Welt abhandeln. Zuerst das London der akademischen Berufe« (ebd.). Unter »Professional London« versteht Mayhew jenen Teil der metropolitanen Gesellschaft, deren Angehörige ihren Lebensunterhalt mit geistigen anstatt mit manuellen Fähigkeiten verdienen. »Nach der obigen Definition beschränkt sich die Angehörigkeit zu den Professionen also nicht auf Anwälte, Ärzte und Pfarrer (also die klassischen Professionen, R.L.), sondern schließt auch Professoren, Lehrer, Wissenschaftler, Autoren, Künstler, Musiker, Schauspieler mit ein – letztlich alle, die ›von ihrer Schläue leben‹, wie die schmähende Wendung heißt« (ebd.). Dieser Gruppe gehören laut Statistik 47.746 Personen an, von denen 25.097 den klassischen Professionen, 22.649 den nicht anerkannten (»unrecognized«) Professionen angehören. Mayhew fährt dann fort:

»Jede einzelne dieser Unterarten des Londons der akademischen Berufe wollen wir der Reihe nach in den verschiedenen Abteilungen behandeln: das juristische London, das medizinische London, das literarische London, das künstlerische London, das wissenschaftliche London usw., wobei wir jeden Abschnitt des Großstadtlebens so behandeln, als wäre sie eine eigene Großstadt, indem wir ihre Bevölkerungszahl schätzen, die Grenzen und Distrikte markieren und uns mit den Sitten und Bräuchen ihrer Menschen beschäftigen, von den Höchsten bis zu den Niedrigsten. Wir versuchen also erstmals, die Geschichte unserer mannigfaltigen Hauptstadt im neunzehnten Jahrhundert zu schreiben und aufzunehmen und wir werden nun damit beginnen, die vielen Details darzulegen, welche die erste dieser Abteilungen betreffen.« (Ebd., S. 69f.)

Das angedeutete Projekt ist nicht nur im Hinblick auf seine schiere Reichweite mehr als beeindruckend. Der Versuch einer Topographie der Stadt nach Berufen und Ständen, verbunden mit einer Darstellung von Sitten und Bräuchen, entspricht *in nuce* der sozialökologischen Stadtanalyse. Das wird noch deutlicher, wenn man sich die Details im Zusammenhang mit der ersten dieser Abteilungen – »Legal London« – ansieht, deren Einstieg, mit der Benennung einzelner *natural areas* geradezu die Chicagoer Soziologie heraufbeschwört:

»So unverkennbar wie es ein Judenviertel in Frankfurt gibt, so gibt es ein juristisches Viertel in London; denn die *Judengasse* [deutsch im Original, R.L.] der deutschen Stadt unterscheidet sich von der *Zeil* kaum mehr als die *Chancery Lane* und ihre Umgebung von der *City* oder dem *West End* unserer Metropole. Und so wie einige ausländische Kolonien über die britische Hauptstadt verstreut sind – so wie *Hatton Garden* und seine Umgebung, wo es von Glasbläsern und Leierkastenmännern wimmelt, das ITALIEN der Metropole, wie die Nachbarschaft um den *Leicester Square* mit seiner Ansammlung von Bärten und Mützen das Cockney – FRANKREICH, wie der Pfarrbezirk von St. Giles, wo Höfe und Keller von Handlangern und Marktweibern wimmeln, das IRLAND von London bildet, so gibt es eine gesonderte Rasse von Menschen, die sich um die Gerichte und die Rechtsschulen gruppieren. *Westminster* und *Lincoln's Inn* sind die beiden großen Rechtsbezirke Londons, wie York und Canterbury die großen Kirchenbezirke Englands sind.« (Ebd., S. 71; Hervorhebungen im Original)

Als Erster hat Mayhew meines Wissens thematische Karten vorgelegt, die weder medizinischen Zwecken noch der Lokalisierung sozialer Infektionsherde dienten, sondern die Topographie der »besseren Hälfte«, des »Legal London«, veranschaulichen und die »Inns of Courts« sowie die von Anwälten bewohnten Distrikte zeigen. Die Chancery Lane bildet das Zentrum des juristischen London, hier riecht alles nach dem Gesetz, fährt Mayhew fort (ebd., S. 74). Ganz ähnlich wie Nels Anderson im Rahmen der Chicagoer Soziologie die Infrastruktur des *Main Stem, d*er Hauptstraße im Hobo-Viertel von Chicago, in ihrer spezifischen Funktion für die Bedürfnisse der Wanderarbeiter aufzeigen wird, skizziert Mayhew hier, wie alle Einrichtungen auf der Chancery Lane durch den Charakter der Straße als Zentrum des »Legal London« geprägt sind: der Trödler, der ausschließlich Kanzleimöbel anbietet, der Verleger, der nur trockene Rechtsbücher im Angebot hat, der Schreibwarenhändler, der Pergamenthäute, Formblätter und Gesetzeslisten auf Lager hat; die Speisegaststätten, die sich nach dem Geschmack und dem Geldbeutel der Angestellten richten; die Austernkeller und Café-Restaurants für die Anwalts- und Richter-Klientel sowie Wirtshäuser und Tavernen, die von den Gerichtsdienern und den Verwaltungsangestellten frequentiert werden. Von der Topographie über die Infrastruktur gelangt Mayhew zur Skizzierung der Mentalität der Anwohner:

»Die Menschen, welche die juristischen Gegenden der Metropole bewohnen, sind ein eigener Stamm, deren Lebensansichten und deren Theorien von der menschlichen Natur sich vom schlichteren Teil der Menschheit deutlich abheben. Bei den juristischen Ständen ist alles Zweifel und Verdächtigung. Niemandes Wort lässt sich trauen. Glauben kann man den Menschen nur, wenn sie unter Eid stehen. Ein echter Anwalt glaubt mit dem Erzdiplomaten Talleyrand, dass die Sprache dem Menschen nicht gegeben wurde, damit er seine Gedanken ausdrücken, sondern damit er sie verbergen kann und, so mag man hinzufügen, es ist ein juristisches Kredo, dass die Vernunft uns nur gegeben wurde, damit die Menschen Sonderschriftsätze vorbringen können – damit sie also logische Haarspalterei betreiben – und um schwachköpfigen Geschworenen einzureden, dass schwarz eigentlich weiß ist. … Der einzig wahre Grundsatz, zetert der Rechtsphilosoph, besteht darin, alle für Schurken zu halten ist, bis nicht ihre Ehrlichkeit erwiesen ist, und im Umgang mit Freunden und Kollegen nur das schlechteste von der Natur aller Menschen anzunehmen…« (ebd., S. 76).

Der Sarkasmus, der in dieser Passage zutage tritt, erinnert an den Satiriker Mayhew, der nicht vom Sozialforscher Mayhew zu trennen ist. Er ist aber auch nicht abzulösen von Mayhews Biographie als Sohn eines als Familientyrann beschriebenen Rechtsanwaltes, der seine Söhne mit allen Mitteln dazu bringen wollte, ebenfalls Rechtsanwälte zu werden (nur bei einem gelang es ihm). Gemeinsam mit seinem jüngsten Bruder« Augustus hatte Henry Mayhew bereits 1848 ein bitterböses Gedicht, *A Respectable Man*, verfasst, in dem sie die Heuchelei, die Pfennigfuchserei und die Launenhaftigkeit des Vaters geißeln. So lässt sich denn auch die folgende Passage verstehen:

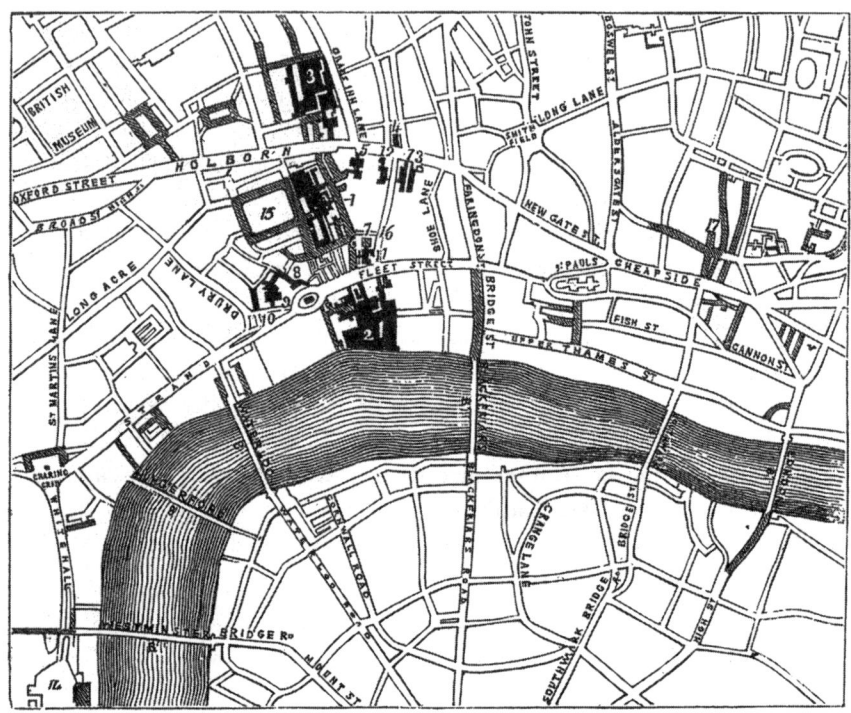

Abb. 4: Karte der Gerichtshöfe sowie der Distrikte, die von Juristen bewohnt werden. Aus: Henry Mayhew/John Binny, *The Criminal Prisons of London*, London 1971 (1862).

»In den Augen des Juristen ist der Gedanke, dass man sich auf ein Wort verlassen kann wie auf einen Schuldschein, heller Wahnsinn; und obwohl es, so die Anwälte, unser Hauptziel im Leben sein sollte, andere dazu zu bringen, ihre Gedanken *uns* ohne Vorsicht mitzuteilen, sollten *wir* uns doch so lange wie nur möglich davor hüten, zu Feder, Tinte und Papier zu greifen, um zu vermeiden, dass wir allzu ›verbindlich‹ werden. Falls wir, in offenherziger freundschaftlicher Verbindung, je unvorsichtig genug sein sollten, uns zu Treuegelöbnissen hinreißen zu lassen, die später in Konflikt mit unseren finanziellen Interessen geraten könnten, dann sollten wir immer genug Weltklugheit besitzen, den Brief nicht mit ›Yours, sincerely‹ zu unterzeichnen, sondern mit ›Yours, *without prejudice*‹.« (Ebd., Hervorhebungen im Original)

Nachdem Mayhew auf diese Weise das »Legal London« topographisch, infrastrukturell und mental ›verortet‹ hat, stellt er Überlegungen über das weitere Vorgehen bei der Behandlung der verschiedenen mit der Gesetzesverwaltung betrauten Personengruppen und Institutionen an. Als einfachstes und natürlichstes Einteilungsprinzip erscheint ihm die Unterscheidung von Institutionen und Personen, die im zivilrechtlichen Bereich einerseits und im kriminalrechtlichen

Bereich andererseits tätig sind. Letzterer Bereich hat wiederum Abschnitte, die von den *Criminal Courts* über die *Police Courts* und *Coroners' Courts* bis zu den *Criminal Prisons* reichen: »Folglich beginnen wir, da weder Klarheit noch Anliegen bei der Durchführung des Plans verloren geht, unsere Exposition der Charaktere, Szenen und Vorgänge des juristischen Londons, indem wir uns zuerst mit den Gefängnissen der Metropole beschäftigen.« (Ebd., S. 79) Was folgt, sind, als »subdivision 1«, die vierhundert gemeinsam mit John Binny verfassten Seiten über die Londoner Gefängnisse.

Henry Mayhew, der Bürgerbohemien

Der Dichter W.H. Auden hat Mayhew einmal als den größten Engländer der Viktorianischen Zeit bezeichnet. Das klingt völlig unangemessen, wenn man sich die an Persönlichkeiten reiche Viktorianische Epoche, die reichste vielleicht in der englischen Geschichte, vor Augen hält. Aber vielleicht kann man Auden insofern Recht geben, als Mayhew der größte in Vergessenheit geratene Engländer der Viktorianischen Zeit war. Lange, schon zu seinen Lebzeiten und bis zu seiner (Wieder-)Entdeckung als ernst zu nehmender Sozialforscher in den späten 1960er Jahren, war Mayhew, wenn überhaupt, nur als Verfasser von Vignetten und Genrebildern in der Art des »Brunnenkresse-Mädchens« oder des »blinden Leierkastenmanns« bekannt, die in Auswahlbänden wie *London Characters: illustrations of the humour, pathos and pecularities of London* (London 1881) die Kaffeetische der Mittelklasse zierten. Fast ein Jahrhundert lang diente sein Werk nur als Steinbruch für das »characters and scenes genre«. Als Chronist von *London Labour and the London Poor* war er längst durch Charles Booth und dessen Survey *Life and Labour of the People in London* (1902/3) abgelöst worden. Charles Booth fehlt in keiner Geschichte der Sozialforschung, Henry Mayhew in nahezu jeder. Dabei kann man, was die Ingeniosität des Werkes angeht, mit gutem Grund der Meinung sein, dass Mayhew Booth bei weitem übertrifft – ich werde darauf noch näher eingehen. Aber vielleicht war es gerade diese Ingeniosität, dieses Unzeitgemäße, das dazu beigetragen hat, dass der Sozialforscher Mayhew in Vergessenheit geriet. Hinzu kommt sicherlich, dass Mayhew, mit seinem großen Nachdruck auf Interviews und Lebensgeschichte, in der Konstitutionsphase der Soziologie als Wissenschaft ein Autor war, auf den sich zu berufen wenig prestigeträchtig war. Da bot sich Charles Booth, der viel mehr der *Scientist* unter den Sozialforschern war, schon eher an.

Dass Mayhew in den späten 1960er Jahren von Sozialhistorikern wiederentdeckt wurde, hat sowohl etwas mit seinen Themen (»Labour and the Poor«) als auch mit der Methode (»Oral History«) zu tun: »Dies ist der erste Versuch, die Geschichte eines Volkes in den Worten der Menschen selbst zu publizieren«, wie Mayhew sein Unterfangen in der Vorrede zu *London Labour and the London Poor* recht selbstbewusst umschrieb. Kein Zufall also, dass er insbesondere im Umkreis des *History Workshop Journal*, also der Zeitschrift, die aus der »Oral History«-Bewegung hervorgegangen ist, Anerkennung fand.[26] Seine Anerkennung hat vor allem damit zu tun, dass er den Arbeitern und Armen seiner Zeit, der »gesichtslosen Masse«, wie gesagt wurde, ein Gesicht gab und eine Stimme verlieh. So schreibt Anne Humpherys:

»In allen Zeiten sind die Armen, die Machtlosen, die Menschen an den Rändern der Gesellschaftsordnung für gewöhnlich ohne Gesicht und Stimme [...] In Mayhews Arbeit zerfällt diese undifferenzierte Masse auf einmal in eine Reihe von stark individualisierten Portraits [...] Mayhew erreicht dies, indem er unterschiedliche Kräfte miteinander kombiniert. An erster und vielleicht wichtigster Stelle steht sein Respekt für seine Gewährsleute [...] Sein Zutrauen zu seinen Subjekten führt dazu, dass in seinen Interviews eine persönliche Dynamik von gegenseitigem Vertrauen entsteht, die es Mayhew erlaubt, die Reserviertheit zu überwinden, die Klassengrenzen normalerweise bewirken.« (Humpherys 1984, S. 172)

Der Dichter W.H. Auden hat diesen Respekt für die Gewährsleute in der Empathie ausgedrückt gesehen, die Mayhew den Menschen als Menschen entgegenbrachte:

»Die vielen Gesprächsabschriften machen deutlich, dass Mayhew jenes seltene Wesen eines geborenen Demokraten war. Das heißt: Sein erster Gedanke war nie ›das ist ein bedauernswertes Geschöpf, dem so weit wie möglich zu helfen ich verpflichtet bin‹, sondern immer ›es macht mir Spaß, mich mit diesem Mitmenschen zu unterhalten‹. Nicht ihr Elend, sondern ihre Würde, ihr Mut und ihr Frohsinn dominieren den Eindruck, den der Leser letztlich von den Armen von London gewinnt, und dies unter Bedingungen, von denen man nicht für möglich hielt, dass solche Tugenden dort überleben können.« (Auden 1973, S. 242)

Edward P. Thompson vermutete, dass die Gewährsleute Mayhew vor allem deshalb vertrauten, weil er nicht am Moralismus der Mittelklasse litt. Das machte ihn unzeitgemäß, machte ihn aber auch empfänglich für – oder besser: neugierig auf – andere Lebensweisen. Einmal mehr zeigt sich, dass die Ethnographie als Beruf, wie es Lévi-Strauss einmal so schön formuliert hat, den Charakter mit dem Leben versöhnt (Lévi-Strauss 1978, S. 377). Henry Mayhew war ein Bürgerbohemien, der durch Abstoßung von der eigenen Kultur zu der anderen hingezogen wurde, die alles das enthielt, was nicht bürgerlich war. Zurecht hat Christopher Herbert den Anstoß zur Formulierung des Kulturkonzepts, das er in

Mayhews *London Labour and the London Poor in nuce* Gestalt annehmen sieht, in solchen Abstoßungsprozessen gesehen, diente dieses Konzept doch von Anfang an als ein Mittel, die Viktorianische Voreingenommenheit zu attackieren (vgl. Herbert 1991, S. 227). Daraus erklärt sich auch Mayhews besonderes Interesse für die Belustigungen des Volkes, in denen die Lust am Leben, ohne Voraussicht und ungehemmt zu genießen, zum Ausdruck kommt:

»Indem er dem Lustprinzip auf eine in der viktorianischen Literatur unvergleichlich tiefschürfende und zutiefst soziologische Weise Ausdruck verleiht, weicht Mayhew scharf von der gängigen Sicht seines Zeitalters ab, wonach Selbstbeherrschung, Disziplin und Arbeit die sozialen Kohäsionskräfte seien, Vergnügen und Begehren, die aus den ›tierischen Instinkten‹ stammen und sich nie vom Ruch ihres Ursprungs lösen, dagegen die des Zerfalls.« (Ebd., S. 249f.)

Eine solche Haltung passt zu einem Menschen, der mit seinen Freunden einen *drinking club* mit dem herrlich ironischen Namen *The Rationalists* gegründet hat, ein weiteres ostentatives Zeichen dafür, dass er wider den Stachel der Konventionen löckte. Dass die Faszination, die die Vergnügungen des Volkes offensichtlich auf ihn ausübten, zuweilen mit einer moralischen Verurteilung einherging, zeigt, dass sich Mayhew als Autor nicht von der konventionellen Moral seiner Zeit hat freimachen können. Das wird auch an den Widersprüchen deutlich, die seine Ethnographie des Straßenvolkes durchziehen: am Widerspruch zwischen Rassentheorie (»nomadische Rasse«) und ökonomischer Erklärung der Zunahme von Straßenhändlern zum Beispiel, zwischen der zeitgenössisch üblichen, von Mayhew übernommenen Etikettierung »dangerous classes« und der Hervorhebung der Ehrlichkeit ihrer Mitglieder, oder am Widerspruch zwischen konventionellen, stereotypen Ansichten vom Leichtsinn der Dockarbeiter und der Schilderung der harten Arbeit, die nötig ist, um das tägliche Brot zu sichern. Die moralische Verurteilung als Lippenbekenntnis hatte Mayhew im Übrigen mit anderen zeitgenössischen Autoren, die sich als Sympathisanten gesellschaftlicher Außenseiter erwiesen, gemeinsam.

»Manchmal glaubt man fast, dass er nur mit Blick auf die konservativen Leser an moralischen Konventionen festhält, denn obwohl er sich formal vor Mittelschichtsvorstellungen verneigt, indem er von der ›sozialen Pest im Herzen des Landes‹ spricht, die von der ›Ignoranz und Lasterhaftigkeit‹ des Straßenvolkes erzeugt wird, so hegt man angesichts seiner Beschreibungen eben dieser Menschen als Individuen kaum Zweifel, dass er sie für die Vitalität ihres Lebens und die Unabhängigkeit ihrer Perspektive bewundert, welcher er sich selbst mit seinem unkonventionellen Gedanken annähert, dass die Armen für sich selbst sprechen sollen.« (Woodcock 1984, S. 572)

Für Jonathan Raban spricht in den Passagen, in denen er der konventionellen Moral Tribut zollt, nicht Mayhew selbst, sondern der Gentleman, den der Stich im ersten Band von *London Labour and the London Poor* zeigt, einen Mayhew von geradezu übernatürlicher Solidität, eine kunstvoll inszenierte Pose, ein *»travesty-gentleman«* (Raban 1973, S. 68).

Charles Booth –
Entrepreneur des Social Survey

Zu den Wesensmerkmalen der Großstadt gehört die simple Tatsache, dass sie nicht überschaubar ist, dass sie sowohl für ihre Bewohner als auch für diejenigen, die sie verwalten, eine schwer auszulotende Größe darstellt. Aus diesem Grunde erscheint jenen, die sich als Erste der Großstadtforschung zuwenden, die Großstadt als *terra incognita*, als ein unbekanntes Land, das es zu erkunden gilt: »Auf dem Lande«, schreibt Charles Booth, »liegt das Gewebe des menschlichen Lebens offen zutage; persönliche Beziehungen binden das Ganze zusammen. Das Gleichgewicht, auf dem die bestehende Ordnung beruht, ob zufriedenstellend oder nicht, ist eindeutig und offensichtlich. Ganz anders sieht es in den Großstädten aus, wo wir, was diese Fragen angeht, in Dunkelheit leben, mit zweifelnden Herzen und aus Unkenntnis sich ergebenden unnötigen Ängsten.« (Booth 1889, S. 1) Genau diese Situation war auch am 10. Februar 1886 gegeben, als Bewohner des Londoner West End ängstlich in den Nebel horchten. Was war geschehen?

Der Winter 1885/1886 war außerordentlich streng. London steckte nicht nur in einer tiefen ökonomischen Krise, im Februar fielen auch die Temperaturen so tief wie seit dreißig Jahren nicht mehr. An Arbeit im Freien war gar nicht zu denken, die Überseeschiffe konnten nicht in die Themse einlaufen, und so traf der strenge Winter vor allem die Dockarbeiter, die große Masse der *casual workers*, die so charakteristisch für die Ökonomie Londons waren, mit ihnen aber auch jene Berufsgruppen, die von der Rohstoffzufuhr über den Seeweg abhängig waren.

Am Nachmittag des 8. Februar war von der *Fair Trade League* zu einer Protestversammlung am Trafalgar Square aufgerufen worden, und an die 20.000 Arbeitslose kamen aus dem East End. Nachdem der Demonstrationszug den Trafalgar Square in Richtung Hyde Park verlassen hatte, flogen in der Pall Mall Steine in Richtung des exklusiven Carlton Club, nach vorausgegangenen Provokationen durch Mitglieder des Klubs, wie es heißt. Der Aufmarsch wurde zum Aufruhr. In der St. James Street wurden alle Clubfenster zerschlagen, am Piccadilly setzten Plünderungen ein. Die Organisatoren des Protestmarsches verloren die Kontrolle über die Menge und zogen sich zurück. Demonstranten stürzten Kutschen um und raubten den Insassen Geld und Schmuck. Die Menge zog zur South Audley Street weiter, plünderte die Läden auf der Wegstrecke und kehrte von dort aus, via Oxford Street, in das East End zurück.

»Für einige Stunden war das West End in den Händen des Mob«, heißt es am folgenden Tag im Leitartikel der *Times*. Während die Leser noch diese Zeilen verdauen, bahnt sich bereits neues Unheil an. Am Morgen des 9. Februar senkt sich dichter Nebel auf London. Am Trafalgar Square versammeln sich erneut die »Roughs«, die Strolche und Rabauken, wie sie aus der Sicht des Bürgers heißen, und versetzen das West End in Angst und Schrecken. Die Läden werden geschlossen und die Polizei warnt die Inhaber vor neuen Überfällen. Obwohl der Platz am Nachmittag geräumt ist, geht das Gerücht, dass Dockarbeiter auf dem Weg seien, die Läden im Westen zu attackieren. Wieder einmal kommt die Bedrohung aus dem Osten.

Aber die Aufregung vom 9. war nichts im Vergleich zur Panik am folgenden Tag. Am 10. Februar wird London von der *grande peur*, vom großen Schrecken vor dem marodierenden Pöbel heimgesucht. Gegen Mittag verdichtet sich der Nebel und wie ein Lauffeuer verbreitet sich das Gerücht, dass 10.000 Männer brandschatzend von Deptford in die Londoner City zögen. Ähnliche Gerüchte kommen aus Whitechapel, wo der Mob die Commercial Road herunter marschiert, von Bethnal Green, wo er die Green Street entlang zieht, und von Camden Town auf, wo er auf dem Weg von Kentish Town in den Westen vermutet wird. Banken und Firmen schließen, Läden werden verbarrikadiert, Brücken besetzt. Gegen 16.30 Uhr war die Menge tatsächlich auf 5.000 Personen angewachsen und begann, lokale Geschäfte zu plündern. Die Anspannung wuchs, als das Gerücht aufkam, der Mob habe sich in zwei Formationen aufgespalten. Um 17.25 Uhr erhält die *Times* ein Telegramm von Einwohnern der Old Kent Road, in dem es heißt: »Überall hier in Südlondon herrscht Angst. Auf der Spa Road ziehen 30.000 zum Trafalgar Square. Tausende von Rabauken ziehen in Scharen gen Westen. Senden Sie Spezialboten zum Innenministerium, damit die Polizei mit all ihren Kräften, zusammen mit den militärischen Truppen London rettet.« (Vgl. zu dieser Darstellung: Jones 1976, S. 291ff., Zitat S. 293f.)

Am nächsten Tag war der Spuk vorbei, »ein wilder Aufstand *à propos de rien*«, wie es Friedrich Engels beschrieb, der in den Randalierern »arme Teufel« mit einem kräftigen Anteil an »Strolchen« sah (zitiert nach Jones 1976, S. 345). Das Ganze hatte etwas Unwirkliches. Der dichte Nebel, aus dem der Mob gekommen war, war ein bezeichnendes Bild für die Situation. Denn Vieles war das

Produkt einer ausufernden Klassenphantasie, die durch Zeitungsberichte, Sozial-traktate und literarische Darstellungen angeregt war, wonach *sie* sich westwärts bewegen, »Hälse durchschneiden und Ziegelsteine werfen« (Harkness). »Die wahre Bedeutung des Aufruhrs lag weniger in den Geschehnissen selbst als in der Stärke der Reaktion der Mittelschicht und im so offenbarten Ausmaß von Angst vor dem Bodensatz an Gelegenheitsarbeitern.« (Jones 1976, S. 294)

Hinter dem Vorhang schrecklicher Bilder

Zu behaupten, dass diese Ereignisse der unmittelbare Anlass für jene Studie waren, die bis heute als eines der größten Unternehmen in der Geschichte der Sozialforschung gilt, wäre zu kurzsichtig gedacht für einen so methodisch vor-gehenden und denkenden Menschen wie Charles Booth. Man könnte eher sagen, dass es die *Repräsentationen* der Ereignisse waren, die Vorstellung, der West End könnte in die Hände des Mob aus dem East End fallen, die den letzten An-stoß zu jener Untersuchung gaben, aus der *Life and Labour of the People in London* hervorging. Denn Booth war gerade daran gelegen, gegen Gerüchte, die eine solch prekäre Rolle bei den Februar-Ereignissen spielten, anzugehen. Die Panik, die sich angesichts der Ereignisse um den 9. und 10. Februar 1886 artiku-lierte, wird ihm eher Beweis für seine Vermutung gewesen sein, dass machtvolle Bilder den Blick auf die Wirklichkeit verstellen:

»Der Osten Londons lag hinter einem Vorhang verborgen, auf den entsetzliche Bilder gemalt waren: hungernde Kinder, leidende Frauen, überarbeitete Männer; die Schrecken von Trunken-heit und Laster; Monster und Dämonen der Unmenschlichkeit; gigantisches Leiden, riesige Verzweiflung. Stellten diese Bilder wirklich dar, was dahinter liegt, oder war ihr Verhältnis zu den Tatsachen ähnlich dem von Bildern an einem Jahrmarktstand zur Vorstellung oder Schau darin? Wir haben versucht, diesen Vorhang zu lüften.« (Booth 1969 [1902], I, S. 172)

Die von Erinnerungen an die Pariser Commune genährten Schreckensbilder, die den unvoreingenommenen Blick auf East London verstellten, waren von den Entdeckungsreisenden in das »dunkelste England« gemalt, von der Sensations-presse mit ihren »Wanderungen gen Osten im Gaslicht« eifrig aufgegriffen wor-den und hatten schließlich Eingang in die zeitgenössische Literatur gefunden, die das East End zum konventionellen Topos im wörtlichen wie übertragenen Sinne machte (vgl. Keating 1971). Traf die Rede von der Stadt als Text jemals zu, dann auf das East End, dessen Darstellung zu einem immensen, mehrlagigen und

Abb. 5: »Slum Life«. Aus: H.J. Dyos/Michael Wolff (eds.), *The Victorian City. Images and Realities*, vol. 1, London/Boston 1973.

vernetzten Konvolut aus journalistischen, literarischen und sozialforschenden Beiträgen angewachsen war. »Es gibt kein Gebiet in Großbritannien, über das so viel geschrieben worden ist; keines, dass in derartigem Ausmaß als Quelle von öffentlichen Ängsten erklärt wurde und als Projektionsfläche von Ängsten vor proletarischer Zusammenrottung oder sexueller Promiskuität, über den Zustand der Nation oder die Degeneration der ›Rasse‹ herhalten musste.« (Cohen 1997, S. 77) So war es für Booth an der Zeit, den Vorhang zu lüften, den Nebel zu lichten, der in den Berichten und literarischen Darstellungen sowohl den *rough* als auch den *ripper*[27] aus sich entließ, um die Ängste, die sich aus Unkenntnis ergaben, ein für alle Mal zu bannen. Wie sah die Lage wirklich aus in jener *terra incognita*, die es in unsere sozialen Landkarten einzuzeichnen gilt, wie es Charles Booth formuliert hat (womit er doch wieder das Motiv der Entdeckungsreise aufgriff). Es galt endlich sachliche Fragen zu stellen: Wie viele Menschen sind tatsächlich von den beschriebenen Zuständen betroffen? Nimmt ihre Anzahl im Verhältnis zu den Bessergestellten ab oder zu? Wie groß ist der menschliche Bodensatz, der angeblich unsere Zivilisation bedroht?

Das aus diesen Anstrengungen resultierende Werk atmet den Geist der Viktorianischen Zeit, allein schon aufgrund seiner schieren Monumentalität. Alles in allem brauchte es 17 Jahre, um die 17 Bände dieses gewaltigen Überblicks über Lage, Berufe und Gesittung der Einwohner von London, insbesondere der unteren Schichten, durchzuführen. In seiner Konsequenz erinnert das Unternehmen an die viktorianische Haltung, das Leben einer Aufgabe zu widmen, sei es nun um die Quellen des Nils zu finden oder als erster den Nordpol zu erreichen, oder eben, um eine Bestandsaufnahme vom Leben und Arbeiten in London – von rund einer Million Haushalten – zu machen, einen Querschnitt durch das ganze Gebiet von einem Ende zum anderen, voller Details, ebenso vollständig wie minutiös, zu liefern.

Der Mann, der dieses Unternehmen in Angriff nahm, entsprach nach Ansicht von Beatrice Webb in vollkommener Weise dem Geist der Viktorianischen Zeit. Charles Booth (1840–1916), Sohn eines wohlhabenden Kornhändlers aus Liverpool, ging nach dem Besuch der *Royal Institution School* in Liverpool schon früh, mit 16 Jahren, ins Geschäftsleben. Anfang der 1860er Jahre gründete er, der als »geborener Geschäftsmann« beschrieben wird, gemeinsam mit seinem Bruder Alfred die *Booth Steamship Company*, die sich zu einem erfolgreichen Unternehmen entwickelte. Als Kaufmann kultivierte er die Gewohnheit, Daten als Basis für seine Geschäftsentscheidungen zu sammeln. So überzeugte Booth seine Geschwister Alfred und Emily nach genauem Studium des Handelsschiffverkehrs auf dem Atlantik ihr gesamtes Vermögen in die Errichtung einer Schifffahrtslinie nach Brasilien zu investieren. Seine ausgesprochen starke empirische Orientierung verdankte sich folglich nicht der akademischen Ausbildung – obwohl er Bewunderung für den Begründer des Positivismus, Auguste Comte, hegte und den Positivismus als eine Art Zivilreligion lebte –, sondern vielmehr den Erfahrungen aus dem Geschäftsleben. Dort entwickelte er auch das, was wir heute Trendanalysen nennen. So sah er zum Beispiel den erhöhten Bedarf an Gummi für pneumatische Reifen voraus, weshalb er den Bau des Hafens von Manaus in Angriff nahm, »mein Monument«, wie er am Ende seines Lebens an seine Frau schrieb. Booth ging in allem methodisch vor und galt als emsiger Sammler von Fakten und Zahlen. »Facts«, Tatsachen, waren für ihn »scientific facts«, wissenschaftliche Tatsachen. Rationales Verhalten war für ihn ökonomisches Verhalten und ökonomisches Verhalten rationales; Religion war für ihn »protestantische Sittenlehre«. Alles in allem scheint Booth geradezu die »Pflichtethik« verkörpert zu haben, die für Max Weber den Kern der Protestantischen Ethik als Ausdruck des kapitalistischen Geistes bildete.

Booth gehörte, seitdem er seinen Geschäftssitz 1875 nach London verlegt hatte, dem intellektuellen, reformorientierten Zirkel um den Vorsitzenden der *Charity Organisation Society* (COS), Charles Loch, der Wohnungsreformerin Octavia Hill und Samuel Barnett, dem Gründer von *Toynbee Hall*, der ersten sozialen Ansiedlung Gebildeter im East End an. Den Anstoß für sein gewaltiges Untersuchungsvorhaben bildeten freilich weder, wie zeitgenössisch üblich, philanthropische Motive per se noch unmittelbar politische Absichten (obwohl der Industriekapitän politisch konservativ und strikt antisozialistisch eingestellt war[28]). Auslöser war die 1885 aufgestellte Behauptung des Gründers der britischen Sozialdemokratischen Förderation, Henry Mayers Hyndman, dass ein Viertel der Bevölkerung Londons in extremer Armut lebe. Booth widersprach dieser Behauptung aus wirtschaftsliberaler Sicht vehement und wollte sie, da keine entsprechenden Daten vorlagen, mit einer eigenen Untersuchung und auf eigene Kosten (die übrigens mehr als 40.000 Pfund Sterling, heute etwa 1,3 Millionen Pfund, betragen haben sollen) wissenschaftlich, und das hieß für ihn mit statistisch-exakten Mitteln, widerlegen:

»Für Booth ähnelte die Armutsstudie einem groß angelegten Geschäftsvorhaben und benötigte dieselbe Menge vorbereitender Datenerhebung, Analyse und Planung, um ihre letztendliche Gestalt zu erreichen. In derselben Weise wie Booth den gesamten Schiffsverkehr in die portugiesischen Häfen genauestens verzeichnet hatte, bevor er eine Linie dorthin einrichtete, so wandte er sich nun allen verfügbaren Statistiken zu, um ein möglichst umfangreiches Bild von den Beschäftigungsverhältnissen und der Armut in London, dem Gebiet seines Untersuchungsvorhabens, zu erlangen.« (Bales 1991, S. 69f.)

Booth misslang diese Widerlegung, das kann bereits vorweggenommen werden. Er kam zu dem Schluss, dass sogar mehr als 30 Prozent der Londoner Bevölkerung in Armut lebte. Die Tatsache, dass Booth dieses für politische Zwecke nicht gerade günstige Ergebnis nicht einer Zensur opferte, zeigt, wie sehr in der zeitgenössischen Einstellung der Glaube an wissenschaftliche Exaktheit mit dem verbunden war, was man – ganz britisch – als Sportsgeist, als *fair play* bezeichnen kann. Das Ergebnis seiner Enquete führte ihn zu der Ansicht, dass es Pflicht des Staates sei, »die Hilflosen und Unfähigen so zu versorgen, wie wir in unseren Familien [den Familien der *upper class*, R.L.] die Alten, die Kinder und die Kranken versorgen und uns um die kümmern, die sich nicht selbst versorgen können« (Booth 1969, I: 1, S. 165). So imaginierte Booth den Staat als strengen *pater familias* und Vormund, und eine ganze Klasse als elende, unselbstständige »Lazarusschicht«.

Die Bestimmung der numerischen Relation der Armut

Am 17. April 1886, also etwas mehr als zwei Monate nach den Unruhen, fand das erste Treffen von Booth und seinen Mitarbeiter zur Vorbereitung der Überblicksstudie (*survey*) statt, deren hauptsächlicher Zweck darin bestehen sollte, »die zahlenmäßige Beziehung festzustellen, die zwischen Armut, Elend und Sittenlosigkeit einerseits und regelmäßigem Einkommen und relativem Wohlbefinden andererseits herrscht, und um die allgemeine Lage zu beschreiben, unter der jede Klasse lebt« (Booth 1889, S. 6). Mit diesem Treffen haben wir die Geburtsstunde der organisierten Sozialforschung vor uns (Bales 1996). So wie später Robert Park das soziologische Department in Chicago im Stile einer Redaktion leitete, so scheint Booths Organisationsmodell das seiner Schifffahrtslinie gewesen zu sein, mit einem Direktor, einem Stab von Abteilungsleitern, einer größeren Anzahl von Informationssammlern und – last but not least – Büroschreibern. Die Mitarbeiter der ersten Stunde, den Stab, zu dem auch Beatrice Webb, später selber eine berühmte Sozialforscherin (Lepenies 1988), gehörte, hatte er vornehmlich aus dem Umkreis von Toynbee Hall rekrutiert. Die Settlementbewegung war eine sozialpolitische Strömung, die die räumliche Kluft zwischen den sozialen Klassen durch Niederlassung von Angehörigen der »besseren Klassen« in den Vierteln der Armen und Arbeitern überwinden wollte. Ihr Ziel war die zivilisierende »Hebung« der lokalen Bevölkerung; folglich verstanden sich die Niederlassungen als »Zentren der Zivilisation«.[29] Diese

Niederlassung, das so genannte *settlement*, stellte für die frühen Sozialforscher einen ähnlichen Stützpunkt dar wie die Missionsstation für die frühen Ethnologen; nicht von ungefähr galten die *settlements* als »soziologische Labore«. Für Booth wurde Toynbee Hall, wie O'Day und Englander (1993, S. 129) schreiben, zur *work station*, die »ihm zu einer Vielzahl enthusiastischer Gefährten verhalf, [...] die Hilfe bei der Datenerhebung aus ihren eigenen Fallakten und aus anderen Quellen leisteten – ein geeignetes Milieu, um Themen und Probleme des Londoner Ostens zu diskutieren« (ebd., S. 55).[30] Zu den dort rekrutierten Mitarbeitern zählten unter anderem Ernest Aves, »aus gutem Hause, hochgebildet und anscheinend vom ernsten sozialen Sinn der Jugend erfüllt« (Bales 1996, S. 121), später Präsident der britischen Handelskammern; Esme Howard, geboren auf Greystoke Castle, der spätere Baron Howard of Penrith, »der jenes singuläre englische Modell des Mannes von vornehmer Herkunft verkörpert, der ohne besondere Fähigkeiten anscheinend mühelos in hohe Stellungen aufsteigt« (ebd., S. 126), von 1924 bis 1930 Botschafter in den Vereinigten Staaten. Hubert Llewellyn Smith, ebenfalls dabei, leitete, nach seinem Austritt aus dem Handelsministerium, wo er von 1919 bis 1927 als Chefberater der Regierung tätig war, in den 1930er Jahren eine Nachfolgestudie, *New Survey of Life and London Labour*. Diese und sieben weitere Männer sowie fünf Frauen bildeten das erste bekannte Beispiel eines zu Zwecken der Sozialforschung organisierten Teams, wobei der relativ hohe Anteil an Mitarbeiterinnen für die Zeit besonders bemerkenswert ist (Bales 1996).

Die Untersuchung bestand aus drei Schwerpunkten, die in der Endfassung der Studie, der 17-bändigen Generalübersicht *Life and Labour of the People in London* (1902–1903), eigene Reihen bildeten. Diese Reihen waren die vierbändige *Poverty Series* (I), auf die ich mich im Folgenden im Wesentlichen beziehe und mit der *Life and Labour of the People in London* in der Fachöffentlichkeit mehr oder weniger gleichgesetzt wird; die fünfbändige *Industry Series* (II) und die siebenbändige Reihe *Religious Influences* (III) sowie einen Abschlussband *Notes on Social Influences and Conclusions*. Während es bei der *Poverty Series* um Untersuchung und Lokalisierung von Armut und Verelendung im metropolitanen Raum geht, versucht die *Industry Series*, in den Worten von Booth, »einen Überblick über die Menschen, Gewerbe für Gewerbe, bei ihrer Arbeit in Fabriken, Lagerhäusern oder Werkstätten zu geben, oder wie sie ihren Beschäftigungen auf Straßen, Eisenbahnen, Märkten oder Kais nachgehen; ihre Beziehungen zu jenen ins Auge zu fassen, denen sie dienen – Arbeitgebern oder Kunden – sowie das Entgelt, das sie erhalten; und schließlich die Auswirkung des Verdienstes auf ihre Lebensführung zu untersuchen« (II: 5, S. 159). Die sieben

Bände über *Religious Influences* behandeln den Einfluss der kirchlichen und anderen sozialen (philanthropischen) Einrichtungen auf die Bevölkerung und gleichen diesen punktuell mit der Bedeutung kommerzieller Einrichtungen wie Wirtshaus, Music Hall oder Spielhöllen ab.

Die Daten für die *Poverty Series* wurden vor allem auf der Grundlage von zwei Quellen gewonnen. Das statistische Gerüst wurde aus den Resultaten der Volkszählung von 1881 (also aus der Bevölkerungsstatistik) entnommen und später durch die präziseren Daten der Volkszählung von 1891 korrigiert und ergänzt. Dieses Zahlengerüst sollte Substanz und Vertiefung durch Einzelbefragungen und Beobachtungen erhalten. Dabei schwebte Booth, und das macht sein hohes methodisches Bewusstsein deutlich, die wechselseitige Verifizierung von allgemeiner Statistik und konkreten Einzelfällen vor. Angesichts der avisierten Größenordnung blieb freilich zu fragen, wie dies überhaupt zu bewerkstelligen sei. Hier tritt einmal mehr der *entrepreneur* Booth ins Bild, der gewohnt ist, größere Mitarbeiterstäbe zu koordinieren. Booth verfiel auf die Lösung, sich die Unterlagen und Berichte der *school board visitors*[31], der Beamten, die sich um die unregelmäßig zur Schule kommenden Kinder kümmerten, zunutze zu machen und er erhielt auch von der Schulbehörde die Erlaubnis, alle 66 für die Schulen im East End zuständigen Inspektoren in seine Untersuchungsarbeit einzubeziehen:

»Sie (die Beamten der Schulaufsichtsbehörde) haben täglich Kontakt mit den Leuten und kennen die Eltern der Schulkinder, besonders der ärmsten, und die Verhältnisse, in denen sie leben, erstaunlich gut. Niemand kann die Beschreibung der Anwohner Straße für Straße, Haus für Haus, Familie für Familie in diesem riesigen Bezirk (East London) durchgehen, die ganze Fülle der pittoresken Einzelheiten hören, die dem Interviewpartner einfallen, wenn er seine Notizen durchsieht –, niemand kann das alles erfahren, ohne, wie ich, überzeugt zu sein, dass diese Information echt und wahr ist.« (I: 1, S. 5f.)

Charles Booth und seine Mitarbeiter setzten sich in den Abendstunden mit den Schulinspektoren zusammen und werteten gemeinsam deren Merkbücher aus. Die Arbeitsstunden, die darauf verwendet wurden, erfasste der Unternehmer Booth exakt:

»Für den Tower Hamlet Bezirk, mit dem wir zuerst fertig wurden, arbeiteten wir durchschnittlich 19 ¾ Stunden mit jedem Inspektor des Schulaufsichtsrates; für den Hackney Bezirk wurde die Zeit auf 23 ½ Stunden ausgedehnt. Der Bezirk St.George's in-the-East kostete 1886, als wir ihn zum ersten Mal bearbeiteten, 60 Stunden Arbeit mit den Inspektoren; als wir die Ergebnisse überarbeiteten, brauchten wir 83 Stunden.« (I: 1, S. 25)

Die aus den Volkszählungen und den Unterlagen der Schulaufsichtsbeamten gewonnenen Daten wurden noch durch Informationen von Lehrern, Gesundheitsaufsehern, Pfarrern, Fürsorgebeamten, Mieteinnehmern, Stadtmissionaren sowie Mitarbeitern der *Charity Organization Society*[32], also dem gesamten Korpus des gesellschaftlichen Aufsichtspersonals sowie durch Beobachtungen ergänzt, die durch Mitarbeiter aus dem inneren Kreis auf ihren Streifengängen mit Polizisten gemacht wurden. Abschließend vervollständigte Booth seine Untersuchung noch durch Eindrücke, die er aus dem gewonnen hat, was später Feldforschung genannt werden wird:

>»Dreimal habe ich meine Zelte jeweils für einige Wochen an Orten aufgeschlagen, wo man
>mich nicht kannte, und habe mich eingemietet, um das Leben der Menschen zu teilen, die in
>meinen Schemata unter den Klassen C, D und E geführt würden. Da ich nicht nur Logis, son-
>dern – mehr oder weniger – auch Kost erhielt, wurde ich aufs engste mit einigen derer vertraut,
>die ich dort antraf, und konnte das Leben und die Gewohnheiten vieler anderer ganz natürlich
>beobachten.« (I: 1, S. 158)

Vorrangiges Ziel der Poverty-Enquete von Charles Booth war es, daran sei noch einmal erinnert, den prozentualen Anteil der in Armut lebenden Familien festzustellen. Aufgrund der Zensusdaten und der Erhebungen der Vertreter der Schulaufsichtsbehörde teilte Booth die Londoner Bevölkerung entsprechend ihrer Lebensbedingungen in acht Klassen auf, die er mit den Buchstaben A bis H unterschied. Die Klasse A war die unterste Schicht, gebildet aus Personen, die nur gelegentlich arbeiteten, aus so genannten Halbkriminellen und Faulenzern, wie Booth sie nannte. Die Klasse B, die Klasse der »sehr Armen«, setzte sich aus Gelegenheitsarbeitern, Hand-in-den-Mund-Existenzen sowie jenen zusammen, die in ständiger Not lebten. Diese Klasse ähnelt der »Lazarusschicht« von Karl Marx, Bodensatz derer, die aus geistigen, moralischen und körperlichen Gründen arbeitsunfähig sind, wie es Booth formulierte. Klasse C umfasste jene, die aufgrund von Saisonarbeit und Ähnlichem nur über ein unregelmäßiges Einkommen verfügen. Diese Klasse war in London mit ihrem Hafen und dem Überseeverkehr relativ zahlreich vertreten. Sie umfasst die Schauerleute, die vielleicht nur zwei Tage in der Woche Arbeit finden, sowie Bauarbeiter, die übers Jahr gesehen acht bis neun Monate in Lohn und Brot stehen. Klasse D wurde gebildet von jenen, die zwar regelmäßig arbeiten, aber schlecht bezahlt werden, Fabrik- und Lagerarbeiter, Fuhrleute, Träger und Boten aller Art; die Klasse E von den Arbeitern, die über ein regelmäßiges, über der Armutsgrenze liegendes Einkommen verfügen, wobei dies die erste Arbeiterschicht ist, bei der die Frauen in der Regel nicht arbeiten. Klasse F schließlich setzte sich zusammen aus Handwerkern und »besseren Arbeitern«, den qualifizierten Arbeitern, Vorarbeitern und Meistern, die in irgendeiner Form betriebliche Verantwortung auf sich nehmen. Durch diese Klassifikation gelangt Booth zu einer differenzierten Vorstellung von den armen und arbeitenden Klassen, die bis dato als eine Masse von »verhungerten, elenden, hoffnungslosen Geschöpfen« vorgestellt wurden. Die Klassen G und H wurden von den »Mittelklassen« gebildet, Klasse G von der unteren Mittelklasse, den kleinen Ladeninhabern und Arbeitgebern, Angestellten und den unteren Rängen der *professionals*, und Klasse H von der oberen Mittelklasse und den so genannten Wohlhabenden, die er auch als »Bedienstete haltende Klasse« definierte. Letzteres ist insofern wichtig, da Vorhandensein und Anzahl des Hauspersonals für Booth ein wichtiger Indikator der Klassenzugehörigkeit war.[33]

Nach Booths Erhebungen machte die Klasse A 0,9 Prozent der Londoner Bevölkerung aus, Klasse B 7,5 Prozent und die Klassen C und D zusammen 22,3 Prozent, so dass seine Erhebung im Endeffekt die Schätzung von Hyndman noch übertraf. Nicht 25 Prozent wie von Hyndman behauptet, sondern sogar 30,7 Prozent der Londoner (35,2 Prozent im East End) lebten in Armut. Eine seiner vielleicht wichtigsten Leistungen besteht darin, dass er die Vorstellung, die arbeitenden Klassen seien moralisch »minderwertig« endgültig ad acta legte; bei ihm sind es »nur« 14 Prozent der Armutsfälle, die auf »schlechte Gewohnheiten«, sprich: Alkoholmissbrauch und »liederliche Lebensführung«, zurückzuführen sind. Immerhin mehr als die Hälfte aller Armutsfälle, genau 55 Prozent, sind laut Booth auf das fehlende Arbeitsangebot und auf zu niedrige Löhne zurückzuführen.

Von den Klassen der Armen, A bis D, ging es Booth vor allem um die Klassen C und D, deren Angehörige bedürftig und zugleich bemüht waren, soziale Verelendung und ein »Abgleiten« sowohl in moralische Demoralisierung als auch in sozialistische Bestrebungen zu vermeiden – für viele bürgerliche Kommentatoren war beides sowieso austauschbar. Klasse A, die wir in der Terminologie von Karl Marx auch als das Lumpenproletariat bezeichnen können, bildete für Booth den Bodensatz der Gesellschaft, das »Residuum«, der »Abschaum«.[34] Diese »Barbaren«, diese »Wilden« der Zivilisation (hier durchaus in evolutionsgeschichtlicher Analogie gemeint), »leisten keinen nützlichen Dienst, schaffen keinerlei Reichtum – eher vernichten sie ihn. Was auch immer sie berühren, verderben sie, und als Individuen taugen sie wohl nicht zur Verbesserung« (I: 1, S. 38). Von daher machte es auch keinen Sinn, sich um die Angehörigen dieser Gruppe im positiven Sinne zu kümmern. Diese Gruppe enthält die eigentlichen »Elemente der Unordnung«, die *roughs*, die sich in den Februarunruhen bemerkbar gemacht haben. Aufgrund seiner statistischen Erhebung ist Booth in der Lage, die Bedrohung, die von dieser Gruppe ausgeht, zahlenmäßig genau zu bestimmen. Folglich gibt er, was die *grande peur* angeht, Entwarnung: »Die

Barbarenhorden, von denen erzählt wurde, dass sie eines Tages aus ihren Slums kommen werden, um die moderne Zivilisation zu überrennen, existieren nicht. Es gibt Barbaren, aber nur eine Handvoll, ein kleiner und abnehmender Prozentsatz: eine Schande, aber keine Gefahr.« (I: 1, S. 39) Dieser Befund wird in der Öffentlichkeit mit spürbarer Erleichterung aufgenommen; die Presse jubelt:»Die Barbarenhorden existieren nicht« (zitiert nach Schubert 1994, S. 135). Die Gefahr, die so lange übergroß erschien, weil das Publikum des Westens in jeder Volksversammlung einen potenziellen Aufruhr sah, wurde durch die Boothsche Differenzierung berechenbar und überschaubar. »East London is settled« könnte es in Analogie zur Erkundung Afrikas heißen.

Problematisch erscheint Booth die Klasse B, die Gelegenheitsarbeiter und Hand-in-den-Mund-Existenzen, aufgrund ihres Hangs zum Müßiggängertum, ihrer Bequemlichkeit und ihrer Unzuverlässigkeit:

»Aus welchem Gebiet die Klasse B auch immer kommt, [...] man wird darunter viele finden, die aufgrund von Unfähigkeit, Hilflosigkeit, Faulheit oder Trunksucht unweigerlich arm sind. Das Ideal dieser Personen besteht darin, zu arbeiten, wann es ihnen gefällt und zu tändeln, wann es ihnen gefällt. Sie ertragen die Regelmäßigkeit und den Stumpfsinn der zivilisierten Existenz nicht und finden die Aufregung, die sie brauchen, im Leben auf der Straße oder als Zuschauer und Teilnehmer einschlägiger häuslicher Szenen.« (I: 1, S. 43)

Diese Klasse stellt deshalb eine Gefahr dar, weil sie ökonomisch die Klassen C und D herabziehen und moralisch den durchaus arbeitsamen, aber unregelmäßig beschäftigten und unterbezahlten Arbeitern der Klasse C als Vorbild für eine laxe Haltung des »Leben-und-leben-Lassen«, des Ideals »Arbeiten, wann es ihnen gefällt und spielen, wann es ihnen gefällt« dienen könnten. Nicht zufällig erscheint es Booth so, dass man in der Regel nicht in die Klasse B hineingeboren wird, sondern dort gewissermaßen landet, aus geistigen, moralischen und physischen Gründen wie er schreibt, unfähig zu einem geregelten Leben.

Die gesellschaftspolitischen Konsequenzen, die aus den Befunden der Enquete im Hinblick auf die Angehörigen der Klasse A zu ziehen waren, blieben eigentümlich unkonkret: »die Politik des Staates ihnen gegenüber sollte aus ständiger Zerstreuung bestehen [...]« (I: 1, S. 175). Deutlich wird freilich, dass die Schande der Klasse A, die eine zwar kleine, aber eben problematische Gruppe bildete, ausgemerzt, das heißt die Klasse in ihrer Existenz aufgelöst werden sollte. Damit schließt sich Booth dem Diskurs an, wie er in der zweiten Hälfte der 1880er Jahre über das so genannte Residuum vorherrschte, für deren Angehörige man nicht mehr tun könne als sie aussterben zu lassen. Die Hand-in-den-Mund-Existenzen der Klasse B sollten hingegen aus dem Arbeitsmarkt herausgenommen und zwangsweise vom Staat organisiert werden: »Die Klasse B staatlich zu regulieren hieße, die Quelle des Pauperismus zu kontrollieren« (I: 1, S. 166). Als eine Möglichkeit boten sich die in jener Zeit als Allheilmittel angesehenen Arbeitskolonien an, wo verwahrloste Existenzen an ein geregeltes und diszipliniertes Leben gewöhnt werden sollten: »[...] mein Vorschlag ist, dass man diesen Menschen die Möglichkeit geben sollte, als Familien in industriellen Gruppen zu leben, die man ansiedelt, wo Land und Baumaterialien billig sind; gut untergebracht, gut ernährt und gut gewärmt; dass man sie lehrt, erzieht und dazu bringt von morgens bis abends zu arbeiten, drinnen oder draußen, für sich oder für den Staat.« (I: 1, S. 167)[35] Wenn der Staat sich gründlich mit der Organisation des Lebens für einen Bruchteil der Bevölkerung befassen würde, so das Fazit von Booth, dann müsste es möglich sein, »sich jeglicher sozialistischer Einmischung in das Leben des Restes zu entledigen« (I: 1, S. 167). Booths eigentliche Zielgruppe, die Klientel, die ihm am Herzen lag und der er sogar sein Werk zueignete (I: 1, S. 177), waren die ehrbaren Armen in den Klassen C und D: »Die Abtrennung der Leistungsunfähigen (*inefficients*) dient nicht ihnen selbst, so erklärte er, sondern denen, die nach dieser Abtrennung übrigbleiben. Ziel der Sozialpolitik war, den zukünftigen Fortschritt der *arbeitenden* Klasse zu sichern« (O'Day/Englander 1993, S. 152; Hervorhebung R.L.).

Die Scheidelinie in der Klasse der Armen bildet also nicht nur die Höhe des Lohns und die Regelmäßigkeit des Einkommens, die ja aufgrund des hohen Anteils an *casual labour* in London ohnehin nicht gegeben war, sondern auch die Bereitschaft und Fähigkeit regelmäßig zu arbeiten:

»London galt als Mekka der Zügellosen, der Faulpelze, der Bettler, der ›Rohlinge‹ und Verschwender. Die Anwesenheit von großem Reichtum und unzähligen wohltätigen Einrichtungen, das beispiellose Angebot an Gelegenheitsarbeit, die Möglichkeit, sich mit einer Unzahl an unredlichen Methoden seinen Lebensunterhalt zusammenzukratzen, all das trug, so hieß es, dazu bei, London zu einem gewaltigen Magneten für die Faulen, Unehrlichen und Kriminellen zu machen.« (Jones 1976, S. 12)

Letztlich liegt der Klassifikation von Booth immer noch die uns aus Mayhews »Cyclopedia« bekannte Unterteilung in die, die arbeiten wollen (= Klasse C), die, die nicht arbeiten können (= Klasse B), und die, die nicht arbeiten wollen (= Klasse A) zugrunde. Diese Scheidelinie ist die eigentliche Grundlage der Unterscheidung in würdige und unwürdige Arme. Diejenigen, die der Unterstützung durch die Wohlhabenden nicht würdig sind, die *undeserving poor* in der Terminologie der *Charity Organization Society*, sind jene, die sich auf die eine oder andere Weise der regelmäßigen Arbeit entziehen, die »Bummler« und »Schmarotzer« der Klasse A und die Hand-in-den-Mund-Existenzen der Klasse B. Es geht also nicht nur darum, die wirklich Bedürftigen (eine moralische Kategorie) herauszufinden; es geht auch und in erster Linie darum, jene gesellschaftlichen Elemente ausfindig zu machen, die nicht bereit (oder nicht in der Lage) sind, sich der Disziplin der industriekapitalistischen Lohnarbeit zu unterwerfen. Im London der zweiten Hälfte des 19. Jahrhunderts war die Anzahl derjenigen, die ihren Lebensunterhalt noch auf vorindustrielle Weise verdienten, durchaus beträchtlich; dazu gehörten die vielen von Henry Mayhew beschriebenen Arten von Straßenhändlern und Straßenakteuren. Zugleich bot eine Hafenstadt wie London zahlreiche Möglichkeiten für Tagelöhner, für Dockarbeiter und Schauerleute, für Transportarbeiter, Markthelfer und andere Gelegenheitsjobs, die gerade von jüngeren Leuten als Zeichen ihrer Unabhängigkeit gewählt wurden. Was hier letztlich gefordert wurde, war also die Unterwerfung unter die Disziplin der Lohnarbeit.[36]

Die Kartierung der Armut

Als die eigentliche Errungenschaft des Boothschen Survey gelten neben der statistischen Erfassung der Anzahl der Armen die thematischen, ausgewählte Merkmale hervorhebenden Karten, die in der Folge Vorbildcharakter für die Stadtsoziologie und Sozialgeographie gewonnen haben. In der *Religious Influence Series* sind dies zum Beispiel Karten, die die Lage der verschiedenen Kirchen, Missionen und philanthropischen Einrichtungen im Weichbild der Stadt zeigen. Nahezu identisch wird Charles Bushnell 1901 in seiner Doktorarbeit über die Chicagoer Schlachthöfe vorgehen, worin eine Karte den Zusammenhang zwischen sozial-klerikalen Einrichtungen und Kriminalität im Untersuchungsgebiet graphisch darstellt. Im Mittelpunkt der Kartierungstätigkeit standen freilich die Karten, die die Wohngebiete der Armen veranschaulichen sollten: *Descriptive Map of London Poverty 1889* und *Maps Descriptive of London Poverty, 1898–9.*[37] Aus unseren bisherigen Überlegungen wissen wir, dass die Erstellung von Karten, die Infektionsherde jeglicher Art anzeigen, nicht neu war. Zum ersten Mal aber wurde die Kartierung so systematisch und in einem solch großen Maßstab eingesetzt, die soziale Kennzeichnung Straße für Straße, Block für Block durchgeführt. Damit gelang auch hier eine Differenzierung, die deutlich machte, dass die Rede von »dem« East End genauso falsch ist wie von »dem« Arbeiter und »dem« Armen. Das Bild von East London als *urban Africa*, mit einer Bevölkerung »durch Trunk verblödet, versunken im Laster, von allen sozi-

84

alen und physischen Krankheiten zerfressen« (so William Booth, der Gründer der Heilsarmee, 1890), entpuppte sich als eine Schimäre.

»Es gibt eine Karte des gesamten Areals der Metropole, unterteilt in Blöcke von je 30.000 Bewohnern und je nach der darin vorgefundenen Armut schattiert. Dann gibt es eine Karte mit niedrigerem Maßstab (in vier Teilen), auf welcher der Charakter jeder Straße verzeichnet ist, soweit sie reicht, wobei die Quadrate dieser Karte nicht ganz bis zu den Stadtgrenzen reichen. Die Markierung der Straßen in unterschiedlichen Schattierungen und Farben entsprechend des vorherrschenden sozialen Charakters wurde in erster Linie anhand der Details aus den Notizbüchern vorgenommen.« (II: 1, S. 16)

Auf diese Weise gelang es der Forschungsgruppe ein differenziertes Bild von East London zu zeichnen, Schwerpunkte der Armut ebenso wie des relativen Wohlstands aufzuzeigen.

Die erste Karte wurde als *Descriptive Map of East End Poverty* in der Kurzfassung des Survey 1889 veröffentlicht und konzentrierte sich ausschließlich auf das Kerngebiet des East End. Sie basierte auf Daten, die zwischen September 1886 und März 1887 von den *School Board Visitors* erhoben worden waren. Schon 1891 wurde das Untersuchungsgebiet erweitert, so dass es nun von Kensington im Westen bis Poplar im Osten reichte. Diese schließlich vier Blätter umfassenden Karten sind als *Descriptive Map of London Poverty 1889* bekannt. Die endgültige Fassung stellen die zwölf Blätter der *Maps Descriptive of London Poverty, 1898–9* dar, die das Gebiet von Hammersmith im Westen bis Greenwich im Osten umfassten. Sie basierten nicht nur auf den Berichten der Schulbeamten, sondern in erster Linie auf »Begehungen« durch Mitglieder von Booths Forschungsteam. Vor allem George H. Duckworth, späterer Sir D., ein »Mann mit Privatvermögen«, Eton- und Cambridge-Absolvent, »lief jede Polizeirunde ab, hielt den Kommentar der Schutzleute fest und zeichnete eine Karte ihrer Besichtigungstouren« (Bales 1991, S. 125). Die Patrouillen mit der Polizei dienten in erster Linie dazu, die Informationen über die Straßen zu aktualisieren und die (Farb-)Markierung auf den neuesten Stand zu bringen. In den Notizbüchern von diesen Begehungen werden aber auch allgemeine moralische Eindrücke geschildert:

»Hier weniger Zeichen von Armut als von schmutzigen Gewohnheiten: ein wohl einzigartiger Hof, was Unreinlichkeit angeht. Die Bewohner sehr grob und rüpelhaft: dauernde Schwierigkeiten für die Polizei: keine Menschenseele hier, die nicht einen Verbrecher verbergen würde, damit er der Polizei entkommt. Sollte schwarz oder h[ell] b[lau] mit schwarzen Linien sein: h[ell] b[lau] auf der Karte. Als ich nachmittags alleine über diesen Hof lief, hingen dort einige ungepflegte Frauen herum: eine sagte zu mir ›haben Sie Kohlenscheine zu vergeben, mein Herr?‹ Viele spielende Kinder, dreckig, aber fett und gesund. Dies ist ein sehr malerischer

Slum, den Besuch auf jeden Fall wert [sic!, R.L.].« (Booth B362, p. 161, Booth Online Archive)

Das verwendete Farbsystem, das auf den ersten Blick sichtbar machen sollte, wer – nach sozialen und moralischen Kriterien beurteilt – wo wohnt, stellt das bislang entwickeltste System des *surveying*, der Sichtbarmachung des Verborgenen dar. Zugleich ist es insofern bezeichnend, als die Farbe Schwarz für die Klasse A reserviert ist; einmal mehr wird die Symbolik und Metaphorik der Finsternis (dunkle Gestalten/dunkle Ecken) zur sozialen Charakterisierung der Bewohner bemüht. Das Farbspektrum hellt sich, gesellschaftlich gesehen, von unten (Dunkel) nach oben (Licht) immer mehr auf: Dunkelblau für Klasse B, Hellblau für die Klassen C und D, Lila für gemischte Gebiete sowie Rot für die Mittel-, und Gelb für die Oberklasse. Noch im Farbenspektrum dieser doch objektiv gedachten Forschung ist die Klassensymbolik von Licht und Schatten, Oben und Unten, Himmel und Hölle enthalten. »So wurde es dank Charles Booth, der keine Mühe und Zeit scheute, möglich, auf diesen wunderbaren Stadtplänen in acht Farben die Ausdehnung, örtliche Verteilung und genaue Lokalisierung des Elends, der Armut, des Lebens in relativem Komfort und des Luxuslebens graphisch darzustellen« (Webb 1988, S. 282). Die Parallelen zu den britischen Afrikaforschern, zu James Bruce, Richard Francis Burton und John Hanning Speke, werden hier offensichtlich. Durch diese Karten wird die *terra incognita* von East London erschlossen und innerhalb der Grenzen der »bekannten Welt« verortet. Zugleich macht die Kartierung den kolonialen Charakter der Erschließung des Raums deutlich. Die Lokalisierung der Klassen ermöglicht es, die Gebiete der Klasse A, die Herde der sozialen und moralischen Unordnung, auszumachen: »Die Polizei wurde über die schwarz gezeichneten Straßen informiert«, heißt es lakonisch bei Booth.

Die folgende Passage aus den Beschreibungen der Wohnverhältnisse in den Elendsvierteln zeigt auf anschauliche Weise, dass die rhetorische Trias von Armut, Schmutz und Gestank nach wie vor Anwendung fand.

Streets Coloured Black

»Auf der Karte des Zentrums von London sind einige Straßen schwarz eingezeichnet, deren Namen ich ohne Zögern nenne [ansonsten hatte Booth die Straßennamen anonymisiert, R.L.]. Es sind *Macklin Street*, *Shelton Street* und *Parker Street*, die von der östlich davon gelegenen *Drury Lane* abgehen. Ich werde den Leser durch diese Straßen und einige Hinterhöfe führen und ich werde Haus für Haus erzählen, was mir von den Stadtmissionaren berichtet worden ist,

86

die es, der eine seit 11, der andere seit 29 Jahren, zu ihrer Berufung gemacht haben, hier Besuche abzustatten und das Evangelium unvoreingenommen an willige und unwillige Ohren weiterzugeben. [Hier würde sich noch einmal ein Vergleich mit Mayhews Haus-zu-Haus-Untersuchung bei den Webern in Spitalfields lohnen, R.L.] Die meisten der hier Beschriebenen sind irische Katholiken, die ihren Lebensunterhalt als Marktgehilfen oder als Blumen-, Obst-, Geflügel- oder Gemüsehändler auf der Straße verdienen, wobei es bei nicht wenigen ein Mysterium bleibt, wie sie überhaupt überleben. Überall herrschten Trunkenheit, Schmutz und vulgäre Sprache; Gewalt war verbreitet und reichte manchmal sogar bis zum Mord. [...] Die Häuser sehen aus, als würden sie bald umfallen, viele sind schief. Die beliebteste Vergnügung auf der Straße war das Glücksspiel. [Hier geht der bauliche Verfall übergangslos in den moralischen über, R.L.] Man hatte Posten aufgestellt, und wenn die Polizei kam, schlüpften die Übeltäter in die offenen Häuser und versteckten sich, bis die Gefahr vorbei war. Sonntagnachmittags und -abends war auf dieser Straße Hochbetrieb. Auf jeder Treppe drängte man sich mit Pfeife oder Bierkrug in der Hand, während einige Burschen herumlungerten und nicht wenige Kinder sich barfuss mit verschmierten Gesichtern und Händen in der Gosse vergnügten, den Schlamm zwischen den Zehen. Denkt man sich noch eine Gruppe von fünfzehn oder zwanzig jungen Männern dazu, die mitten auf der Straße zockten, dann hat man sich in etwa ein Bild gemacht. [...] [Danach beginnt der Bericht mit der Haus-zu-Haus-Begehung. Im Haus Shelton Street No. 2 trifft der Besucher auf einen Marktgehilfen, R.L.] Der Marktgehilfe war zwar einer der größten Rabauken, doch war er zur Freundlichkeit geneigt und hatte eine gutmütige, wenn auch unfähige Frau. Er war einmal ein großer Säufer, gelobte immer wieder Besserung und erlitt nach kurzer Zeit wieder einen Rückfall. Morgens verdiente er ein bisschen Geld, versoff aber fast alles, bevor er nach Hause kam, wo er dann fluchte und seine Frau verprügelte. Der Raum, den diese Familie belegte, war nicht nur sehr klein, sondern auch ohne jeden Komfort, so schmutzig wie nur denkbar und voll mit Ungeziefer, doch die Wände waren mit kleinen Bildern bedeckt [dasselbe im Haus Nr. 4, R.L.]. Der erste Stock bestand wiederum aus einem großen Raum, darin eine weitere Familie irischer, katholischer Costermonger. Diese waren weniger freundlich und öffneten ihre Tür nur soweit, dass man einen Blick auf eine mit Bildern bedeckte Wand erhaschen konnte, dann schlossen sie sie wieder. [...] [im Haus Nr. 6, R.L.] [...] Hier gibt es nichts Bemerkenswertes, Familien kamen und gingen, für gewöhnlich Costers, fast immer irische Katholiken, die in Schmutz lebten und dem Trinken zugeneigt waren, allesamt faul, verschlagen und sich treiben lassend (*shiftless, shifty, and shifting*).« (II: 1, S. 46–51)

Mit dieser Rhetorik werden wir zurückversetzt in die Zeiten der krudesten Beschreibungen der *rookeries* und *fever dens* der »gefährlichen Klassen«. Es ist nicht unbedingt die Rhetorik von Booth selbst, aber er gibt dieser Rhetorik bereitwillig Raum und erklärt auf diese Weise sein Einverständnis. Diese Beschreibungen stehen in einem schreienden Gegensatz zum Anspruch auf Wissenschaftlichkeit im Sinne der Überprüfbarkeit, den Booth nicht nur an andere, sondern auch immer wieder an sich selber gestellt hat. Sie stehen auch im Widerspruch zu Booths Kritik an den als grauenhaft bezeichneten Bildern von Trunkenheit, Laster, Krankheit und Verzweiflung. Dass solche Beschreibungen Eingang in ein Werk finden, das doch ein *scientific survey* sein will, zeigt, dass dieser immer noch im Dienste eines »zivilisierenden« Anspruchs steht. Damit aber lässt das Werk die Grundvoraussetzung an Wissenschaftlichkeit vermissen, wie sie später im betonten »Amoralismus« der Chicagoer Stadtsoziologie zur Geltung kommt. Die Maxime des Nestors der Chicagoer Soziologie, Robert Park, ein Moralist könne kein Soziologe sein, bringt diese Voraussetzung in einer zeitspezifischen Manier auf den Begriff. Was es nach Ansicht von Park zu überwinden gilt, um die Soziologie zu einer Wissenschaft auf empirischer Grundlage zu machen, ist jene Perspektive auf die soziale Wirklichkeit, die, erfüllt und geleitet von einer zivilisierenden Mission, Realität nur voreingenommen, nämlich in den Kategorien eigener Wertmaßstäbe, wahrnehmen kann.

Eine Schablone des Social Survey

Charles Booths Survey ist außerordentlich einflussreich gewesen. »Von der Jahrhundertwende bis in die 1930er Jahre diente es als Schablone für die entstehende Bewegung des *social survey* und für die Forschungen, die zwecks Anleitung der Sozialpolitik der wachsenden Anzahl von Politikern und Verwaltungsbeamten durchgeführt wurden.« (Bales 1991, S. 113) Schon sehr früh, noch bevor es zur endgültigen Fassung von *Life and Labour of the People in London* kam, war das Forschungs- und Darstellungsprinzip im Rahmen der Arbeit am Hull House-Settlement in Chicago übernommen worden. Das ist kein Zufall, stellt man die große Nähe zwischen der Settlement-Bewegung in London und dem Booth-Projekt in Rechnung. Es liegt nahe, dass die Gründerin von Hull House, Jane Addams, von dem Survey bei ihrer Toynbee Hall-Visite im Jahre 1888 Kenntnis erhalten hat. Das große Interesse und die Bedeutung, die Booths Karten von London zuteil wurden, haben als Ermutigung gedient, heißt es in den *Hull-House Maps and Papers*:

»[…] obwohl die Augen der Welt sich bei der Suche nach dem Wesen des Elends nicht so sehr auf dieses Drittel einer Quadratmeile im Herzen von Chicago richten wie auf den Osten von London, und obwohl die hier untersuchte Fläche viel kleiner ist als das gewaltige Areal, das die unvergleichlichen Studien von Mr. Booth abdecken, haben die beiden Werke doch viel gemeinsam. Wir denken, dass Ziel und Geist dieser Veröffentlichung sie in wichtigen Bereichen für einen Vergleich mit ihrem Vorgänger empfehlen.« (Residents of Hull-House 1895, S. 11)

Auf der Basis einer an Booths Vorgehen angelehnten Haus-zu-Haus-Enquete werden Lagepläne (*spot maps*) erstellt, die die räumliche Verteilung der 18 Nationalitäten in der unmittelbaren Nachbarschaft des Settlement und die wirtschaftliche Situation der Bewohner (gemessen am Lohnniveau) veranschaulichen. Aufgrund der engen Verbindung, die einzelne Mitglieder des 1892 gegründeten soziologischen Departments an der University of Chicago zu Hull-House haben, wird diese Technik bereits in dessen Frühphase auch an diesem Institut praktiziert. 1901 legt Charles J. Bushnell eine im *American Journal of Sociology* veröffentlichte Doktorarbeit über den Distrikt der Chicagoer Schlachthöfe (»Eine Studie der Schlachthofgemeinde in Chicago als typisches Beispiel der Auswirkungen der modernen Industrie auf die Demokratie, mit konstruktiven Vorschlägen«) mit sozialstatistischen Daten und Übersichtsplänen vor. Die Faktoren, die anhand des Stadtplans graphisch dargestellt werden (der räumliche Zusammenhang zwischen ausländischer Population und Kindersterblichkeit, zwischen öffentlichen Einrichtungen wie Kirchen, Klubs und philanthropischen Institutionen und Kriminalität und Anderem mehr), orientieren sich an dem Vorbild von Booth und machen die Perspektive deutlich, unter der die Übersichtsstudien durchgeführt werden. Wie es in den *Hull-House Maps and Papers* ausdrücklich heißt, geht es in erster Linie um ein Hilfsmittel zur Verbesserung der Gesellschaft (»konstruktive Arbeit«), nicht um einen Beitrag zur soziologischen Forschung. Dies trifft auch auf Bushnells Untersuchung zu, deren viertes Kapitel »konstruktive Vorschläge« enthält (»Was die Stadtregierung tun kann«; »Was die Klubs und *settlements* tun können«; »Was die wohltätigen Vereine und philanthropischen Einrichtungen tun können«).

Booth hat zweifellos mit seinen Untersuchungstechniken anregend auf die soziologische (Großstadt-)Forschung gewirkt. Das trifft etwa auf die Benutzung von Zensusdaten, auf die Technik der Haus-zu-Haus-Umfrage sowie auf die mit den Schulinspektoren durchgeführten »Experten«-Interviews zu. Man kann mit Schubert (1994) durchaus von einem frühen »Methodenmix« sprechen. Auch auf der Darstellungsseite hat Booth innovativ gewirkt. Statistische Tabellen und graphische Darstellungen reicherten die Untersuchung an, vor allem aber setzte sich die Kartierung als ein Mittel zur visuellen Veranschaulichung der Verteilung sozialer Phänomene im großstädtischen Raum als ein unverzichtbares Instrument der Forschung mit dem Projekt von Booth endgültig durch. Die sozialpolitische Zielsetzung der Untersuchung, die die Armutsfrage in den Mittelpunkt stellt, hat dazu geführt, dass einige wichtige Befunde, die stadtsoziologische Überlegungen späterer Zeit partiell vorwegnehmen, wenig Beachtung fanden. Dazu gehört zum Beispiel die Einsicht, dass die Sicht der Großstadt aus der Perspektive der Verwaltungsbezirke den Blick auf innere Differenzierungen verstellt. Das städtische Leben entfaltet eine eigene Dynamik, die sich nicht an die Grenzen der Verwaltungsbezirke hält. Folgen dieser Eigendynamik sind etwa die funktionale Spezialisierung von Stadtteilen nach Geschäftszwecken und Berufszweigen (Mayhews »Legal London« zum Beispiel) und die Aufgliederung der Stadt nach sozialer Zugehörigkeit und kultureller Anbindung (Mayhews Hugenotten-Viertel). So kommt Booth, ganz ähnlich wie Mayhew, zur Frage der Verteilung der Professionen im Weichbild der Stadt: »London scheint die natürliche Heimat von Anwälten vor Gericht, Rechtsanwälten und Anwaltsgehilfen zu sein, von denen die Mehrheit in London geboren wurde. Ihre Hauptquartiere sind die *Inns of Court* und *Chancery Lane*, wo sich die *City* und das *East End* treffen; in der Mitte die Gerichte. Hier geht ein großer Teil der Rechtsangelegenheiten des ganzen Landes [...] über die Bühne.« (II: 4, S. 72) Wie Harold W. Pfautz in seiner Einleitung zum »Heritage of Sociology«-Auswahlband der Booth-Studie schreibt, steckt in den Überlegungen zur Stadt als räumliche Ordnung »die implizite Annahme, dass Bevölkerung und Funktionen auf geordnete, natürliche Weise im Raum verteilt worden waren« (1967, S. 117). Wie wir noch sehen werden, wird dies in der frühen amerikanischen Stadtsoziologie unter dem Topos *natural area* zum beherrschenden Thema der humanökologischen Perspektive. Last but not least findet sich in Booths Werk bereits eine Argumentationslinie, die Ähnlichkeit zur Theorie der konzentrischen Kreise (bei Booth: »rings«) im Rahmen der Chicagoer Soziologie aufweist, einschließlich der Überlegung, dass es eine Abtrift der Bevölkerung von Ring zu Ring – »im Allgemeinen sind diejenigen, die in eine Gegend einziehen, ärmer als diejenigen, die weggezogen sind« – gibt. Booth spricht in diesem Zusammenhang vom *general law of successive migration*; die Chicagoer Forscher verwenden später die ökologischen Konzepte »Invasion« und »Sukzession«, um diese Prozesse zu charakterisieren.

Booth und Mayhew: Ein Vergleich

Charles Booth gilt, das hatte ich bereits angedeutet, im Unterschied zu Henry Mayhew schon seit langem als Pionier der Sozialforschung. Beide Untersuchungen, die von Booth ebenso wie die von Mayhew, atmen in ihrer schieren Monumentalität den Geist der viktorianischen Epoche. Allein der Umfang des Forschungsprojekts, das später die *Poverty Series* von *Life and Labour of the People in London* ausmachte, entsprach laut Bales (1996) Projekten, die heute von Regierungsagenturen durchgeführt werden. Der Anspruch beider Studien, einen *vollständigen* Überblick über die arbeitenden und armen Klassen Londons zu geben, ist einer, der in dieser Form heute, obwohl doch in Zeiten der Informationstechnologie viel leichter zu bewerkstelligen, *als Anspruch* kaum noch denkbar ist; gerade deshalb ist er kulturhistorisch auch so aufschlussreich. Sowohl Mayhews vierbändige, insgesamt 2.000 zweispaltige Seiten bzw. mehr als elf Millionen Zeichen umfassende *Cyclopedia of the Condition and Earnings of Those That Will Work, Those That Cannot Work and Those That Will Not Work* als auch Charles Booths 17-bändige, mehr als 5.000 Druckseiten umfassende Studie *Life and Labour of the People in London* sind Monolithen in der Forschungslandschaft nicht nur des 19. Jahrhunderts. Deshalb scheint ein kurzer Vergleich dieser Werke am Ende der Erörterung sinnvoll zu sein.

Beide Autoren rekurrieren auf das Mittel der Klassifikation, um ihren Gegenstand zu systematisieren. Sowohl Booth als auch Mayhew entlehnen ihre Vorstellung vom wissenschaftlichen Vorgehen den Naturwissenschaften und waren der Auffassung, dass einer der wichtigsten Wege Informationen zu ordnen darin bestand, Objekte in Arten und Varietäten zu gruppieren. Aus dieser Haltung resultierte bei Mayhew das, was W.H. Auden dessen Klassifikationszwang nannte. In der Art der Klassifikation unterscheiden sich Booth und Mayhew auf charakteristische Weise. Mayhews Klassifikation der Arten und Varietäten des Londoner Straßenvolks ist in ihrer Detailliertheit eines Darwin würdig. Charles Booth nimmt mit seiner Klassifikation viel eher das soziologische Schichtenmodell mit Oberklasse, oberer und unterer Mittelschicht sowie oberer und unterer Unterschicht vorweg und erweist sich somit als der soziologischere der beiden Autoren.

Auch wenn Mayhew mit seinen Klassifikationen systematisch wirkt, so ist er zweifellos der unsystematischere der beiden Sozialforscher. Mayhew lässt sich immer wieder, fasziniert von seinem Thema, zu spontanen Änderungen seines Plans verführen. Booth hingegen zeigt als Erster, dass organisierte Forschung ein bürokratischer Mechanismus zur Produktion von Wissen ist und nimmt damit das 20. Jahrhundert der Sozialforschung vorweg (Bales 1991, S. 115). Booth bleibt auch im Hinblick auf die Untersuchung der Lage des Londoner Volkes ein sich durch Nüchternheit auszeichnender *captain of industry*; Mayhew kann, bei allem Anspruch auf wissenschaftliche Systematik, den *bohemien* in seiner Person nicht verleugnen. Das schlägt sich letztlich auch in der Art und Weise der Annäherungen nieder. Den entscheidenden Unterschied zwischen Booth und Mayhew sehe ich darin, dass letzterer ein früher Ethnograph ist, der versucht, das Leben der Armen aus ihrer eigenen Sicht zu schildern. Auch wenn Mayhew bestimmte Vorurteile seiner Zeit und seiner Klasse mit Booth teilt, so verleiht er doch den Armen eine Stimme, das heißt, er objektiviert sie nicht nur (durch Klassifikation, Überprüfung, Einordnung), sondern macht sie zu Sprechern ihrer selbst: »Die Geschichte der Armen aus dem Mund der Armen«. Wie unzureichend das auch immer geschehen sein mag, der Weg, den Mayhew eingeschlagen hat, stellt im Kontext seiner Zeit einen gewaltigen Fortschritt dar. Zugleich hat Mayhew eine ausgesprochene Sensibilität für kulturelle Differenzen an den Tag gelegt, eine Sensibilität, die ich nicht zuletzt auf seine eigenen kulturellen Differenzen mit seiner Herkunftskultur zurückführe. Demgegenüber interessierte Booth sich, so hat es zumindest den Anschein, nie wirklich für die Lebensweise seiner Untersuchungsobjekte, sofern sie von seinen Vorstellungen abwichen; schnell war er dann mit Verdammungsurteilen bei der Hand. Seine Sympathie, die er zweifellos hegte, galt den einfachen, fleißigen Leuten, deren zwangsläufig einfache Nahrung seiner Vorstellung eines maßvollen Lebensstils nahe kam. In einem Vergleich von Booth und Mayhew kommt Eileen Yeo zu dem Schluss:

»Mit seiner Verwendung qualitativer Befunde und seiner Sensibilität für Subkulturen unter den Armen war Mayhew Booth weit überlegen […]. Booth begab sich nie in eine Position, wo er soziale Einstellungen herausfinden oder auf Subkulturen hätte stoßen können. Von Anfang an setzte er auf undifferenzierte Weise qualitative Daten mit Sensationalismus gleich und betonte, ›keine Tatsachen zu verwenden, der ich keinen quantitativen Wert beimessen kann‹.« (Yeo 1971, S. 94)

Wir haben aber auch gesehen, dass dies ein notwendiger Schritt war, um Abstand zu nehmen von den Zerrbildern des Grauens, die von den Entdeckungsreisenden in der zweiten Hälfte des 19. Jahrhunderts gezeichnet worden waren. »Im Wesentlichen war Booth ein Moralist aus der Mittelschicht, der jegliche Abweichung von den Normen der Mittelschicht als soziale Desorganisation und Immoralität ansah«, fährt Yeo in ihrem harschen Urteil fort. »Die Klasse A, die keine ökonomische, sondern eine moralische Kategorie darstellte, tat er *a priori* als eine ›wilde, semi-kriminelle Klasse von Menschen‹ ab, die ›abgeschafft‹ gehöre.« (Ebd., S. 94f.)

Im Vergleich dazu ging Mayhew über einen Beitrag zur Sozialwissenschaft weit hinaus:

»Mayhews imaginatives Versetzen in die Sinne und Herzen der Armen lässt sich nicht einfach einer Version der ›Sozialwissenschaft‹ unterordnen. Er leistete einen ungewöhnlichen Beitrag zum Verständnis der Menschen. Er wusste bereits, was wir noch lernen müssen – dass Menschen nicht als Durchschnittswerte behandelt werden können, je nachdem, ob sie unter irgend eine quantifizierte Armutsgrenze fallen oder darüber bleiben. Zunächst müssen Traditionen und Erinnerungen, die Gruppen von Menschen gemeinsam sind, ihre Hoffnungen und Ängste verstanden werden, bevor politische Entscheidungsträger Pläne für sie entwickeln.« (Ebd., S. 95)

Diese Würdigung von Mayhews Werk atmet spürbar den Geist der späten 1960er Jahre. Dass sich die Unterschiede zwischen Booth und Mayhew auch stilistisch niedergeschlagen haben, kann nach dem Gesagten kaum verwundern. Nicht zufällig hat Robert Park den Social Survey als »Buchhaltung des sozialen Lebens« bezeichnet. Anhand von zwei Straßenmarkt-Szenen von Booth und Mayhew hat Carol Ann Parssinen gezeigt, dass Mayhews Sinn für Einzelheiten in scharfem Kontrast zu Booths quantifizierendem Plural (»strange sights, strange sounds, and strange smells«) steht: »[...] Mayhew versucht, den besonderen menschlichen Reiz seiner Subjekte einzufangen, indem er die unangemessene Feierlichkeit des Nussverkäufers oder die abstumpfende Gleichförmigkeit der Rufe des Fischhändlers lebendig macht. Mayhew präsentiert keine Datenmenge, sondern eine Art des Sehens.« (1988, S. 212)

Selbst da, wo es um die Beschreibung der Lebensweise ging, hat Yeo moniert, »gab er (Booth) einen kläglichen, wenig erhellenden Bericht von den Menschen, mit denen er zusammenwohnte, indem er Sätze verwendete wie ›gesundes‹ angenehmes Familienleben, sehr einfaches Essen, sehr regelmäßige Gewohnheiten, gesunder Körper und gesunder Geist; herzliche Beziehungen zwischen Ehemännern und Ehefrauen, Müttern und Söhnen, Alten und Kindern oder zwischen Freund und Freund.« (1971, S. 94) Von den liebevollen Beziehungen bleibt in dieser Beschreibung nichts mehr spürbar. Als komme die Vermittlung eines Gefühls bereits einer Verzerrung gleich, versucht sich Booth bei der Beschreibung als Person herauszuhalten. Aber gerade dadurch werden Werturteilen (»regular habits, healthy minds«) Tür und Tor geöffnet. Dafür ein letztes Beispiel. Humpherys hat den Stil von Booth (beziehungsweise eines Mitarbeiters namens Valpy)[38] mit jenem von Mayhew anhand einer – hier jeweils stark gekürzten – Beschreibung der Küche in einem Wohnheim verglichen (1977, S. 141–2):

»An den und um die Tische sind Gruppen von Männern zu sehen, die mit Würfeln oder Karten von recht altem Aussehen Glücks- und Geschicklichkeitsspielen nachgehen, oder Anekdoten und Erlebnisse erzählen, die feineren Ohren nicht zuzumuten sind; abgewechselt von Gesang, Tanz und Diskussion – über Politik oder Glaubensfragen –, wobei an Bier, Gin und Tabak kein Mangel herrscht.« (Valpy)

»Davor stand eine Reihe von Tischen, an denen sich dösende Männer rekelten. Einige der Bewohner fanden sich um das Feuer ein, einige knieten und rösteten Heringe, deren Geruch den Raum erfüllte; andere saßen ohne Hemden auf dem Boden am Feuer, um sich zu wärmen; wieder andere trockneten die Zigarrenenden, die sie in den Straßen aufgelesen hatten.« (Mayhew)

Während Valpy versucht objektiv zu sein, indem er sich aus dem Geschehen herauszieht und »Fakten« schildert, versucht Mayhew dem Leser die Erfahrungen zu vermitteln, die er als Beobachter gemacht hat, ihnen einen Eindruck davon zu geben, wie es aussah, wie es roch, sogar wie es sich anfühlte. Einmal mehr erweist sich Mayhew als früher Ethnograph. Valpys generalisiertes Bild soll auf die Details schließen lassen, Mayhews detaillierter Bericht, der der Szene einen ganz eigenen Charakter gibt, den Schluss auf das Allgemeine ermöglichen. Den wichtigsten Unterschied aber sieht Humpherys in den Werturteilen, die Valpys Sprache anhaften, während Mayhews Beschreibung davon relativ frei ist: »Weil es ihm um einen einzigen Ort ging, konnte Mayhew seine Erfahrungen ohne jede Interpretation darstellen, [...] während Valpy die Details mit Betrachtungen in eins warf und so eine Sprache zu benutzen gezwungen war, die in der Verallgemeinerung der Befunde Bewertungen transportierte.« (Ebd., S. 143)

Freilich: O'Day und Englander reklamieren einen anderen, einen »unbekannten Booth«, so wie zwanzig Jahre zuvor Thompson und Yeo einen »unbekannten Mayhew« zutage gefördert hatten. Sie finden diesen anderen Booth nicht in seinen Publikationen, sondern in seinen Notizheften aus dem Feld:

»Tatsächlich gibt es eindeutig eine Kluft zwischen dem zugeknöpften Booth aus den gedruckten Erhebungen – sehr ernsthaft und sehr distinguiert – und dem zugänglicheren Booth aus den unveröffentlichten Notizbüchern. Booths Ablehnung der in *London Labour and the London Poor* verwendeten Strukturen und Strategien diente dazu, seine Erhebung von Mayhews abzusetzen und den Leser mit der wissenschaftlichen Objektivität, dem System und der Strenge seines Überblicks zu beeindrucken. Die Neugier und das Engagement, der Enthusiasmus und die Energie, die Sympathie und die Menschlichkeit, die aus den Notizbüchern und Manuskripten spricht, wurden hinter einer Menge von literarischen Mitteln verborgen, die den Autor distanzierten und als Barriere gegen eine Beteiligung des Lesers am Gegenstand des Textes fungierten.« (O'Day/Englander 1993, S. 156)

Unterstützung für ihre Einschätzung finden sie ausgerechnet bei Anne Humpherys, die angemerkt hat, dass die Notizhefte von Booth viel von der Lebendigkeit, Unmittelbarkeit und Genauigkeit von Mayhews Schilderungen aufweisen (1977, S. 221). In der Textfassung findet sich davon nicht mehr allzu viel. Booth, der von Comtes Lehre tief beeindruckt war, ähnelte sich ihm auch in seinen Schreibregeln an, hasste doch Comte »die *litterateurs*, die sich rhetorischer Kunstgriffe bedienten, um ihre Leser und Zuhörer zu überzeugen« (Lepenies 1985, S. 21). Booth wandte sich strikt gegen das, was er als *sensationalism* verstand, ein Verdikt, unter das auch die Arbeiten von Mayhew fielen. Er betonte, dass sich in seinen Notizbüchern mehr als genug Material für sensationelle Geschichten befänden, »[...] doch selbst wenn ich die Fähigkeit hätte, mein Material auf diese Weise zu verwenden – jene Fähigkeit der Vorstellungskraft, die man ›realistisch‹ nennt – würde ich sie hier nicht einsetzen wollen« (I: 1, S. 6). Entgegen dem Trend seiner Zeit, in der es sensationelle Berichte in Hülle und Fülle gab, setzte Booth auf den verbindlichen Test der statistischen Untersuchung, der Aufklärung gibt über die tatsächlichen Verhältnisse und über die numerische Relation der jeweiligen Untersuchungsgruppe zur Gesamtbevölkerung. Die persönliche Beobachtung galt ihm als vorbereitender Schritt für die statistische Untersuchung, die erst einen Tatbestand wissenschaftlich verifiziert. So gesehen erweist sich Booth in der Tat als kühner Pionier einer streng sozialwissenschaftlichen Methodologie (Webb 1950, S. 212).

Berlin O 17, Fruchtstraße:
Ein unbekanntes Kapitel in der
Geschichte der Stadtforschung

»Die Straßen sind halbdunkel, nur an den Knotenpunkten die Fleisch- und Fruchtläden sind grell; und an den Ecken der engen Straßen sind auch Türen, aus denen Lichtschein auf die schmutzige Gasse fällt – von großen Schatten unterbrochen und belebt; drin lärmt es; dann und wann tritt ein Weib heraus, mit offenem Haar und glänzenden Augen – mehr sieht man nicht, weil man gegen das Licht sieht – und kreischt: ›Courage in bottle; Mut zum Saufen!‹ Ab und zu kommt ein Mann heraus, um lärmend zur nächsten Ecke zu wanken; dann und wann ein Weib, mit großen, schweren Schritten, aber schnellen Bewegungen der Arme, krampfhaft die Hand um die Flasche, und obschon die Hand nicht mehr finden will zum Mund, Zug um Zug schlürfend. Jetzt kommt eine andere. Sie kreischt, sie trinkt selbst nicht mehr, aber sie führt die Öffnung der Flasche dem kleinen Mädchen in den Mund, das mit seinen roten Augen zu weinen scheint und doch dies blöde Lachen um den Mund hat. Ein alter Mann mit weißem Bart kommt die Straße entlang, von einer Seite zur anderen. Nun kommt er zur Hauptstraße. Eine johlende Gruppe von boys empfängt ihn und heult hinter ihm her. Er greift nach den girls, die neben ihm herlaufen. Wenn er eine am Hut zu fassen bekommt oder greift, dann lärmen die anderen.« (EZA 626/14,12)

Diese Szene, die sich wie ein Skript für ein »soziales Drama« liest, stammt aus dem Reisetagebuch, das der junge Adjunkt am königlichen Domstift zu Berlin, Friedrich Siegmund-Schultze, im Frühjahr 1908 auf seiner sozialen Bildungsreise in den Londoner Osten geführt hat. Aus seinen Tagebuchnotizen erstellte Siegmund-Schultze einen Reisebericht, der 1909 unter dem Titel *Eine Nacht im Osten von London* im Blatt der »Inneren Mission im Evangelischen Deutschland« veröffentlicht wurde. Der Bericht, in dem von »taumelnden Halbmenschen« und »vertierten Gestalten« die Rede ist, mutet uns heute seltsam an. Vor allem die Schilderung einer Evangelisationsversammlung in Whitechapel, bei der junge Siedler ein Harmonium intonieren, Preislieder auf Jesus anstimmen und sich als dessen Jünger imaginieren, erscheint aus heutiger Sicht befremdlich. Aber eben diese Schilderung mag dem Adjunkten des Oberhofpredigers besonders am Herzen gelegen haben. Möglicherweise war es die Erfahrung in Ost-London, die ihn dazu bewog, sich bei seiner späteren Tätigkeit in Berlin »vom eigentlichen Evangelisieren [...] fernzuhalten«. So heißt es in einem an seinen kirchlichen Vorgesetzten, Konsistorialrat Dr. von Rhoden, gerichteten Schreiben vom 18. Juli 1911, in dem er erläutert, warum er seine »glänzende Pfarrstelle« aufzugeben plant, um »in den dunkelsten Teil des Berliner Ostens zu ziehen« (Bornemann 1965, S. 68).

Aus ethnographischer Sicht, die für uns hier in erster Linie bestimmend sein soll, zeugt der Reisebericht von einer Darstellungsweise des »dunklen London«, die ganz den Konventionen der Zeit entspricht. »Eine Nacht im Osten von London« – dieser Titel steht für ein besonderes Genre der Reiseliteratur, der *Travels into the Poor Man's Country*, um es mit dem Titel einer Monographie über die Arbeit des Pioniers sozialer Reisewerke, Henry Mayhew, auszudrücken. Siegmund-Schultze war sich durchaus bewusst, dass diese Art Literatur zu seiner Zeit bereits zu einem eigenen Genre mit einer eigenen Nachfrageklientel geworden war. Dies zeigt seine partielle Distanzierung von zwei paradigmatischen Vertretern der Gattung in der Einleitung seines Berichtes:

»Über den Osten Londons ist schon viel gelogen worden. Auch die Bücher von Dickens tragen dazu bei, die Gefahren zu übertreiben, die dem Fremden in diesem Rinnstein der Welt drohen. Ebenso hat William Booth, der General der Heilsarmee, in seinem Buch über das dunkelste England das Dunkle noch schwärzer gemalt, als es ist. Aber trotz aller Übertreibungen in Romanen und Beschreibungen – es ist schlimmer als man es sich im Tiergartenviertel träumen lässt.« (Siegmund-Schultze 1909, S. 210)[39]

Bemerkenswert ist, dass Siegmund-Schultze hier »Roman« und »Beschreibung« in einem Atemzug nennt. In der Tat ist das Vorstellungsbild von East London am Ausgang des 19. Jahrhunderts ein Fakten und Fiktionen dauerhaft miteinander verbindendes kollektives Produkt, dessen Autorenschaft sowohl Samuel Barnett (den Gründer der Toynbee Hall) als auch Walter Besant (einem bekannten zeitgenössischen Journalisten und Sozialreformer), Charles Booth (den Begründer des Survey) wie Arthur Morrison (Autor des East End-Romans *A Child of the Jago*) und, nicht zuletzt, Jack the Ripper (den Täter) einschließt (Keating 1973, S. 586). Als sei der Osten von London noch immer eine *terra incognita* (und nicht eher, wie es Keating ausmalt, ein Tummelplatz für Heilsarmisten, Menschenfreunde und Siedler, Sozialforscher, Journalisten und Voyeure), wird die Unbekanntheit der nahen Ferne beschworen, noch bevor der fremde Ort überhaupt erreicht ist. Kein Wunder, dass auch Siegmund-Schultze, wie alle Forschungsreisenden vor ihm, zuallererst eine Verkleidung anlegt:

»›Ziehen Sie sich Ihren schlechtesten Anzug an‹, sagt er [der Führer, ein junger Ministerialbeamter, R.L.], ›und nehmen Sie so wenig wie möglich mit, damit wir besser durchkommen!‹ Ich tat wie befohlen; die Krempe eines breitrandigen Strohhuts bog ich nach unten; einen Knüppel [sic!] besorgte ich mir. Mit einem kleinen Bündel in der Hand trat ich an dem verabredeten

Erst der Treffpunkt – Liverpool Station – erinnert uns daran, dass wir uns in einer modernen Weltstadt mit einem hochentwickelten Verkehrssystem befinden. Diese heute wie eine Karikatur wirkende, aber bis in die Verkleidungssequenz hinein völlig den Konventionen der Zeit entsprechende Darstellung gibt nicht nur Auskunft über die soziale und kulturelle Kluft, die Forscher und zu Erforschende voneinander trennen, sie zeugt auch und vor allem von der Kraft der Imagination, von dem Bild, das sich der Forscher von dem Gegenstand seiner Forschung macht.[40] Die Verkleidung ist nicht nur ein »Kostüm«, in das der Autor zu schlüpfen beabsichtigt, um sich »gemein« zu machen. Sie verkörpert auch den »Anderen«, der nur als leibgewordene Antithese des bürgerlichen Beobachters, als Kohlenträger, als Müllmann, als Straßenfeger, imaginiert werden kann. Die zeittypische Verbindung von Topographie (»Osten«), äußere Erscheinung (»Schmutz«) und Moral durchzieht auch Siegmund-Schultzes Schilderung. Darin »[starrt] alles von Schmutz«, die Bücher ebenso wie die Menschen, die »schmutziger [sind] als alle, die ich bisher sah« (ebd., S. 211). Implizit werden Schmutz und Sauberkeit, Unreinheit und Reinheit, letztlich: Heidentum und Christentum gegenübergestellt. Und doch ist dem Forschungsreisenden, in der widersprüchlichen, aber charakteristischen Verbindung von Faszination und Abscheu, alles nur ein Schauspiel, in dem es »spaßige Kinderbilder neben gräulichem Schmutz und hässlichen Szenen« gibt: »Alles zieht wie ein Panorama vorüber« (ebd.). So wird das Dach des Busses, in dem Siegmund-Schultze Whitechapel durchquert (ein frühes Beispiel motorisierten *slumming*), zum Zentralturm des Panoptikums, der erlaubt, alles zu sehen, ohne gesehen zu werden.

Die Traverse des sozialen Raums: Die Soziale Arbeitsgemeinschaft Berlin-Ost (SAG)

Friedrich Siegmund-Schultze ist freilich die Notwendigkeit des Schrittes von der Visite zur Ansiedlung durchaus bewusst: »Indessen, ein paar Leute gibt es im gebildeten England, die *sehen* sich den Osten nicht nur, sondern sie *siedeln* sich dort sogar an, um mit seinen Bewohnern in die allerengste Berührung zu kommen.« (Siegmund-Schultze 1909, S. 210) Was er hier als Prinzip einer die räumliche Trennung überwindenden Begegnung von Angehörigen unterschiedlicher sozialer Klassen bezeichnet, entspricht bis in den Ton hinein der Epistemologie der ethnologischen Feldforschung. Einmal mehr werden die Parallelen zwischen der Erforschung des äußeren und des inneren »Anderen« auch in seinen einzelnen Etappen deutlich. Ähnlich wie der Weg des Ethnologen vom flüchtigen Besuch im Dorf über die stationäre Forschung am Rande desselben (»Veranda-Ethnologie«) zur Integration des Untersuchenden in die Gemeinschaft der Untersuchten (»Teilnehmende Beobachtung«) führte (Fischer 1981), so die Erkundung des eigenen Fremden vom flüchtigen *visiting* über die stationäre Forschung, bei der das Settlement als Basislager und *work station* diente, bis hin zur Teilnahme am Leben des Anderen als Schlafbursche, Nachbar, Kollege auf Zeit.[41]

Am 28. September 1911 zog der junge Pfarrer Friedrich Siegmund-Schultze zusammen mit seiner Frau Maria, geb. von Maltzahn und seiner Schwester von Potsdam-Sanssouci um nach Berlin NO 18, in die Friedenstraße 66, II. Etage. Die Traverse des sozialen Raumes lässt sich kaum größer vorstellen: aus dem Dunstkreis des Kaiserlichen Hofstaats mit seinen Intrigen und Eitelkeiten, die »Potsdamer Damenverehrung« fliehend, »die jedem hier für einige Zeit von einigen blüht«, wie Siegmund-Schultze dem Konsistorialrat von Rhoden geschrieben hatte, in die Dunstschicht eines Fabrikviertels mit dichter Arbeiterbevölkerung, von dem es in Griebens Reiseführer für Berlin und Umgebung aus jenen Jahren heißt, dass es dem Fremden wenig Interessantes biete. Hier, im Bezirk Friedrichshain, sollte die erste »Niederlassung Gebildeter inmitten ärmster Bevölkerungskreise« – so die zeitgenössische Umschreibung des englischen *settlement* – im Deutschen Reich gegründet werden. Der Gründung gingen lange Nachforschungen und Planungen voraus, galt es doch – im Jargon der Siedler – einen »Vorposten« auf fremdem Territorium zu errichten. Freilich: So allein auf weiter Flur war die kleine Schar um Pfarrer Siegmund-Schultze nicht. Immerhin nahm sie ja Logis im »Auferstehungshaus« des Kapellenvereins, einer Einrichtung sozialer Hilfstätigkeit. Deren Leiterin, Bertha von Kröcher, hatte Siegmund-Schultze Anfang Januar 1911 das Angebot unterbreitet, bei den Bestrebungen, »die völlig der leiblichen und geistigen Armut im Osten Berlins zugute käme« (Brief vom 12. 1. 1911; EZA 51/SIn1), die Kräfte zusammenzulegen, da es dem Auferstehungshause an »männlicher Hilfe« fehle. Die »Damen des Kapellenvereins« kamen mit ihrer Hilfstätigkeit nur an Frauen und kleine Kinder heran, wie Siegmund-Schultze hervorhob; er aber wollte mit seiner Arbeit vor allem die männliche Arbeiterbevölkerung erreichen. Aus diesem Grunde konnte auch das Auferstehungshaus nur eine vorläufige Adresse darstellen, um den erhofften Kontakt mit den Arbeitern nicht durch allzu offensichtliche kirchliche Verbindung zu erschweren oder gar unmöglich zu machen. Das Haus diente daher als eine Art logistisches Basislager; »etwa entstehende Vereine (werden wir) nicht im Auferstehungshaus selbst haben, weil es auch noch zu kirchlichen Anstrich hat, sondern in Lokalen etc. der Umgegend«, heißt es weiter in einem Schreiben an Konsistorialrat von Rhoden (EZA 51/Sia, Dok. 70).

Mit diesem Schreiben vom 18. Juli 1911 besiegelte Friedrich Siegmund-Schultze seinen Entschluss, die »verwöhnte Stelle« in Potsdam-Sanssouci zu verlassen und ins »dunkle Berlin« zu ziehen. Zunächst hatte er daran gedacht in das Scheunenviertel zu ziehen, galt dieses doch als das »Berliner Whitechapel«. Dieses berühmt-berüchtigte Viertel in der Nähe vom Alexanderplatz hatte nicht nur einen ähnlich hohen Anteil an ostjüdischen Zuwanderern wie Whitechapel, sondern war auch in ähnlicher Weise von Narrativen und Mythen durchsetzt. Aber der teilweise Abriss des Scheunenviertels in den Jahren 1906/1907, der nach Ansicht von Siegmund-Schultze zur Folge hatte, dass das Viertel »seine dunklen Elemente wie eine Missionsgemeinde des Bösen [sic!] über den Norden und Osten Berlins verbreitete« (Siegmund-Schultze 1912, S. 171), vor allem aber die Bevölkerungsstruktur, die den Vorstellungen von Siegmund-Schultze nicht entsprach, hatte zu einer Revision der Pläne geführt. Ihm ging es darum, unter der Arbeiterbevölkerung zu siedeln, um an die »gesunde starke Arbeiterschaft Berlins« heranzukommen:

»All die Existenzen, die fürs Leben verloren sind, werden aufgegriffen: Trinker werden gerettet, Obdachlose werden untergebracht, Arbeitslose werden versorgt, Arme unterstützt – sicherlich ist das Christenpflicht; die Werke der Barmherzigkeit sind die Erkennungszeichen christlicher Völker. Christus selbst hat gesagt: Die Gesunden bedürfen des Arztes nicht. Aber Christus hat weder hier noch an anderen ähnlichen Stellen die körperlich Gesunden in erster Linie gemeint; der Zusammenhang läßt keinen Zweifel darüber, daß er vor allem die geistlich Kranken im Auge hat, wenn er die Mühseligen und Beladenen dort oder sonst zu sich ruft. Und das ist doch unbestreitbar, daß gegenwärtig eine furchtbare geistliche Massenerkrankung durch unser Volk geht. Die Gottesfeindschaft ist epidemisch geworden. Den schwarzen Tod, der unsere Kirche geschlagen hatte, hat in den letzten Jahrzehnten der rote Tod abgelöst. Und so natürlich diese rote Massenerkrankung ist, so verderblich ist sie zugleich. Denn wenn auch in solch einer großen Volksplage wertvolle Kräfte erwachen, wie vor allem Opferwilligkeit und Begeisterung, so werden doch so viele Altäre der Seele verunreinigt und zerstört, daß wirklich eine geistige Verarmung eintritt. Wahrhaftig die Krankheit ist da; die Arbeit an diesen Kranken ist notwendig. Es war ein Mißverständnis des Willen Jesu, nur zu den Körperkranken und Leibsterbenden zu gehen: ein schrecklicherer Tod geht durch unsere Reihen. Also Arbeit an den sogenannten Gesunden! Die Arbeit ist um so schwerer, als diese scheinbar Gesunden ihre Krankheit meist nicht eingestehen wollen. Körperkranke verlangen nach dem Arzt; Geisteskranke müssen dazu gezwungen werden.« (Siegmund-Schultze 1912a, S. 351)

In dieser Revision kommt die durch die unterschiedlichen politischen Verhältnisse bedingte stärkere Orientierung der deutschen Settlementbewegung am
»vierten Stand« zum Ausdruck, während die englische Settlementbewegung,
zumindest dem Programm nach, stärker auf den »fünften Stand« zielte. In England ging es um die Arbeit an den »Armen«, in Deutschland um die »Arbeiter«.
Unmittelbar nach Erhalt des Schreibens von Bertha von Kröcher machte sich
Siegmund-Schultze auf »Erkundungsgänge« durch die Gegend um die Friedenstraße, um zu überprüfen, ob sie für ein Settlement geeignet sei. Die ›Logistik‹,
die mit dem Auferstehungshaus gegeben war, sowie die besondere soziale Zusammensetzung der Bevölkerung um den Schlesischen Bahnhof (dem heutigen
Ostbahnhof) führte schließlich zu dem Entschluss, in diesen Arbeiterbezirk zu
ziehen.

Das erste Halbjahr 1911 war angefüllt mit Bestrebungen, studentische Mitarbeiter als Siedler zu gewinnen. Als Rekrutierungsfeld diente vor allem die Deutsche Christliche Studenten-Vereinigung (DCSV), ohne deren Mithilfe die Sied-
lungsarbeit wohl nicht zustande gekommen wäre. Auf Versammlungen, bei Vorträgen und mit Rundschreiben wendete sich Siegmund-Schultze an die christliche Studentenschaft. In einem Rundschreiben aus dem Frühjahr 1911 heißt es:

»Wie bereits gelegentlich auf Versammlungen der CSV angekündigt worden ist, werden einige
entdeckungsfrohe Leute sich vom nächsten Wintersemester ab in einem Hause im Osten von
Berlin zusammenfinden, um dort der umwohnenden armen Bevölkerung Freundschaft und
Hilfe anzubieten und im Verkehr mit Arbeitern und Berliner Jungens zu lernen [...] Als Mitarbeiter sind erwünscht sozial interessierte Studenten oder ältere Männer, die gern einen Teil
ihrer Zeit [...] für praktische Liebesarbeit hingeben möchten. Billige Wohnung und Pension
sind für einige vorhanden; wissenschaftliche Übungen, speziell auf sozialem und theologi-
schem Gebiet, werden voraussichtlich eingerichtet werden [...]« (SIa, Dok. 55).

Das letzte Argument zielte nicht zuletzt auf die Eltern der Studenten als
Adressaten, zum Zweck der Beruhigung, dass der Aufenthalt im Berliner Osten
nicht zur Vernachlässigung des Studiums führen sollte. Für die Studenten selber
war der abenteuerliche (»entdeckungsfrohe«, »pfadfindende«) Charakter des
Unternehmens von Bedeutung: »Die Übersiedlung ins Arbeiterviertel wurde uns
eine Entdeckungsfahrt in ein noch unbekanntes Land«, heißt es in einer, vom
Narrativ bereits vertrauten Reminiszenz an die Anfänge der »Großstadtsiedlung«
(Benzler 1928, S. 185). Aus den Akten der SAG geht hervor, dass das vorrangige
Motiv der um eine Mitarbeit nachfragenden Studenten weniger missionarisch
angelegt als vielmehr auf ein »Praktikum in sozialer Erfahrung« ausgerichtet
war. Den meisten ging es um persönlichen Kontakt mit den Arbeitern und
darum, sich – so ein Aspirant – einen »Einblick in die Denkart des Arbeiters zu

verschaffen« (SIIc21). Dieses gleichsam ethnographische Motiv, das von der Separation der sozialen Klassen im Wilhelminischen Deutschland zeugt, ging mit dem Wunsch einher, zur Versöhnung zwischen den Klassen beizutragen.

Die Aufgaben der Sozialen Arbeitsgemeinschaft als Forschungs- und Ausbildungsstätte

Zu den Anregungen, die die Mitarbeiter der Sozialen Arbeitsgemeinschaft Berlin-Ost (SAG) von den Vorbildern Toynbee Hall und Hull House übernahmen, gehörte auch das, was im Rahmen der Settlementarbeit als Erhebung (*survey*) bezeichnet wurde. Auch die Soziale Arbeitsgemeinschaft verstand sich als eine *work station*, von der aus Untersuchungen des Bezirks als sozialem Wirkungsfeld unternommen wurden, von der die Siedler und Siedlerinnen in die Nachbarschaft ausschwärmten, um etwas zu erheben und zurück zu bringen. In einem Grundsatzpapier, das in der *Neuen Nachbarschaft*, dem mit der Sozialen Arbeitsgemeinschaft verbundenen Organ des Akademisch-Sozialen Vereins publiziert wurde, heißt es zur Frage »Welche Aufgabe hat die Soziale Arbeitsgemeinschaft als Forschungs-, Ausbildungs- und Auskunftsstelle?« unter anderem:

I. Die Funktion der SAG als Forschungs- und Ausbildungsstelle hat keine rein wissenschaftliche Abzweckung, sondern ist ihrem praktischen Ziele untergeordnet: Aufbau einer neuen Nachbarschaft.

II. Die Forschungsarbeit begrenzt sich sachlich und örtlich auf theoretische Erfassung der die soziologische, wirtschaftliche und geistige Gestaltung der Nachbarschaft bestimmenden Kräfte (z.B. Erhebungen über Wohnungsverhältnisse, über Arbeits- und Lebensbedingungen in bestimmten Berufen, über behördliche Wohlfahrtseinrichtungen, Schankstättenwesen u. dergl. mehr). Sie erstrebt – in statistischer Form, in Stichproben, in systematischer Schilderung – ein möglichst umfassendes theoretisches Bild der durch diese Kräfte bedingten jeweiligen Lage der Nachbarschaft.

III. Methode und Art der Forschung ändern sich nach dem Charakter des jeweiligen Forschungsgegenstandes. Sie erhalten ihre besonderen Möglichkeiten durch die zu Grunde liegende praktische Verbundenheit mit dem Ganzen der Nachbarschaft (Spinner 1929b, S. 12f.).

Diesem Grundsatzpapier war in der *Neuen Nachbarschaft* eine Erörterung über die »Forschungs- und Ausbildungsarbeit« im Rahmen der SAG vorangestellt. In diesem, ebenfalls von Gerhard Spinner verfassten Text, einer Art Thesenpapier für die Grundsatzkonferenz in der Osterwoche 1929 in Probstzella, wird auf das »unerreichte *standard*-Werk« (so im Original) von Charles Booth sowie auf weitere, in Verbindung mit örtlichen Settlements entstandene Werke hingewiesen: »Bei Forschungsarbeit, soweit sie vom Settlement getan wird, handelt es sich um theoretische Erforschung – durch Stichproben, Umfragen, Statistiken und dergleichen – der Nachbarschaft, ihres Zustandes, der Kräfte, die aufbauend oder zerstörend an ihr wirksam sind. Das erbrachte Material dient einer systematischen Schilderung wirtschaftlichen, geistig-psychologischen – kurz: soziologischen Inhalts.« (Spinner 1929a, S. 62)

In der Tat scheint die in so genannten Kommissionen organisierte Untersuchungstätigkeit im Rahmen des Settlement weit gespannt gewesen zu sein. Neben einer eher aus dem Rahmen fallenden Erhebung über die Freizeit der Jugendlichen im Kreise der SAG-Jugend[42] gehörten dazu beispielsweise detaillierte Erhebungen über die Familien- und Wohnverhältnisse durch die »Kommission für Erhebungen in der Wohnungsfrage«. Der dem zu Grunde liegende Fragebogen zu Wohnung, Gesundheitsstand und Bevölkerungsbewegung reichte bis in die dritte Generation zurück (»Wo wohnten die Urgroßeltern des Mannes väterlicherseits«, »Wann und woher sind sie nach Berlin gezogen« usw.). Daneben standen Erhebungen über die protestantischen Kirchengemeinden, die ihr Vorbild der Booth-Enquete (*Religious Influences Series*) nicht verleugnen können. Die »Richtlinien zur Erforschung der protestantischen Kirchengemeinden« enthalten über die Erhebung hinaus psychologische Fragestellungen, die auf mentale Besonderheiten von Kirchgängern und Nicht-Kirchgängern zielen. So wird etwa gefragt, ob unter den »treuen Gemeindemitgliedern« ein einheitlicher »psychologischer Typus« vorherrschte, »der die Leute gewissermaßen zu Kirchgängern prädestiniert (Mentalität der ›kleinen Leute‹, friedliebend, Fehlen persönlichen Trotzes oder Mutes, Fehlen von Ehrgeiz und Bildungsdrang, Mangel an Vitalität, Neigung und Begabung für Übersinnliches, Gefühls- und Erlebnisstärke)«. Erfragt wurden außerdem »sociologische (!) Gesichtspunkte«, das heißt die Schichtzugehörigkeit des Kirchenpublikums und die »Klassen-Mentalität (Vorurteile, Ziele, Forderungen)« (EZA 626/II). Gemeinsam war diesen Forschungsaktivitäten der Grundsatz, dass sie der »Fundamentierung praktisch-aufbauender Arbeit« dienen sollten.

Von besonderem Interesse für die Stadtforschung ist die Arbeit der so genannten Vergnügungskommission, die sich mit der Lokalisierung und Erkundung kommerzieller und privater Vergnügungsstätten und Vergnügungsformen im städtischen Raum, das heißt hier: im Einzugsgebiet der SAG beschäftigte. Einen sehr guten Einblick in das Untersuchungsprogramm dieser Kommission geben deren »Richtlinien«. Diesen zufolge wurden die verschiedenen Stätten und Formen, die untersucht werden sollten, zunächst klassifiziert. Unterschieden werden: A. Gesellige Lokale wie Cafés, Kneipen und Tanzlokale; B. Unterhaltende Lokale wie Kinos, Variétés, Theater und Revue; C. Rummel; D. Feste und Feiern wie Familienfeste, Hoffeste und Laubenfeste, Vereinsfeste, Feste im Jahreslauf, Ausflüge und Badepartien sowie E. Verborgenes Leben und Laster, wozu »Homosexuelle Cafés [sic!], Kokainhöhlen und Animierkneipen« zählen. Diese Untersuchungsfelder sollen in einem ersten Schritt statistisch erfasst (Aufzählung der Lokalitäten und Verteilung auf die Straßenzüge, Besucherzahl, Anzahl der Veranstaltungen), dann nach soziologischen Gesichtspunkten begutachtet (»Von welchen Schichten werden die einzelnen Vergnügungsstätten getragen?«; »Einfluss der Klassen- und Berufspsyche auf Wahl und Gestaltung«; »Zusammensetzung der Besuchergruppen« etc.) und schließlich, in einem dritten Schritt, gewissermaßen ethnographisch beschrieben werden (»Milieuschilderungen«), und zwar im Hinblick auf Publikum, Atmosphäre, Modeeinflüsse und anderem mehr. Auffallend ist die Betonung der mental-psychischen Dispositionen (Mentalität der »Kleinen Leute«, »Klassenpsyche«) in den Untersuchungen der SAG, durch die sie sich von anderen Surveys unterscheiden. Tendenziell deutet sich hier bereits die Idee des Habitus (»Berufspsyche«) an. Darin schlägt sich nicht nur die wachsende Bedeutung der Psychologie als Wissenschaft nieder, sondern auch das besondere, aus Jugendarbeit und Jugendfürsorge gewonnene Interesse von Siegmund-Schultze an Fragen der Psyche.

Bei der Vergnügungskommission gab es noch einmal Unterabteilungen, so etwa die Kino- und Theater-Kommission, die sich mit Kinos, Revuen, Variétés, Circus, Theatern, Konzerten und ähnlichen Lokalitäten beschäftigte. Diese Einrichtungen wurden, wie im Übrigen alle Untersuchungsobjekte, ebenfalls in einem Dreischritt bearbeitet, nämlich nach *statistischen Gesichtspunkten* (Anzahl und örtliche Verteilung der Lokalitäten; Zahl der Besucher: nach Geschlecht und Alter; Organisation der Betriebe und Anzahl der Veranstaltungen), dann nach *soziologischen Gesichtspunkten* (tragende Schichten der Veranstaltungen; Besucher: Familien, Männer, Frauen, Kinder; Einfluss der Klassen- und Berufspsyche auf Wahl und Gestaltung etc.) sowie in Hinblick auf das Milieu (*Milieuschilderungen*).

Ein schönes Beispiel für die soziologische Untersuchungstätigkeit im Rahmen der SAG bildet die Studie eines Mitarbeiters, der die »Kinos auf der Nordseite der Großen Frankfurter Straße«, nämlich den Film-Stern-Palast und das Thalia-Theater miteinander verglichen hat (EZA 626/II 29,8; Weisz 1997). Ganz den oben genannten Untersuchungsrichtlinien folgend wird zunächst die Lage der Kinos spezifiziert, es werden die Raumverhältnisse skizziert, die Eintrittspreise (70, 80 Pfennig und 1 Mark in dem einen, 60, 70 und 80 Pfennig in dem anderen) sowie die Anzahl der Vorstellungen benannt und die Programmstruktur beschrieben. Vor allem die soziologischen Gesichtspunkte (kleinbürgerliches Publikum im Palast, junge, meist erwerbslose Arbeiter im Thalia) und die Milieuschilderungen (still genießendes Publikum im Palast, lebhafte Freude- und Entsetzensäußerungen im Thalia) sind für uns von besonderem Interesse, denn die beiden Kinos hatten, obwohl sie in nächster Nähe zueinander lagen, ein völlig unterschiedliches Publikum:

»Es ist anzunehmen, dass gerade durch die benachbarte Lage sich die Eigenart eines jeden der beiden Kinos besonders ausgeprägt hat: Ein ausgesprochenes Kleinbürgerkino mit einem still genießenden Publikum, das an Zahl wegen der schlechten wirtschaftlichen Lage sehr gering ist, neben einem ausgesprochenen Erwerbslosen-Kino mit einem lebhaft interessierten Publikum, das seinen letzten Groschen für das Kino ausgibt und eine regelmäßig gute Besucherzahl stellt.« (EZA 626/II 29,8)

Die Kneipe als Kerngebiet der Untersuchungsarbeit der Sozialen Arbeitsgemeinschaft

Kneipen bildeten ein Kerngebiet der Untersuchungsarbeit der Sozialen Arbeitsgemeinschaft; zuständig dafür war die so genannte Schankstättenkommission. »In Berlin sind einem sofort die vielen Kneipen auffällig«, schreibt Wenzel Holek[43] in einem einfühlsamen Aufsatz, »und zwar, dass gerade die von den Arbeitern bewohnten Straßen die meisten haben. Es gibt Stellen, wo es auf zwei oder drei Häuser eine gibt und wo jedes Eckhaus eine Kneipe hat« (Holek 1998 [1916], S. 41). Die Gründe für diese Konzentration der Kneipen sieht Holek einerseits in den schlechten Wohnverhältnissen, die das gesellige Leben nach außen verweisen, andererseits in den Arbeitsbedingungen, namentlich der Akkordarbeit, die kaum mehr Möglichkeiten zu Gesprächen lässt. So sind die Kneipen zu einem »sozialen Bedürfnis in den Arbeitervierteln geworden. Sie sind bis zu einem gewissen Grade Settlements (!), mögen wir auch sehr vieles an ihnen auszusetzen haben« (ebd., S. 42). Die Kneipe hat, als sozialer Treffpunkt, den Stellenwert einer Art »Familienheim«: »Der Gastwirt und seine Frau sind gute Nachbarn. Allerdings nicht aus ethischen Trieben, sondern aus Erwerbsgründen. Ihnen liegt alles daran, das Vertrauen ihrer Stammgäste zu gewinnen, um so ein festes persönliches Verhältnis zu schaffen. Es sind Vertrauensleute, Ratgeber und Vermittler in vielen Angelegenheiten.« (Ebd.) Da damit festgestellt wurde, dass die Kneipe einem sozialen Bedürfnis in den Arbeitervierteln entsprach, das sich nicht einfach negieren ließ, galt es für die SAG ein Surrogat[44] für die Destillen zu finden, um vor allem die jungen Arbeiter zu gewinnen. Das war die so genannte Kaffeeklappe, eine Gaststube, aufgemacht wie eine ›richtige‹ Kneipe mit Theke und Hockern, ohne Zwang, eine Zeche machen zu müssen, aber ausschließlich mit alkoholfreien und alkoholarmen Getränken (Kaffee, Limonade, Weißbier) im Ausschank (Hetscher/Steigerwald 1997).

In den Akten der Sozialen Arbeitsgemeinschaft Berlin Ost finden sich als Beispiele der Untersuchungstätigkeit zwei Recherchen zur – wie wir heute sagen würden – Ökologie und Soziologie der Kneipen in zwei Straßen des Bezirks, der Langestraße (im Jahre 1921) und der Fruchtstraße (im Jahre 1925). In einem Begleitschreiben an den Leiter der SAG Friedrich Siegmund-Schultze fasst der Berichterstatter über die Kneipenszene in der Langestraße sein Vorgehen und seine Befunde folgendermaßen zusammen:

»Hiermit übersende ich Ihnen meine Aufzeichnungen über meine Kneipenbesuche in der Langestr. Habe ich nur einmal das Gespräch auf die Abhängigkeit vom Alkoholkapital gebracht; im allgemeinen erschien mir meine Kostümierung [sic!, R.L.], die mir allerdings sonst ein ungestörtes Beobachten des Kneipenlebens ermöglichte, mehr ein Hindernis bei solchen Gesprächen [...] Mein Gesamteindruck ist der, dass im Verhältnis zu den Tausenden von Menschen, die hier zusammengedrängt wohnen, der Alkoholverbrauch nicht groß ist; kein Nachtbetrieb, um 10.00, 11.00 werden die Straßen leer. Betrunkene sind ziemlich selten, nur Sonnabend und Sonntag ist es schlimmer. Der Dirnenbetrieb ist nachm. (von 2h an) fast stärker als abends; besonders in der Unterführung und in der Langestr. westl. der Koppenstr. – Dass meine Beobachtungen der Nachprüfung und Ergänzung bedürfen, ist selbstverständlich; hoffentlich setzt jemand die Enquete fort.«

Die Aufzeichnungen selbst basieren auf einer Haus-zu-Haus-Enquete in der Langestraße, zwischen Koppenstraße und Fruchtstraße, wo der Berichterstatter in 36 Häusern insgesamt 13 Kneipen gezählt hat, von denen er vier bis fünf (bei einer ist er sich unsicher) als Animierkneipen (im Sinne der SAG-Richtlinien als Stätten »verborgenen Lasters«) einstuft. Er fragt daher zu Anfang, »warum gerade in dieser Ecke der Langestraße so viele Animierkneipen« seien. Kneipe für Kneipe wird von Hausnummer 37 bis Hausnummer 66 kurz charakterisiert. Eine etwas ausführlichere Schilderung wird von der Animierkneipe in Haus Nr. 61 gegeben, die er gemeinsam mit Siegmund-Schultze aufgesucht hat. Dort heißt es unter anderem:

»Wirtin Mitte 30, unverheiratet, gesundes Aussehen, Beamtentochter aus der Nähe von Luckenwalde, evang., angeblich Monarchistin [1921!, R.L.] [...] verwehrt sich entschieden dagegen, ihr Lokal als eine Art Bordell zu betrachten [...] 2 weibl. Angestellte, die eine hat heute

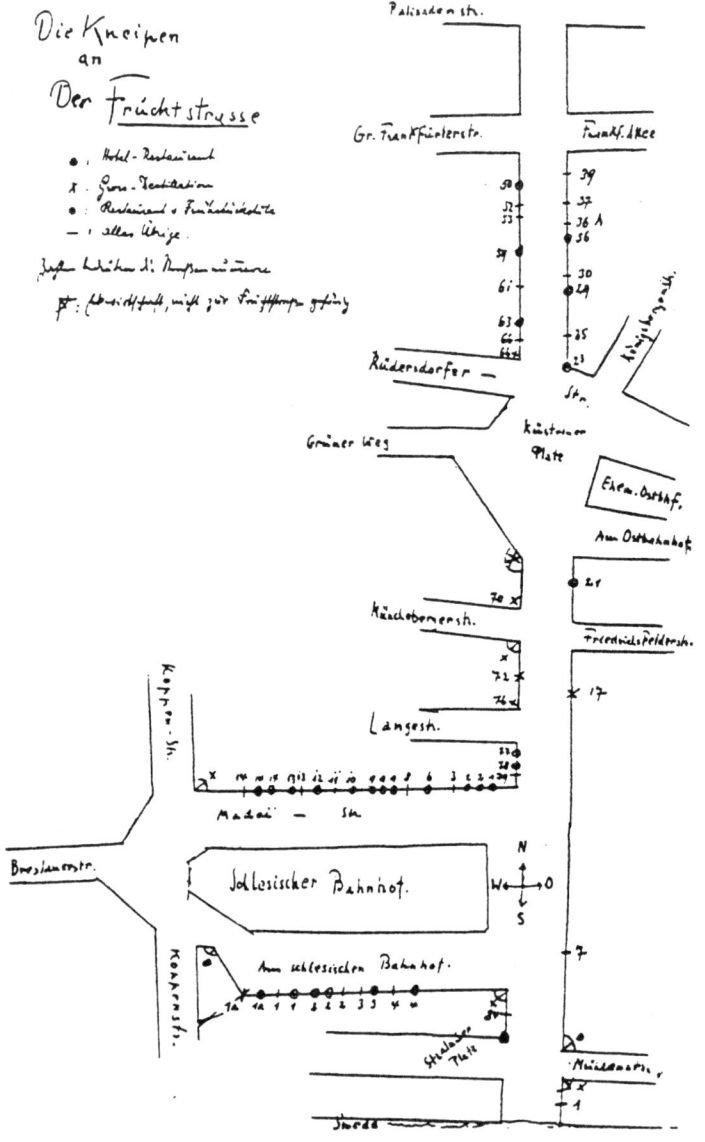

Die Kneipen an der Fruchtstrasse.

Abb. 6: Die Kneipen an der Fruchtstraße, 1925. Aus: Evangelisches Zentralarchiv EZA 626/II 29,7.

angeblich Ausgang, ist aber vielleicht in den hinteren Räumen; die andere, Mitte 20, ziemlich dirnenhaft gekleidet [...] 1 Becher Bier 2 M, ein Cognac 4 M, eine Fl. Sekt 60 M. Stammgäste, meist Geschäftsleute, wenig Arbeiter. ›Animieren‹ darf nur die Wirtin u. ihre Verwandten, nicht die Angestellten. Bett und Chaiselongue sind verboten. Die Wirtin erzählt, dass sie sich früher einmal eines 20-jährigen obdachlosen Mädchens aus Köln ›angenommen‹ habe, sie habe aber nur Undank geerntet.« (626/II 29,7)

Die Erwähnung des Rettungsversuchs ist amüsant, lässt sie doch vermuten, dass die Wirtin geahnt hat, wen sie, trotz Kostümierung, vor sich hatte.

Das zweite Beispiel ist überschrieben mit »Eine *Übersicht* über die *Kneipen* der Fruchtstraße, Madaistraße und der Straße ›Am Schles. Bahnhof‹ mit kurzer Beschreibung und Statistik«. Der Hinweis »Sommersemester 1925« auf dem Deckblatt verweist darauf, dass diese Arbeit wahrscheinlich im Rahmen eines Seminars von Friedrich Siegmund-Schultze angefertigt worden ist. Dieser hatte, an der Seite des Lehrstuhlinhabers Eduard Spranger, seit 1925 eine Honorarprofessur für Jugendkunde und Jugendwohlfahrt an der Universität zu Berlin inne, die später auf Sozialpädagogik und Sozialethik erweitert wurde.[45]

Auch diese Übersicht beruht auf einer Haus-zu-Haus-Begehung des Untersuchungsgebietes. Eine selbst gefertigte Karte des Untersuchungsgebietes, betitelt »Die Kneipen an der Fruchtstraße«, verdeutlicht in der Art einer *spot map* die Lage der verschiedenen Etablissements. Mittels Piktogrammen unterscheidet der Autor, der Student der Theologie Hans Rücker aus Heilbronn[46], auf der Karte Hotel-Restaurants, Groß-Destillationen (so genannte »Schwemmen«), Restaurants und Frühstücksstuben sowie sonstige Wirtschaften, wozu unter anderem Restaurants ohne Frühstück, Wein und Likörstuben, kleine Destillationen (die eigentlichen »Kneipen«) gehören. Insgesamt hat unser Autor 63 Schankstätten auf der Fruchtstraße gefunden, davon 17 Restaurants und Frühstücksstuben, 13 Hotel-Restaurants, elf Groß-Destillationen und 22 sonstige Wirtschaften. In 50 dieser 63 Schankstätten wurde nur jeweils eine Sorte Bier ausgeschenkt; hier ging der Autor der Frage nach dem Brauereimonopol nach, das als Abhängigkeit des Wirtes von der Brauerei gedeutet wurde.

»Was die Besucherzahl anbetrifft, so habe ich bei den Besuchen in ca. 40 Wirtschaften festgestellt (abends zwischen 8 u. 11.00 meist): in 4 Wirtschaften gar keinen Gast, in 19 Wirtschaften 1–5 Gäste, in 13 Wirtschaften 6–10 Gäste, in 4 Wirtschaften über 10 Gäste. Dabei ist zu beachten, dass sich Sonnabend und sonntags die Zahlen verständlich verschieben, insofern die Leute da wieder Geld haben. Die 4 Wirtschaften mit über 10 Besuchern sind z.B. sonnabends festgestellt. Festzustellen ist noch: Fruchtstr. 52 u. 53 sind 2 ausgesprochene *Animierkneipen*, scheinen aber keine Konzession zu besitzen. Fruchtstr. Nr. 61 u. Madaistr. Nr. 3 sind ausgesprochen *nationale* Kneipen, wo Andersdenkende ausgeschlossen sind. Fruchtstr. 25 u.

Am schles. Bhf. 4 (Gasth. Jesowka) sind 2 Kellerkneipen, die *polnischen Wirtsleuten* gehören, wo auch insbesondere polnische Gäste verkehren (s. Beschreibung!).«

Bei der Kurzbeschreibung der von ihm besuchten Wirtschaften geht Rücker ebenfalls von Haus zu Haus vor, beginnend jeweils mit Hausnummer 1. Er charakterisiert jeweils den Typus der Wirtschaft, nennt, falls möglich, die beliefernde Brauerei, beschreibt die Inneneinrichtung, den Wirt und die Gäste. So heißt es zum Beispiel zu Fruchtstraße 1: »Restaurant-Casino; bürgerliches Bier & Weinhaus, Billard; Patzenhofer-Bier; sauberes Innere, wenige Gäste«. Die Kurzcharakterisierungen der Kneipen machen deutlich, dass es bei der Übersicht nicht zuletzt darum ging, die »zweifelhaften« Etablissements zu lokalisieren. So heißt es beispielsweise zur »Eldorado-Diele« (Fruchtstr. 52): »Typische Animierkneipe; 2 ältere weibl. Angestellte [sic!] betteln um Zigaretten, Likör u. sind aufdringlich«; zur Großdestille »Zur Sonne«: »Verkommene Arbeitslose; verschmutzter Boden; junges Gigerl bedient am Schanktisch; ärmliche Musik«. Das schon erwähnte Gasthaus Jerewka kommt in der Beurteilung am schlechtesten weg, wobei man sich des Eindrucks nicht erwehren kann, dass hier auch antipolnische Ressentiments eine Rolle spielen: »Kellerkneipe, 8 finstre Gesellen sitzen u. liegen herum; laute Musik; polnische Wirtsleute, die ihre Landsleute zu Stammgästen haben; diese z.T. besoffen, werden vom Wirt ausgepumpt. Verbrecher? Unterirdische Notausgänge« (626/II 29,7). Ob sich hier zeitgenössische Filmbilder vor das Auge des Beobachters geschoben haben, kann nur gemutmaßt werden.

Die »Übersicht über die Kneipen der Fruchtstraße« von 1925 dokumentiert, dass auch in Deutschland Erhebungen im Rahmen der Settlementbewegung betrieben wurden; soweit ich sehe, bilden sie ein bislang unbekanntes Kapitel in der Geschichte der Stadtforschung. War im Rahmen der *Hull-House Maps and Papers* davon die Rede, dass Charles Booths Karten von London als eine begeisternde Ermutigung dienten (Hull-House 1895, S. 11), dann trifft dies auf die Arbeit im Rahmen der SAG womöglich noch mehr zu: Deren Kneipen-Kartierungen entsprechen exakt den so genannten *drink maps,* wie sie im Rahmen der Boothschen Sozialenquete, aber auch von der zeitgenössischen *temperance movement*[47] angefertigt wurden (vgl. Harrison 1973). Die Berichte der Studierenden über ihre Besuche in Kneipen und Dielen erinnern sehr stark an die Milieubeschreibungen, die Mitarbeiter von Charles Booth auf ihren Streifengängen mit der Polizei angefertigt haben. Allerdings scheinen die Berliner Milieuforscher auf Polizeischutz verzichtet zu haben.

Die Untersuchungstätigkeit der SAG fällt genau in den Zeitraum, in dem sich in Chicago eine sozialökologisch fundierte Stadtsoziologie durchsetzt, die sich bewusst von einer im Rahmen der »evangelikalen Soziologie« betriebenen Forschung absetzt.[48] In einem Brief an Roderick McKenzie vom 17. Januar 1925 schreibt Robert Ezra Park, der »Kopf« der Chicagoer Stadtforscher: »Ich plane einen Band mit dem allgemeinen Titel ›The City: Suggestions for the Study of Human Behavior in the Urban Environment‹ [...] Ich stelle mir das Buch als eine Art Einführung in unsere Untersuchungen in der Stadt vor und wenn Ihr paper [»Human Ecology«, R.L.] darin enthalten ist, dann wird es dazu dienen, der Welt zu annoncieren, dass es eine neue Schule des Denkens über Stadtsoziologie gibt« (REPA II: 2). Neue Denkschule, das meint, dass die ökologische Verortung sozialer Gruppen im städtischen Raum nicht länger statisch, sondern dynamisch verstanden wird: als eine unablässige Abfolge von Invasions- und Sukzessionsprozessen mit Regelcharakter. Doch werden wir im nächsten Kapitel sehen, dass die eigentliche Errungenschaft der Chicagoer Schule, dem Parkschen Enthusiasmus zum Trotz, nicht so sehr in der ökologischen Theorieperspektive, als vielmehr in der spezifischen Haltung besteht, die der Soziologe, Park zufolge, der Welt gegenüber einzunehmen hat. Um die Soziologie zu einer Wissenschaft auf empirischer Grundlage zu machen, galt es zuallererst die melioristische, auf ›Verbesserung‹ ausgerichtete Perspektive der evangelikalen Soziologie zu überwinden. Soziologiegeschichtlich steht die Chicagoer Schule der Stadtforschung vor allem für den Übergang von der Präventions- zur Verstehensperspektive.

Die Entdeckung der Stadtkultur: Die Chicagoer Schule der Stadtethnographie

Die Chicagoer Schule der Stadtsoziologie gilt bis heute als die bedeutendste Strömung der Stadtforschung. Ihr ungebrochener Einfluss zeigt sich allein schon daran, dass mittlerweile nicht nur von der zweiten (Fine 1995), sondern auch von der dritten Chicago-Schule (Neckel 1997) die Rede ist. Nur wenn die erste Schule weiterlebt, ihre kognitive, soziale und historische Identität (Lepenies 1981) erhalten bleibt, macht es Sinn, sich in diese Tradition zu stellen und sich als zweite, dritte oder vierte Generation zu verstehen oder als solche verstanden zu werden. Die Leidenschaft, mit der diese Tradition etwa von Herbert Blumer in Berkeley oder von Everett C. Hughes in Brandeis aufrecht erhalten wurde, ist beeindruckend und zeugt von einem Alumni-Verhältnis, das weit über das übliche akademische Maß hinausgeht (Fine 1995). Man gewinnt den Eindruck als haben die Schüler Robert Ezra Parks die Fortsetzung der Tradition als eine Art Sendung begriffen. Sowohl Blumer als auch Hughes vermittelten ihren Studierenden, dass sie eine Tradition fortführen, und Hughes stellte eine regelrechte Abstammungslinie (*lineage*) auf, die von Park über ihn zu Howard Becker, Anselm L. Strauss und Erving Goffman führte (Reinharz 1995, S. 298).

Über die Hoch-Zeit der Chicago School herrscht seltene Einmütigkeit. Deren große Zeit wird von mehr oder weniger allen Chronisten mit der Präsenz ihres Prinzipals, Robert Ezra Park (1864–1944), gleichgesetzt, also auf die Jahre 1915 bis 1932 gelegt. Diese Phase ist programmatisch eingerahmt durch Parks auch als Antrittsvorlesung bezeichneten Grundsatzartikel *The City. Suggestions for the Investigation of Human Behavior in the City Environment*, erschienen 1915 im 20. Band des *American Journal of Sociology*, sowie durch die Publikation der letzten der als Klassiker bezeichneten Studien, nämlich *The Taxi-Dance Hall* von Paul Goalby Cressey im Jahre 1932. Dazwischen liegen außerordentlich produktive Forschungs- und Publikationsjahre, in deren Verlauf der Schulcharakter des Unternehmens wahrnehmbare Gestalt annahm. Insbesondere die ethnographischen Studien kleiner Lebenswelten, Milieus und Szenen im urbanen Kontext prägen das Bild vom Chicagoer Ansatz in der wissenschaftlichen Öffentlichkeit, machen die *corporate identity* des Chicagoer Instituts aus. Mary Jo Deegan hat unlängst, durchaus treffend, von der »Chicago-Schule der Ethnographie« gesprochen und so genannte »Kernethnographien« ausgemacht, die das Alltagsleben, Gemeinschaftsformen und soziale Interaktionen spezifischer Gruppen analysieren (Deegan 2001).[49] Diese Kernethnographien, in der Mehrzahl von Robert Park mit einer Einleitung, oder zumindest einem Vorwort versehen, sind mehr oder weniger identisch mit dem Repertoire der heute als klassisch bezeichneten Studien von Nels Andersons *The Hobo* (1923) bis eben zu Paul G. Cresseys *The Taxi-Dance Hall* (1932). Sie alle haben das, was man den *Chicago touch* nennen könnte, einen Forschungsstil, der noch heute als Differenzierungskriterium gilt, gleichgültig, ob der Forscher oder die Forscherin in New York, Peking oder Frankfurt am Main angesiedelt ist:

»Wir sagten immer, dass eine Abschlussarbeit über das Trinken, die von einem Harvard-Studenten geschrieben wurde, ›Modi kultureller Freisetzung in westlichen Gesellschaftssystemen‹ heißen würde; käme sie von einem Studenten der Columbia, hieße sie ›Latente Funktionen des Alkoholgenusses nach einer nationalen Stichprobe‹, und bei einem Doktoranden in Chicago ›Soziale Interaktion bei Jimmy's: eine Bar auf der 55sten Straße‹.« (Gusfield, zit. n. Galliher 1995, S. 183)

»Go everywhere, see everything, overhear everyone«

Am 1. September 1969, dem ersten Tag des alljährlichen Treffens der American Sociological Association (ASA), kam es im San Francisco Hilton Hotel, dem Hauptquartier der Konferenz, zu einem denkwürdigen Ereignis, dem »Blumer-Hughes-Talk«. Arrangiert wurde dieses Gespräch zwischen Herbert Blumer und Everett C. Hughes von einer Organisation, deren programmatischer Name »The Chicago School Irregulars« die Faszination deutlich macht, die die klassische Phase der Chicagoer Soziologie der 1920er Jahre auf die folgenden Generationen ausstrahlte und immer noch ausstrahlt.[50] Mit der Namensgebung hatte die Gruppe, nachdem verschiedene Alternativen wie »Society for the Study of Everyday Worlds« oder »The Bunch for the Study of Everyday Life or Natural Settings« verworfen worden waren, bestimmte Vorbilder im Auge, wie das Mitteilungsblatt der Organisation erläutert:

»[...] (der Name) ist eine Anspielung auf die ›Baker Street Irregulars‹, die Anhänger der Abenteuer von Sherlock Holmes – aber er hat für ›feldorientierte‹ Liebhaber der ›Chicagoer Soziologie‹ noch eine zusätzliche Bedeutung. In einigen Geschichten greift Holmes auf die Dienste einer Gruppe von Straßenkindern zurück, die er die ›inoffizielle Truppe‹ nennt – die ›Baker Street Irregulars‹. Zu ihren besonderen Talenten gehört die Fähigkeit, in die Stadt auszuschwärmen, viel zu beobachten und dabei kaum beachtet zu werden. Wie Holmes in ›Das Zeichen der Vier‹ sagt, konnten sie ›überall hinkommen, alles sehen, alle belauschen‹.« (Lofland 1980, S. 252)

Besser als durch den Rückgriff auf die Gestalt des Detektivs und seiner Helfershelfer lässt sich die romantische Haltung zu den sozialen Welten wohl kaum zur Darstellung bringen, eine romantische Einstellung, die Alvin Gouldner als charakteristisch für die Chicagoer Soziologen der klassischen Phase ansah:

»Man zieht das Entlegene, den Extremfall dem Üblichen oder Durchschnittlichen vor; man bevorzugt die assoziationsträchtige ethnographische Einzelheit gegenüber leidenschaftslosen und langweiligen Taxonomien; eine die Sinne ansprechende Analyse gegenüber den trockenen Untersuchungstechniken; eine ungezwungene naturalistische Beobachtung gegenüber standardisierten Fragebögen und streng durchgeführten Laborexperimenten; den Standpunkt des gewitzten Außenseiters gegenüber der langweiligen Perspektive des mit dem Strom schwimmenden Durchschnittsmenschen.« (Gouldner 1984, S. 192)

Wie die Ethnologen, so konzentrierten sich auch die Chicagoer Soziologen auf die exotischeren Schauplätze – »die Halbwelt, die Abweichenden usw.«, schreibt Paul Atkinson in seinen Überlegungen zur »ethnographischen Imagination« und fährt fort: »Diese Konzentration auf das Unter-Leben der Stadt, auf den *Underdog* und den Abweichler, ist weithin ein Charakteristikum ethnographischer Forschung geblieben, wenn auch nicht ausschließlich.« (Atkinson 1990, S. 29)

In disziplingeschichtlichen Darstellungen wird das Faszinosum von Forschung gerne unterschlagen, die dunkle Seite der Forschung, die das Interesse an fremden Lebenswelten als Eigeninteresse des Forschers erhellt. Man wird daher die urbane Soziologie Chicagoer Provenienz nicht verstehen – »verstehen« hier durchaus im Sinne jener Perspektive, der den Weg zu ebnen die Chicagoer Soziologie in besonderer Weise geholfen hat –, wenn man nicht die Faszination in Rechnung stellt, die die Stadt Chicago und ihre sozialen Figuren gerade in den 1920er Jahren ausstrahlte. Das wird, als Reminiszenz, auch aus dem Blumer-Hughes-Gespräch deutlich: Blumer, zu der Zeit Doktorand am Chicagoer Department, schwärmt dort von seinen Begegnungen mit Ben Reitman, einer schillernden Gestalt der Chicagoer Szene, ein ehemaliger Wanderarbeiter, Bohemien mit anarchistischen Tendenzen, zeitweiliger Geliebter und Sekretär der Anarchistin Emma Goldmann und Autor einer soziologischen Studie über den Zuhälter. Ben Reitman arbeitete als ein auf die Behandlung von Geschlechtskrankheiten spezialisierter Arzt, als so genannter »clap doctor«, im Prostituierten- und Stricher-Milieu. Er leitete nebenbei das »Hobo-College« in Chicago, eine Versammlungsstätte für Wanderarbeiter, in der Vorträge gehalten, Hilfestellung geleistet und Politik gemacht wurde. Dort hatte Blumer auch den Berufsverbrecher Broadway Jones kennen gelernt, »einen sehr engen Freund«, wie er im zitierten Gespräch, nicht ohne Stolz, preisgab (Lofland 1980, S. 263). Für Blumer war Broadway Jones der tatsächliche Autor des kriminologischen Klassikers *The Professional Thief* (1937), als dessen Verfasser Edwin Sutherland in die akademische Geschichte eingegangen ist. In jenem Hobo-College waren auch die Chicagoer Soziologen als Referenten sowie als Hörer zu Gast, ebenso wie einige Wanderarbeiter auf den Campus der Chicago-University kamen und dort Vorträge (etwa über Arbeitslosigkeit) hielten. Blumers Schilderung können wir, gewissermaßen zur Kontrolle, eine Schilderung aus dem Milieu der Wanderarbeiter gegenüberstellen, in der es heißt, dass am Hobo-College neben Forschern wie Edwin Sutherland oder Nels Anderson auch Herbert Blumer, Sekretär des amerikanischen Soziologenverbandes, zu hören gewesen sei: »Professor Blumer war am College ein berühmter Fußballspieler gewesen, äußerlich war er wuchtig und angsteinflößend, doch hatte er kluge Augen und eine ruhige Art.« (Reitman 1996 [1937], S. 85 f.)[51] 1923 wurde das Hobo-College, in der Tradition der universitären *debating teams*, zum Austragungsort einer denkwürdigen philosophischen Debatte zwischen einer Gruppe von Hobos, alle gewiefte Seifenkistenredner, und einem Team von Studenten des Soziologie-Department, bei der die Hobos, aufgrund ihrer Schlagfertigkeit, ihrer Beredsamkeit und ihrer Meisterschaft in Ausflüchten, offensichtlich den Sieg davongetragen haben.

Diese Anekdoten zeigen, dass die Entdeckung der Stadtkultur die Entwicklung eines Sensoriums, eines »Sinns« für sie voraussetzt (um zum Beispiel im »Fremden« das »Andere« und nicht das »Defizitäre« zu sehen). Ein Sensorium für die Stadtkultur zu entwickeln heißt, hinter den Vorhang vorgefasster Meinungen wie öffentlicher Kulissen und privater Fassaden zu blicken. »Lifting the veil«, den Schleier zu lüften, so hat Blumer diese Forschungsattitüde umschrieben. Diese Attitüde ist selbst schon Teil der Großstadterfahrung, da sie das Wissen darüber voraussetzt, dass nicht alles so ist, wie es den Anschein hat: »Blasiertheit« im Sinne von Simmel, »Front« und Fassade im Sinne von Robert Park und »Impression Management« im Sinne von Erving Goffman sind Epitome der Erfahrung in der Moderne, für die die Großstadt als pars pro toto steht.

Nicht verwunderlich ist freilich, dass diese Attitüde der Chicagoer Forschung von Robert Park vorausgesetzt wurde. »Entdeckung der Stadtkultur« heißt zunächst, überhaupt erst einen Blick für die Besonderheiten der Großstadt zu entwickeln. In der Bemerkung von René König, die einzigartige Kunst von Robert Ezra Park habe darin bestanden, »dass er im Gegensatz zu den späteren mit schwerer Forschungstechnologie ausgerüsteten Soziologen noch mit bloßen Augen zu ›sehen‹ verstand« (König 1984, S. 28), steckt mehr als ein Gran an Wahrheit. In seiner Lehre ging es Park vorrangig darum, den Studenten die Kunst des »Sehens« – »the art of looking« – zu vermitteln, was zuallererst hieß, die Scheuklappen loszuwerden, mit denen sie durchs Leben gingen. »Go into the district«, »Get the feeling«, »Become acquainted with people« – in diesen aus heutiger Sicht banal anmutenden Anweisungen ist die fundamentale Prämisse der Chicagoer Stadtsoziologie enthalten: das Studierzimmer zu verlassen und sich in das ungesicherte Terrain des »wirklichen Lebens« zu begeben, sich, im wahrsten Sinne des Wortes, Erfahrungen auszusetzen. In dieser Hinsicht kann von dem Studium mit seiner Unterseite auch von einem »sozialen Experiment« mit kathartischer Wirkung gesprochen werden.

Es sind zwei Dimensionen der Neuorientierung, die die Chicagoer Soziologie unter der Regie des 1914 an das Department kommenden Robert Park kennzeichnen: Zum einen die unbedingte empirische Orientierung, das, was ich als »Beobachtungsparadigma« bezeichnet habe (Lindner 1990, S. 117), zum anderen die Forderung, dass dieses empirische Vorgehen unvoreingenommen und zweckfrei zu geschehen habe. Damit distanzierte sich Park von zwei Charakteristiken der zeitgenössischen US-amerikanischen Soziologie, wie sie anhand einer Durchsicht der Beiträge im *American Journal of Sociology* der Jahre 1895 bis 1915 sehr deutlich werden: von der historisch-theoretischen Soziologie, der so genannten »Bibliothekssoziologie« einerseits, gegen die Park die Soziologie »on the hoof« (E.C. Hughes) setzte, und von der Praxis der »christlichen« beziehungsweise »evangelikalen« Soziologie, der so genannten »Big C-Sociology« andererseits, deren Hauptthemen *Charity, Crime and Correction* bilden. Es ist diese doppelte Stoßrichtung *für* eine auf Anschauung beruhende, *gegen* eine durch moralische Vorannahmen bestimmte empirische Soziologie, die Park vor allem dem Journalismus als seinem persönlichen Erfahrungsraum verdankte.

Der Journalismus als Erfahrungsraum

Der von Joseph R. Gusfield illustrierte *Chicago touch* (»Soziale Interaktion bei Jimmy's: eine Bar auf der 55sten Straße«) entsprach dem Arbeitsstil im Department. Robert Park vergab an die Studierenden kleine Forschungsaufgaben (etwa die Beschreibung der Arbeitstätigkeit eines Barkeepers), damit sie ein Gespür fürs Vorgehen und einen Riecher für das Besondere an einer Situation entwickelten. Diese Forschungsaufgaben entsprachen ganz den *test assignments*, die zur Eignung von Nachwuchsreportern üblich waren. Parks Tätigkeit in der Lehre lässt sich daher als die eines *city editor* im akademischen Milieu charakterisieren (Lindner 1990, S. 134ff.).[52] Sein gesamtes Rollenverhalten – das Selbstverständnis als »captain of inquiry«, die Vergabe von »test assignments« und das »rewriting« studentischer Texte – entspricht dem des *city editor*. Das kann kaum erstaunen, wenn man berücksichtigt, dass Park nach Erwerb des Bachelor-Grades in Philosophie bei John Dewey in den Journalismus ging und von 1887 bis 1898 als Reporter und Redakteur in Minneapolis, Detroit, Denver, New York und Chicago arbeitete.

Obwohl dieser Lebensweg jedem Chronisten der Chicago School bekannt ist, wird aus dieser biographischen Besonderheit, deren Reduktion auf eine bloße Episode sich angesichts der zeitlichen Ausdehnung verbietet, wenig gemacht; das wird allein schon an dem geringen quantitativen Anteil deutlich, den die Jahre der journalistischen Praxis in den Park-Biographien einnehmen. Nun wäre eine knappe Darstellung dieses Lebensabschnittes in der Biographie eines Soziologen durchaus berechtigt, wenn er keinen oder einen nur geringfügigen Niederschlag in der wissenschaftlichen Tätigkeit gefunden hätte. Das Gegenteil ist aber hier der Fall: Parks Tätigkeit in Forschung und Lehre, und damit letztlich die Chicago-Schule, ist ohne Berücksichtigung der journalistischen Prägung überhaupt nicht angemessen zu interpretieren. Zunächst einmal ist die urbane Reportage der soziologischen Studie sowohl thematisch als auch methodisch vorangegangen. Es lässt sich zu jeder der klassischen soziologischen Studien im Chicagoer Department ein journalistisches Pendant finden: Ob nun die Untersuchung der Lebenswelt der Wanderarbeiter, des Lebenswegs eines delinquenten Jugendlichen oder des Lebens im jüdischen Ghetto, zu jeder dieser Studien finden sich journalistische Reportagen als Vorläufer, Reportagen, an denen die soziologischen Untersuchungen von Rezensenten zum Teil gemessen werden (vgl. Lindner 1990, S. 115). Aber auch methodisch gingen die Reporter den Soziologen voraus: Die Rollenreportage etwa, die verdeckte teilnehmende Beobachtung, ist im Journalismus der 1880er Jahre geradezu Mode, und auch der zweite Königsweg qualitativer Forschung, die biographische Methode, fand in Reportagen der Jahrhundertwende Verwendung. Ein meisterlicher Vertreter dieses Genres war Hutchins Hapgood, dessen 1903 erschienene *Autobiography of a Thief* noch heute von manchen Rezensenten gegenüber der Chicago-Studie von Clifford Shaw, *The Jack-Roller* (1930), als weit überlegen angesehen wird. Um freilich zu einer angemessenen Einschätzung der Bedeutung des Journalismus, jenseits von thematischen und methodischen Übereinstimmungen, zu gelangen, darf nicht vergessen werden, dass keine andere zeitgenössische Berufsgruppe über ein vergleichbares Spektrum an Anschauungswissen über die große Stadt verfügt; dass sich keine andere Berufsgruppe des ungleichzeitigen Nebeneinanders von Populationen unterschiedlicher sozialer und ethnischer Herkunft bewusst ist; und dass schließlich keine andere Gruppe qua Beruf in ähnlicher Weise in die Großstadt als »Urbanistik- und Urbanitätslabor« eingebunden ist (Korff 1986; 1987). Das exemplarische Produkt dieses Labors stellen die Journalisten selber dar: Als Reflektoren ebenso wie als Protagonisten des urbanen Lebens verkörpern sie die von Willy Hellpach dem Großstädter zugeschriebene Mentalität, bei der »emotionale Indifferenz« mit »sensueller Vigilanz« einhergeht (Hellpach 1952). Emotionale Indifferenz heißt aber auch, sich nicht von moralischen Vorannahmen leiten zu lassen. Viele derer, die sich um 1900 dem Journalismus als Beruf zuwenden, tun dies, weil ihnen diese Sphäre ein soziales Moratorium und ein Experimentierfeld personaler und sozialer Art eröffnet. Die Metropole gilt ihnen als ein Erfahrungsraum, in dem alle Provinzialität, alle Enge ein Ende hat, dem Heterogenität der Anschauungen, Lebensweisen und Kulturen innewohnt. Eine der eindrucksvollsten Schilderungen der Faszination, die die Großstadt zu Beginn des Jahrhunderts auf jene ausstrahlte, die zu beobachten wussten, verdanken wir John Reed, der sich als Harvard-Absolvent dem Journalismus als Beruf zuwandte:

»New York erschien mir als eine zauberhafte Stadt. Es war um so vieles großartiger als Harvard. Alles war dort zu finden, ich war überglücklich. Ich durchwanderte die Stadt von den emporstrebenden, riesenhaften Türmen der City, an den nach Gewürzen riechenden Werften am East River und den schnittigen Schnellseglern der Vergangenheit entlang, durch die übervölkerte East Side – fremdartige Städte innerhalb der Städte –, wo die rauchenden Lichter lärmender Karren meilenweit schäbigen Straßenzügen Glanz verliehen. [...] Ich lernte die Chinesenstadt kennen und Klein-Italien sowie das Syrische Viertel, das Puppentheater, Sharkeys und McSorleys Kneipen, die Mietskasernen der Bowery und die Plätze, wo sich die Landstreicher im Winter trafen; den Haymarket, das Deutsche Dorf und all die Kaschemmen des Tenderloin. [...] Ich entdeckte wundervolle obskure Restaurants, wo man Speisen aus der ganzen Welt finden konnte. Ich erfuhr, wie man sich Drogen beschaffen konnte oder wohin man sich wenden musste, um einen Mann zu finden, der einen Widersacher umlegte; wie man es anstellte, sich Zutritt zu Spielhöllen und geheimen Nachtklubs zu verschaffen. Ich war wohlvertraut mit den Parkanlagen, den noblen Vierteln, den Theatern und Hotels; mit dem hässlichen Wachstum der Stadt, die sich wie eine Seuche ausbreitete, den Elendsvierteln, in denen das Leben verebbte, und den Plätzen und Straßen, wo eine alte, herrlich gemütliche

Lebensweise im ewig ansteigenden Gebrüll der Slums ertränkt wurde. Ich war zu Hause am Washington Square bei den Künstlern und Schriftstellern, den Bohemiens und den Radikalen. Ich nahm an Tanzabenden der Gangster in der Tammany Hall teil, an Exkursionen des Tim-Sullivan-Vereins nach Coney Island in heißen Sommernächten. Ein paar Schritte von meiner Wohnung gab es jedes Abenteuer der Welt, und eine Meile weiter dünkte ich mich in einem fremden Land.« (Reed 1977, S. 130f.)

Die publizistische Sphäre der Jahrhundertwende bildet ein Sammelbecken für kulturelle Dissidenten, deren Protest sich gegen die Enge und Sterilität, gegen den schönen Schein und die eitle Selbstgefälligkeit dessen richtet, was der Philosoph George Santayana (1911) als die *genteel tradition* bezeichnet hat, eine Tradition, die das intellektuelle Leben von allen authentischen Standards der Wirklichkeit trennt. Das ästhetische Interesse an anderen Lebenswelten und Lebensweisen, das sich in Reeds Schilderung artikuliert, ist ein Ausdruck für die Sehnsucht, das »wirkliche« Leben hinter vorgefassten Meinungen und ohne moralischen Filter zu erfahren. Der Zugang zum Journalismus wird so, ähnlich wie es Lévi-Strauss (1978) einmal für die Ethnographie formuliert hat, zu einer *technique de depaysement*, zu einer Phase des *unlearning* in den Worten des Publizisten Lincoln Steffens. Die desillusionierte Haltung, die als zentral für die Reportergeneration der Jahrhundertwende angesehen wird, entpuppt sich so als notwendige Voraussetzung für die Herausbildung einer distanzierten Einstellung, die erst eine andere Sicht auf die soziale Wirklichkeit ermöglicht. Dies ist der entscheidende Beitrag für eine Soziologie, die ein interesseloses Interesse an den Phänomenen hat.

Simmel americanized

Es ist viel über den Einfluss des einsemestrigen Studiums geschrieben worden, das Robert Park im Wintersemester 1899 bei Georg Simmel in Berlin absolvierte (viel vor allem gemessen an dem äußerst geringen Stellenwert, den die nahezu zwölf Jahre im Journalismus bei den Chronisten einnehmen). Park selbst hat betont, dass die Vorlesungen von Simmel über die Bestimmung der Aufgabe der Soziologie anhand der Themen »Die Selbsterhaltung der Gesellschaft« und »Über- und Unterordnung« die einzige systematische Unterweisung in die Soziologie bildeten, die er erfahren habe. Aus der von Park angefertigten Mitschrift der Vorlesungen lässt sich erschließen, dass Park bei Simmel eine grundlegende Art des Denkens über Gesellschaft gewann, Gesellschaft nämlich *sensu strictis-*

simo dort vorzufinden, »wo mehrere Individuen in Wechselwirkung (für- oder miteinander oder gegeneinander) treten« (Simmel 1931, S. 2). Wie grundlegend dieser Art des Denkens für die amerikanische Soziologie insgesamt werden sollte, lässt sich erahnen, wenn man sich vor Augen führt, dass Park Simmels Zentralkategorie »Wechselwirkung« als »interaction« ins Amerikanische übertragen hat. Daher ist es auch nur konsequent, dass der Symbolische Interaktionismus als eine genuin amerikanische Richtung ein Produkt der Chicagoer Soziologie ist; Herbert Blumer, der Begründer dieser Richtung, verweist in seinem grundlegenden Aufsatz zum methodologischen Standort des Symbolischen Interaktionismus auf den Einfluss von George Herbert Mead, Robert Ezra Park und andere Chicagoer (Blumer 1973). Was Simmel und Park als Denker der Moderne freilich vorab gemeinsam war, was sie gewissermaßen, um einen etwas altväterlichen, aber durchaus Simmel-adäquaten Ausdruck zu verwenden, seelenverwandt machte, ist ihre positive Beziehung zur Großstadt.

Lothar Müller hat in Simmels Essayismus eine Form der Reflexion gesehen, die der Großstadterfahrung analog ist: In ihr tritt jener Wahrnehmungs- und Reflexionsmodus zutage, der durch Indifferenz charakterisiert ist (Müller 1988). Indifferenz hier als Gleichgültigkeit im moralischen Sinne zu begreifen, würde freilich diese Haltung genau in den Bann jenes Denkens zurückführen, aus dem sich zu lösen sie strebt: Indifferenz ist hier (ganz wie das Fremdsein bei Simmel) eine positive Wechselwirkungsform und nur zu verstehen vor dem Hintergrund einer »(An-)Teilnahme«, die der Bevormundung des Anderen nahe kommt. Die als Freiheit von substanziellen, quasi-organischen Bindungen gedachte Indifferenz hat viel mit der ostentativ vorgetragenen Interessenlosigkeit an ›Weltverbesserung‹ derer gemein, die sich dem Journalismus als Erfahrungsraum zuwenden. Beide Haltungen sind nur relational zu erschließen, nämlich im Verhältnis zu einer Gewissheit darüber, was ›wahr‹ ist, eine Bestimmtheit, die der Erfahrung nicht bedarf, ihr vielmehr vorausgesetzt ist. Die desillusionierte Haltung, die als zentral für die Reportergeneration der Jahrhundertwende angesehen wird (recht eigentlich aber, wie wir heute wissen, Symptom der strukturellen Freisetzung der Moderne ist), ist die Voraussetzung für die Herausbildung einer distanzierten Einstellung, die erst eine andere Sicht auf die soziale Wirklichkeit ermöglicht.

Simmel sah die Großstadt als Beispiel *sui generis* für eine Entwicklung, bei der die Versachlichung der Beziehungen mit der Auflösung traditioneller Bindungen und die Nivellierung mit Individualisierung einhergehe, eine Ambivalenz, die für ihn Kennzeichen der Moderne war. Park folgt Simmel darin, Großstadt nicht nur, wie zeitgenössisch üblich, als Entfremdungs-, sondern auch als

Emanzipationszusammenhang zu verstehen; ja, bei ihm nimmt Entfremdung die Form einer Krise an, die sich letztlich als fruchtbar erweist. Gerade als Orte der Auflösung von Traditionen sind Großstädte für Park Labore moderner Subjektivität. In der für Parks Denken typischen Dialektik von Auflösung und Freisetzung, die die Dynamik der Großstadt ausmacht, klingt Simmels Einfluss an. Aber während Simmels Überlegungen wenig mit empirischer Forschung und nichts mit der Lösung praktischer Probleme zu tun haben, gibt die als Entgegensetzung zu Nivellierung sich herausbildende individuelle Sonderart für Park einen Grund dafür ab, dass sich die Großstadt in besonderer Weise als soziologisches Laboratorium zum Studium menschlichen Verhaltens eignet. Damit eng verknüpft ist die von Park geteilte Auffassung Simmels, dass der Großstädter »›frei‹ sei im Gegensatz zu den Kleinlichkeiten und Präjudizierungen, die den Kleinstädter einengen« (Simmel 1957, S. 237).

In den spezifisch großstädtischen Extravaganzen treffen Möglichkeit und Notwendigkeit der Individualisierung in der Metropole wie in einer Sammellinse zusammen. Aber die »tendenziösesten Wunderlichkeiten«, wie sie in der Großstadt anzutreffen sind, sind für Simmel nur zugespitzte Illustrationen, um darzulegen, dass die Großstädte »einen ganz einzigen, an unübersehbaren Bedeutungen fruchtbaren Platz in der Entwicklung des seelischen Daseins [gewinnen]« (Simmel 1957, S. 242). Park liest Simmels geschichtsphilosophische Betrachtungen naiv empirisch. Die Großstadt, die, in der Dialektik von Auflösung und Freisetzung, von Präjudizierungen befreit und die Ausbildung individueller Sonderart ermöglicht, wird für ihn gerade deshalb zum idealen Ort soziologischer Forschung, an dem menschliches Verhalten und soziale Prozesse *in situ* und *in the making* studiert werden können:

»Aufgrund der Möglichkeiten, die sie insbesondere den außergewöhnlichen und anormalen Menschentypen bietet, tendiert eine Großstadt dazu, all die Charaktere und Eigenarten, die in kleineren Gemeinschaften normalerweise verborgen bleiben oder unterdrückt sind, in enormem Ausmaß vor dem Auge der Öffentlichkeit auszubreiten und freizulegen. Die Stadt führt also das Gute und das Böse in der menschlichen Natur im Extrem vor. Dieser Umstand rechtfertigt mehr als alle anderen die Sichtweise, dass die Stadt ein Labor oder eine Klinik ist, in der die menschliche Natur und die gesellschaftlichen Prozesse am bequemsten und gewinnbringendsten studiert werden können.« (Park 1915, S. 612)

Weniger Parks eigene Arbeiten als vielmehr die seiner Mitarbeiter und Schüler zeigen die grundsätzlichen Veränderungen der Simmelschen Überlegungen durch deren Transfer in einen empirische Zugänge favorisierenden soziologischen Kontext. Die Vorstellung etwa soziale Distanz zu messen, eine Vorstellung, die Parks Schüler Emory Bogardus durch die Entwicklung einer so genannten *social distance scale* zu verwirklichen suchte, hätte Georg Simmel wohl im höchsten Grade befremdet, ging es ihm beim Konzept der Distanz doch um ein abstraktes Prinzip der Vergesellschaftung, das in keiner Weise operationalisierbar, das heißt in Techniken der exakten Messung übertragbar ist.

Simmels soziologische Erörterungen münden letztlich in kulturphilosophische Reflexionen über das Schicksal der Persönlichkeit in der Moderne. Park hingegen geht es, auf der Grundlage empirischer Daten, um eine Diagnose sozialer Prozesse, die das Individuum strukturell freisetzen und damit ein Feld an Möglichkeiten eröffnen, das in kleinen Gemeinden nicht gegeben ist. Für ihn ist die Großstadt eine »Menschenwerkstatt«, die nicht nur Züge menschlicher Natur, die ansonsten unterdrückt bleiben, freisetzt, sondern auch ganz neue »Varietäten« hervorbringt. Das heimliche Thema bei Simmel ist Dissoziation, bei Park Heterogenität. Park verdankt Simmel zwar eine spezifische Art des Denkens über Gesellschaft, in der Perspektive aber scheiden sich die Geister. Simmel steht repräsentativ für die deutsche, philosophisch argumentierende Soziologie, Park für die amerikanische, empirisch verfahrende Soziologie, ein »amerikanisierter Simmel«, wie es Werner Cahnmann (1978) ausgedrückt hat.

The City: Das Manifest der Chicagoer Stadtforschung

Die Textsammlung *The City*, 1925 erschienen, stellt das Manifest der Chicagoer Schule der Stadtsoziologie dar. Sie enthält zehn Beiträge: einen Grundsatzartikel jeweils von Ernest W. Burgess (»The Growth of the City«), Roderick D. McKenzie (»The Ecological Approach to the Study of the Human Community«) und Robert E. Park (»The City: Suggestions for the Investigation of Human Behavior in the Urban Environment«), sechs Essays (davon fünf von Park), deren Themenspektrum von der »Naturgeschichte der Zeitung« bis zum »Geist des Hobos« reichen, sowie eine umfangreiche kommentierte Bibliographie von Louis Wirth, in der im Übrigen Simmels Essay von 1903, »Die Großstädte und das Geistesleben«, als »der bedeutendste soziologische Einzelbeitrag über die Großstadt« vorgestellt wird.

Verstehen wir »Humanökologie« als die wissenschaftliche Perspektive, die sich mit dem Stellenwert und der Auswirkung von raum-zeitlicher Positionierung von Bevölkerungsgruppen und Institutionen beschäftigt, dann bildet der Beitrag von Roderick D. McKenzie den eigentlichen Ausgangspunkt der Textsammlung. Dort geht es um das gesellschaftliche Subsystem als sich räumlich

THE CITY

ROBERT E. PARK and ERNEST W. BURGESS

With an Introduction by MORRIS JANOWITZ

P323 $2.95   *The Heritage of Sociology*

Abb. 7: Robert E. Park und Ernest W. Burgess, *The City* (1925).
Cover der Ausgabe von 1967.

ausformende ›biotische‹ Ordnung, auf deren Fundament sich die kulturelle Ordnung als der eigentliche Gegenstand der soziologischen Ethnographie erhebt. McKenzie geht es um die Logik in der Entwicklung menschlicher Ansiedlungen, die vom Einfachen zum Komplexen und vom Allgemeinen zum Spezialisierten verläuft. Aufgrund von Arbeitsteilung, Bevölkerungswanderung und Standortkonkurrenz kommt es zur räumlichen Absonderung und funktionalen Differenzierung. Resultat dieses Prozesses der »Invasion« und »Sukzession« (so die aus der zeitgenössischen Pflanzen- und Tierökologie übernommene Terminologie) ist die Herausbildung von Einheiten kommunalen Lebens mit besonderen sozialen und kulturellen Eigenschaften, vom Bankenviertel bis zum Vergnügungsviertel, von der ethnischen Enklave bis zum Villenviertel. Diese Einheiten werden als *natural areas* bezeichnet und bilden in ihrer Gesamtheit die quasi-organische Struktur einer Stadt.

Ernest W. Burgess stellt in seinem Beitrag über das Wachstum der Stadt ein Modell der städtischen Expansion vor, das die grundlegenden Prozesse der städtischen Verteilung und Absonderung von Bevölkerungsgruppen nach Wohnsitz und Beruf auf eine für alle amerikanischen Städte als gültig behaupteten Weise systematisieren soll. Zu diesem Zweck schlägt er vor, die Stadt idealtypisch in fünf Zonen aufzuteilen, die (wie eine Zielscheibe) als konzentrische Kreise angelegt sind: der »central business district« der Innenstadt (Zone I) die so genannte »Übergangszone« mit den Immigrantenkolonien und Slums (Zone II), die Wohngebiete der (respektablen) Arbeiterschaft und der »Zweiten Generation« der Einwanderer (Zone III), das Wohngebiet der amerikanische Mittelschicht (Zone IV) und schließlich die Pendlerzone von »suburbia« (Zone V). Im Zuge der Expansion der Stadt findet so ein Prozess der Distribution statt, der Individuen und Gruppen hinsichtlich Wohnsitz und Beruf aussiebt, »sortiert« und verlagert, sodass es am Ende gewissermaßen zu einer »natürlichen« Verteilung der »Arten« im städtischen Raum kommt. Mit ihrem Rekurs auf die Tier- und Pflanzenökologie versuchen Burgess und McKenzie sich der nomothetischen Wissenschaftsposition anzunähern, deren Gegenstand die Auffindung von Gesetzmäßigkeiten ist. Das ist ihnen insofern gelungen, als der humanökologische Ansatz lange Zeit als der erste systematische Beitrag zu einer Theorie der Stadt galt, der es um die Logik des Wachstumsprozesses geht.[53]

Robert Parks Beitrag, bei dem es sich um eine revidierte Fassung seiner 1915 im *American Journal of Sociology* veröffentlichten Untersuchungsvorschläge handelt, gilt als *blueprint* der Chicagoer Stadtforschung. Gegenüber der Fassung von 1915 hat es zwar nur wenige, aber signifikante Veränderungen gegeben, deren Richtung sich schon in der kleinen Abänderung des Titels andeutet, wo an die Stelle von »City« das soziologischere »*urban* environment« tritt. Abgesehen von einigen kleinen Einschüben in den laufenden Text sind die Veränderungen allesamt in der Eingangspassage enthalten und betreffen in erster Linie den Begriffsapparat und die Forschungslogik. Nunmehr tauchen erstmals die in der ersten Fassung des Essay vermissten ökologischen Termini (wie Ökologie, Human-ökologie) auf und es wird eine Forschungsweise propagiert, die sich am Vorbild der Ethnologie orientiert:

»Der Anthropologie, die Wissenschaft vom Menschen, ging es bisher vor allem um die Erforschung primitiver Völker. Aber der zivilisierte Mensch ist ein ebenso interessanter Forschungsgegenstand, dessen Leben zudem für Beobachtung und Forschung leichter zugänglich ist. Leben und Kultur der Stadt sind vielfältiger, raffinierter, komplizierter, doch sind die grundlegenden Motive in beiden Fällen dieselben. Die Methoden der geduldigen Beobachtung, die Ethnologen wie Boas und Lowie bei der Erforschung des Lebens und der Sitten der nordamerikanischen Indianer entwickelt haben, würden sich noch ertragreicher bei der Erforschung der Bräuche, der Glaubensvorstellungen, der sozialen Praktiken und allgemeinen Lebensvorstellungen in Little Italy oder der Lower North Side in Chicago anwenden lassen, oder beim Aufzeichnen der kultivierteren Lebensweise der Bewohner des Greenwich Village oder der Nachbarschaft um dem Washington Square in New York.« (Park 1925, S. 3)

Die Programmatik ist, stellen wir vor allem den Zeitpunkt in Rechnung, außerordentlich beeindruckend. Aber die Reklamation der Ethnologie (*cultural anthropology*) als Vorbilddisziplin dient nicht zuletzt als Legitimationsfigur, um die erheblich prestigeschwächere Verwandtschaft mit der journalistischen Recherche zu verdecken.[54] Das eigentliche Forschungsprogramm bleibt von diesen Revisionen unberührt. In vier Abschnitten handelt Park das Untersuchungsfeld Großstadt ab. In Abschnitt I (»The City Plan and Local Organization«) geht es um die Analyse des Wechselspiels von physischer Struktur und kultureller Ordnung. Aufgrund ökonomischer, sozialer und kultureller Interessen verteilen sich die Populationen auf quasi-natürliche Weise auf bestimmte Gebiete, die so genannten *natural areas*. Diese »natürlichen« Gebiete, die durch Arbeitsteilung, Konkurrenz und Mobilität zustande gekommen sind, sind zugleich kulturelle Gebiete, geprägt durch Traditionen, Sittenkodex und soziale Rituale ihrer Anrainer: »Im Laufe der Zeit nimmt jedes Gebiet und jedes Viertel der Stadt etwas vom Charakter und von den Eigenschaften seiner Bewohner an. Jeder Stadtteil ist unausweichlich von den besonderen Empfindungen seiner Bevölkerung gefärbt.« (Park 1925, S. 6) Als Sitz des Geschäftslebens und der Geldwirtschaft befördert die moderne Großstadt die Individualisierung und Spezialisierung ihrer Bewohner und die Ausdifferenzierung von Funktionen. Die daraus erwachsende gegenseitige Abhängigkeit der Individuen in der Marktökonomie, eine Verflechtung, die Émile Durkheim im Unterschied zu der auf Tradition beruhenden »mechanischen«, als »organische« und damit in gewisser Weise »natürliche« Solidarität bezeichnet hat, machen integrierende und regulierende Einrichtungen (Berufsvereinigungen, Interessenverbände, Gewerkschaften) erforderlich. Die wachsende Arbeitsteilung, die Herausbildung integrativer Instanzen sowie die Krisensituationen, die aus der individuellen Mobilität erwachsen, sind Charakteristika, die in Abschnitt II (»Industrial Organization and the Moral Order«) thematisiert werden. Gerade an diesem und dem folgenden Abschnitt wird deutlich, dass die Großstadt bei Park (wie bereits bei Simmel) als *pars pro toto* für die moderne Gesellschaft steht. Sie bildet den Schauplatz, an dem die Kräfte des sozialen Wandels und neue Formen der Vergesellschaftung zur Geltung gelangen. So thematisiert Abschnitt III (»Secondary Relations and Social Control«) die Veränderungen in den Beziehungen der Großstadtbevölkerung. Der generelle Charakter dieser Veränderungen wird durch die Ersetzung von primären (»face-to-face«) Beziehungen durch indirekte, sekundäre Beziehungen bestimmt. Die damit verbundene Auflösung von Traditionen versteht Park als einen Prozess sozialer Desorganisation, der gesellschaftliche Reorganisation als Teil des Modernisierungsprozesses notwendig macht.[55] Park plädiert in diesem Abschnitt für die Untersuchung des Wandels traditioneller Institutionen (Kirche, Schule, Familie) und traditioneller Formen der sittlichen Ordnung. Dabei wird auf die Herausbildung neuer sozialer Agenturen, auf die Rolle der Kodifizierung von Handlungen und auf die wachsende Bedeutung juristischer Instanzen, etwa des Jugendgerichts, hingewiesen. In seinem, im Sammelband *The City* enthaltenen Essay »Community Organization and Juvenile Delinquency« geht er näher auf diese Agenturen ein. Besonderes Augenmerk richtet Park schließlich auf die modernen Mechanismen der Konsensbildung (darunter das Nachrichten- und Pressewesen sowie die Öffentlichkeitsarbeit). In Abschnitt IV (»Temperament and the Urban Environment«) wendet sich Park abschließend dem spezifisch Großstädtischen und dem »Naturell« des Großstädters zu. Thematisiert wird die persönliche Freiheit des Großstädters, sich in unterschiedlichen Milieus zu bewegen, die Akzentuierung von Differenz, die die Großstadt hervorbringt, und die Ausbildung der persönlichen Sonderart, die in der Großstadt nicht nur toleriert, sondern prämiert wird.

Es sind also drei große Themenbereiche einer empirisch verfahrenden Stadtsoziologie, die Park skizziert: (1) die Großstadt als eine Konstellation räumlich verorteter sozialer Welten, (2) die Herausbildung neuer großstadtspezifischer Berufe und die Neuformierung von Mentalitäten und Verhaltensweisen (zu *urban types*) sowie (3) der Wandel der integrierenden und regulierenden Systeme und die Entstehung neuer sozialer Formationen und Mechanismen der Konsensbildung.

Stranger than fiction: Die Untersuchung menschlichen Verhaltens im Großstadtmilieu

Parks Grundsatzartikel enthält zahlreiche »Vorschläge zur Untersuchung des menschlichen Verhaltens im großstädtischen Milieu« (so der Untertitel), die bis heute noch nicht ausgeschöpft sind. Unter anderem unterbreitet Park eine Liste von Berufstypen (*vocational types*), die ihm untersuchenswert erscheinen:

> »Zu den Typen, die zu untersuchen von Interesse wäre, zählen: das Ladenmädchen, der Polizist, der Taxifahrer, der Nachtwächter, die Hellseherin, der Vaudeville-Künstler, der Quacksalber, der Barkeeper, der ward boss [Patron es Wahlbezirks, R.L.], der Streikbrecher, der Arbeiteragitator, der Lehrer, der Reporter, der Börsenmakler, der Pfandleiher; sie alle sind charakteristische Produkte des Großstadtlebens [...]« (Park 1925, S. 14).

Die Liste macht das Interesse an der Großstadt als Menschenwerkstatt und als Labor moderner Subjektivität besonders deutlich. Als Auflistung, die ganz der Themenakte *(idea file)* des Redakteurs entspricht, bildet sie bereits einen wichtigen Indikator urbaner Kultur und verweist auf den engen Zusammenhang mit dem zeitgenössischen Journalismus, der, und eben nicht in erster Linie die Ethnologie, für Park zum methodischen Vorbild in Lehre und Forschung wurde. Es wurde schon darauf hingewiesen, dass Park die Studierenden, ähnlich wie der *city editor* den Nachwuchsreporter, zu Testaufgaben ins urbane Feld schickte. Nels Anderson zum Beispiel, Autor der klassischen Studie *The Hobo*, schrieb Seminarpapiere über Schnorrer, Barkeeper und über das Personal in Absteigen; Norman S. Hayner, Autor von *The Sociology of Hotel Life*, wurden Themen wie Zeitungsjungen, Fahrstuhlführer und Hauswarte vorgeschlagen und, wie das Chicago-Archiv zeigt, galt dieses Verfahren auch noch in der Zeit nach Park. In den 40er Jahren verfasste Erving Goffman ein *term paper* über den Polizisten als urban type.[56] Die Testaufgaben bezogen sich in der Regel auf neue, als großstadtspezifisch angesehene Berufe, eine Orientierung, die die Chicagoer Soziologie auch zu einem entscheidenden Ausgangspunkt der Berufssoziologie machte.[57]

Die Stadtsoziologie Chicagoer Provenienz zielt also nicht nur programmatisch auf Stadtkultur als ihren Gegenstand, sondern ist mit ihr in mannigfacher

Weise verflochten. Das wird besonders anhand der klassischen Studien deutlich, die ich in der Reihenfolge ihres Erscheinens nennen möchte: Nels Anderson, *The Hobo* (1923), eine Untersuchung über die Wanderarbeiter in Chicago über ihr Milieu, ihre Institutionen und ihre Kultur; Frederic M. Thrasher, *The Gang* (1927), eine Studie über die Straßenbanden Jugendlicher in Chicago, die er als ein Phänomen der zweiten Immigrantengeneration betrachtet; Louis Wirth, *The Ghetto* (1928), eine Analyse des jüdischen Viertels in Chicago und die einzige mir bekannte Arbeit aus dem Chicagoer Department, die in einem nennenswerten Umfang historisch angelegt ist; Harvey W. Zorbaugh, *The Gold Coast and the Slum* (1929), eine vergleichende Untersuchung der räumlich nah beieinander liegenden Viertel der Reichen (»Goldküste«) einerseits und des ärmsten und problematischsten Viertels, »Little Hell«, das Viertel der sizilianischen Immigranten sowie des Bohème-Viertels der Stadt »Towertown« andererseits; Clifford R. Shaw, *The Jack-Roller* (1930), die *life history* eines jugendlichen Straßenräubers und Paul G. Cressey, *The Taxi-Dance Hall* (1932), eine Untersuchung des Milieus der Chicagoer Tanzsäle, in denen männliche Klienten Tanzpartnerinnen für 10 Cents pro Tanz ›mieten‹ können. Zu diesen, gewissermaßen den stadtsoziologischen Kanon bildenden Studien zählen Chicago-Chronisten zuweilen noch Arbeiten wie *Vice in Chicago* von Walter C. Reckless (1933), *The Professional Thief* von Edwin H. Sutherland (1937) oder *The Pilgrims of Russian Town* von Pauline V. Young (1932), eine Studie über die Molokans, einer russischen Sekte, in Los Angeles. Die romantische Haltung des Soziologen und Kulturanthropologen tritt in diesen Arbeiten offen zutage: »[…] die schiere Freude daran, eine Menge von Dingen zu entdecken, von denen man sich nie hat träumen lassen; alles mögliche, das in der Welt vor sich geht und von dem man jetzt bemerkt, dass es sich erreichen lässt, dass sich die Verbrecher verstehen lassen oder die Süchtigen oder die Prostituierten; all die Schattenseiten des Lebens, vor denen man in seinem konventionellen Leben sozusagen geschützt war«, wie es der Park-Schüler Leonard S. Cottrell in einem Interview mit James T. Carey formulierte (JTC B1 F 6).

Ulf Hannerz spricht zurecht von einer kooperativen Ethnographie, bei der die einzelnen Studien Mosaiksteine eines kollektiven Forschungsprojekts namens *Chicago* bildeten; »auch wenn das Mosaik kein Bild von Chicago als Ganzem formt, so bekommen wir doch ein besseres Bild von der menschlichen Umwelt der einzelnen Gruppen oder Institutionen, als wir das normalerweise in einzelnen Studien finden können. Diese Leistung muss betont werden, weil sie kaum je woanders erreicht wurde.« (Hannerz 1980, S. 54) Zugleich setzten die Chicagoer mit diesem Programm (durchaus im Sinne des Agenda-setting) Themen fest, die bis heute die *urban anthropology* bestimmen: Ethnographien ethnischer Enklaven, Gang-Studien, Untersuchungen abweichender Berufsgruppen, die Erforschung von Verhalten in der Öffentlichkeit und im Vergnügungsbereich (ebd., S. 55).

Auf den ersten Blick fallen die prägnanten, ja plakativen Titel – *The Hobo, The Gang, The Ghetto* – auf; trotzdem sind sie in der Forschung nicht thematisiert worden. Diese Titel sind meiner Auffassung nach in einer doppelten Perspektive signifikant: Nach innen (zur Profession) signalisieren sie ein neues, sich von der Sozialarbeiter-Perspektive absetzendes Selbstverständnis des Soziologen. Das wird besonders anhand der Geschichte einzelner Titel deutlich, die sich dank des Chicagoer Archivs nachvollziehen lässt. So lautete zum Beispiel der ursprüngliche Titel von *The Jack-Roller* »A Problem Boy«, eine klassische Titelformulierung aus der Sozialarbeiterperspektive, und der Arbeitstitel von *The Hobo* hieß »The Homeless Man in Chicago«. Nach außen (zum Leser) kündigen die endgültigen Titel ein neues Genre an; Soziologie als eine besondere Form der Literatur, die im Kontext der zeitgenössischen fiktionalen Werke zu verstehen ist. Zeitgenössische Rezensenten haben die Studien genau in diesen Kontext gestellt: »Why read the Greene or Taupe Murder Cases when such a fascinating account of life in Chicago's Greenwich Village, Little Sicily, and Park Avenues lies ready to hand – fact that is stranger than fiction?«, heißt es beispielsweise über Zorbaughs Buch *The Gold Coast and the Slum* (University of Chicago Press 1941). Zorbaughs Studie wird zum Tagesgespräch (und zu einem lokalen Bestseller); die darin enthaltenen Regeln des sozialen Aufstiegs in die Chicagoer ›Society‹ werden, aus nahe liegenden Gründen, in den Chicagoer Tageszeitungen nachgedruckt. Als Gegenstand von Gesprächen, Nachrichtenberichten und Leitartikeln reflektieren diese Studien urbane Kultur nicht nur, sondern prägen sie auch mit. Ihre Titel bilden einen Teil der *corporate identity* der Chicagoer Stadtsoziologie. Die Nähe zu literarischen Darstellungen zeigt sich besonders ausgeprägt in den Eingangspassagen der ethnographischen Studien. Ähnlich wie in einem Reiseführer wird der Leser in die jeweilige Handlungsszenerie (Hobohemia, Gangland, Lower North Side, Taxi Dance Hall) eingeführt und atmosphärisch eingestimmt. Nehmen wir als Beispiel die Eingangspassage bei Zorbaugh:

»Von der Industrie verdreckt fließt der Chicago River in sich selbst zurück und gabelt sich in zwei Arme, welche die Stadt in die *South Side*, die *North Side* und die ›*great West Side*‹ unterteilen. An der südlichen Flussbiegung liegt der *Loop*, dessen Silhouette sich vor dem Michigansee aufbaut. Der *Loop* ist das Herz von Chicago, der Knotenpunkt der Arterien aus Stahl, der Hochbahngerüste, die einen unablässigen Strom aus der Dreimillionen-Bevölkerung der Stadt in ihr zentrales Geschäftsviertel und wieder heraus pumpen. Die Straßenschluchten des Loop rumpeln vom Handelsverkehr. Auf den Gehsteigen drängen sich Menschen aus jeder Nation, drücken sich leeren Blickes aneinander vorbei, in die Bürogebäude, die Geschäfte, Theater, Hotels und hinaus, und dann wieder zurück in die Nord-, Süd- und Westseite, von wo sie kamen. Meilenweit erstrecken sich die endlosen Straßenblöcke der Stadt über die vormalige Prärie.« (Zorbaugh 1983 [1929], S. 1)

Der Leser fühlt sich auf diese Weise unmittelbar ins Zentrum von Chicago, in den *Loop* versetzt. Und er wird gespannt sein, wie die Geschichte weitergeht.

The Hobo: Ethnographie des Wanderarbeitermilieus

Die relativ besten, in ihrer Bedeutung bis heute überdauernden Monographien im Rahmen der Chicago-Forschung stammen von Personen, die in das von ihnen behandelte Thema auf die eine oder andere Weise biographisch involviert waren. Nels Anderson, der Autor von *The Hobo*, kannte sein Thema aus eigener Erfahrung, war er doch nicht nur, als Sohn eines Wanderarbeiters, in dem Untersuchungsgebiet aufgewachsen, er hatte auch sechs Jahre lang, von 1906 bis 1912, als Hobo gelebt und unter anderem als Erdarbeiter, Erntehelfer und Zimmermann gearbeitet. »Dass ich mich ›hinunter in den Slum‹ begeben habe, wie manche später meinten, stimmte nicht. Ich war dort zuhause.« (Anderson 1975, S. 165) Daher brauchte Anderson auch keine Rolle anzunehmen, um seine Glaubwürdigkeit zu unterstreichen: »Es war von Vorteil, dass ich über die Arten von Arbeit reden konnte, die die Männer in diesem Bereich der Gesellschaft verrichten, und es stellte sich heraus, dass man vom Thema Arbeit gut zu einer allgemeineren Konversation gelangen konnte.« (Ebd.) Es war der uns bereits bekannte Ben Reitman, der Anderson, kurz nachdem dieser das Studium der Soziologie aufgenommen hatte, vorschlug, eine Untersuchung der Obdachlosen in Chicago durchzuführen und dafür auch ein Stipendium erwirkte. Anderson hatte ihm bei einer Diskussion durch seine Kenntnisse des Hobo-Milieus imponiert.

Für Anderson ist der Hobo ein Wanderarbeiter im strikten Sinne des Wortes, das heißt jemand, der jede Arbeit ohne Rücksicht auf ihre Dauer übernimmt, jede Arbeit, die in Bergwerken, in der Land- und Waldwirtschaft, beim Eisenbahnbau oder in anderen Bereichen des primären oder sekundären Sektors anfällt. Mit dieser Definition will er von Anfang an das Bild vom Hobo als einem von Wanderlust getriebenen Vagabunden korrigieren. Dass eine Studie über Wanderarbeiter im Rahmen der Stadtforschung überhaupt Sinn macht, liegt daran, dass Chicago den Verkehrsknotenpunkt der Eisenbahnlinien aus und in den Westen bildet, was die Stadt zum natürlichen Anlaufpunkt der zumeist als blinde Passagiere auf Frachtzügen reisenden Hobos macht. Deren *natural area* im Sinne der Chicago-Schule bildete *Hobohemia*, das Areal um die Madison Street.[58] Hobohemia ist, im Unterschied zu anderen Gravitationszentren Obdachloser (wie etwa die *Bowery*), in erster Linie Arbeitsmarkt, Vergnügungsstätte und Winterquartier für Wanderarbeiter. Deren Zahl (einschließlich der Gelegenheitsarbeiter und *bums*, der Stadtstreicher) fällt niemals unter 30.000 und verdoppelt sich im Winter gut und gerne. Es ist diese Konzentration von Menschen in ähnlicher Lage, die Hobohemia zu einem eigenen Kulturraum (*cultural area*) mit charakteristischen Einrichtungen wie Arbeitsnachweise, Wohnheime, Garküchen, Ausrüstungsläden oder Wohlfahrtseinrichtungen macht. Eine Karte verdeutlicht mittels Piktogrammen, welche Einrichtungen entlang der Madison Street angesiedelt sind, unter anderem neun Arbeitsnachweise, acht billige Hotels, sieben Speisestätten und sechs Kneipen.

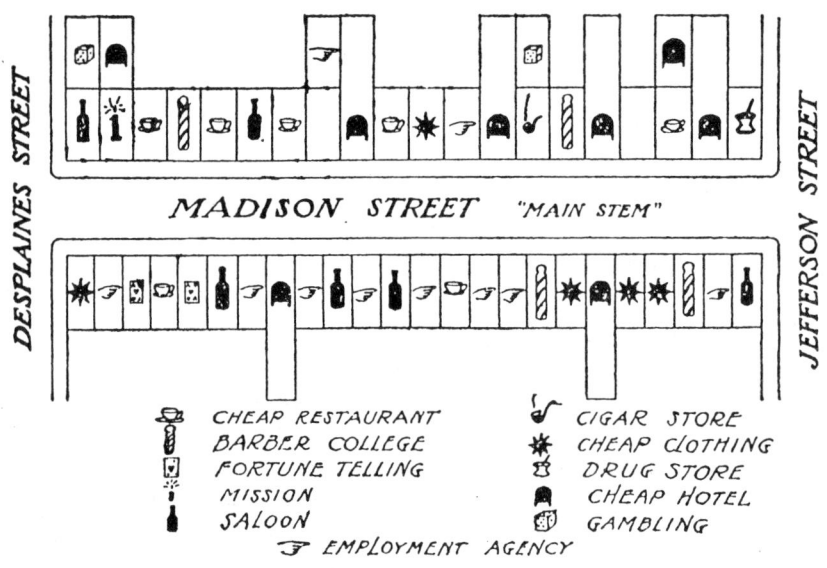

Abb. 8: Einrichtungen und Geschäfte für Hobos entlang der Madison Street, Chicago 1923.
Aus: Nels Anderson, *The Hobo. The Sociology of the Homeless Man*, Chicago 1923.

In besonders eindrucksvoller Weise führt Anderson dem Leser die Kultur der Hobos anhand einer Darstellung der *jungles*, den Camps an der Peripherie der Stadt, vor Augen. Trotz der durch die Mobilität bedingten Flüchtigkeit der sozialen Beziehungen bleiben in diesen (Sommer-)Lagern die Situationen stabil, sodass sich ein Kulturraum im wahrsten Sinne des Wortes mit Traditionen und Normensystem herausbilden konnte. Gerade am Beispiel des *jungle*, eine angesichts der dort herrschenden Ordnung überaus ironisch anmutende Bezeichnung, zeigt sich, dass die Lebenswelt der Hobos, trotz ihrer Flüchtigkeit oder gerade wegen dieser, sozial organisiert ist und differenzierte Rollen und Regeln enthält. Nicht von ungefähr spricht Anderson von den *jungles* als den »sozialen Zentren« der Hobos. Hier, in den temporären Lagern der Hobos am Lake Michigan, findet Anderson wahre Demokratie vor, eine Gemeinschaft ohne »colour line«, das heißt ohne »Rassen«-Trennung, ein Schmelztiegel des Trampertums. Es herrschen solidarische Verkehrsformen vor, es existiert eine bescheidene materielle Kultur (Pfannen, Töpfe, Kessel, Kannen zum allgemeinen Gebrauch) und ein eigenes Regel- und Normensystem, »a code of etiquette«, dem sich jeder der temporären Bewohner anzupassen hat; dazu gehört etwa das Verbot, sich dauerhaft im Lager aufzuhalten, die Forderung, den Platz sowie Töpfe und Pfannen nach Gebrauch zu reinigen und Brennholz für den Nachfolger zu besorgen.

In einem schönen ethnographischen Dokument wird der Tagesablauf in einem solchen Lager von einem Insider beschrieben (ebd., S. 21–25). In den *jungles* herrscht nicht nur ein eigener Kodex, diese Lager bilden auch insofern einen Kulturraum für sich, als dort die Hobo-Tradition weitergegeben wird, Novizen in die Praktiken und Sitten, in Ausdrucksweise und Slang der Hobo-Kultur eingeweiht werden: »Die Geschichten und Lieder, die unter den Männern der Straße zirkulieren, die Ansichten, die Haltungen und die Philosophie des Wanderarbeiters bekommen alle gebührenden Raum.« (Ebd., S. 26) Last but not least, werden dort neue Speisen (etwa das »Mulligan Stew«, ein Gericht, das seinen Ausgang in den *jungles* nahm) erfunden.

Die Interpretation der *jungle*-Kultur, die auf hervorragende Weise der Vorstellung von Desorganisation und Amoralität auf Seiten der gesellschaftlichen Außenseiter widerspricht, ist im Gesamtkontext der Untersuchung von peripherer Bedeutung, geht es doch in erster Linie um die Untersuchung der Ökologie und Kultur von Hobohemia im Zentrum von Chicago. Im Anschluss an das *jungle*-Intermezzo fährt Anderson daher mit einer Darstellung der charakteristischen Einrichtungen dieser *natural area* fort: den Pensionen und Pennen (mit einem auf teilnehmender Beobachtung beruhenden Bericht über eine Nacht in

»Hogan's Flop«); den Restaurants und Garküchen; den Bekleidungsgeschäften, Gebrauchtwarenhändlern und Leihhäusern; den Kneipen, Kinos und Burlesktheatern (ebd., S. 27–39).

Im zweiten Teil seiner Arbeit wendet sich Anderson den Bewohnern von Hobohemia zu und geht der Frage nach, warum es überhaupt Hobos und Tramps gibt, stellt eine Typologie der Hobos auf und stellt die Arbeitsfelder dar, in denen Wanderarbeiter und Gelegenheitsarbeiter tätig sind. Als wichtigste Auslösefaktoren für Wanderarbeit, Vagabondage und Stadtstreicherei sieht Anderson erstens Arbeitslosigkeit und Saisonarbeit und zweitens das an, was er »industrielle Inadäquanz« nennt. Die ökonomischen Ursachen, die unter dem ersten Punkt zusammengefasst sind, unterteilt er in Saisonarbeit, örtliche Veränderungen in der Industrie, saisonale und zyklische Fluktuation in der Nachfrage nach Lohnarbeit und Arbeitslosigkeit. »Industrielle Inadäquanz« beruht für ihn a) auf körperlichen Behinderungen, die auf Unfälle, Berufskrankheiten und Krankheiten anderer Art zurückzuführen sind, b) auf Alkoholismus und Drogenabhängigkeit und c) auf dem Alter der Arbeitsuchenden. Erst dann folgen bei Anderson jene Faktoren, die in der zeitgenössischen Literatur – journalistischer und sozialreformerischer Art – im Vordergrund stehen, nämlich psychische Defekte und ›Wanderlust‹, krisenhafte Ereignisse im Leben der Person sowie rassische und nationale Diskriminierungen. Auch bei der Typologie, bei der Anderson Saisonarbeiter, Hobos, Tramps, Gelegenheitsarbeiter (*home guards*) sowie »Nichtstuer« (*bums*) unterscheidet, steht das Verhältnis zur Arbeit als Kriterium der Unterscheidung im Vordergrund, wobei der Saisonarbeiter eine definitive Tätigkeit hat, während der Wanderarbeiter je nach Angebot in verschiedenen Bereichen als Erntehelfer, Holzfäller, Gleisarbeiter oder Bergarbeiter tätig ist.

Die Anzahl der *bums*, der »Penner«, die charakteristisch für die Population der *skid rows*[59] sind, schätzt Anderson auf nicht mehr als 2.500, die der ›stationären‹ Gelegenheitsarbeiter auf 30.000, während im Verlaufe eines Jahres mehr als 300.000 Wanderarbeiter und Saisonarbeiter Chicago zwecks Arbeitsvermittlung oder als temporäres Quartier anlaufen.

Im dritten Teil behandelt Anderson das »Hobo-Problem«. Dabei geht es aber nicht um das Problem, das der Hobo *macht*, sondern um das Problem, das der Hobo *hat* – eine entscheidende Verschiebung in der Perspektive, die im Kontext der Sozialarbeit üblich ist. In diesem Abschnitt handelt er erstens die Gesundheitsfrage ab, bei der es vor allem um Unfallfolgen geht, zweitens das Problem der Sexualität (Prostitution, Homosexualität) bei den in der Regel alleinstehenden Männern sowie drittens die Rolle des Hobo als Bürger (das heißt als Wähler, Wehrdienstleistender etc.). Besonders signifikant erscheint in diesem Zusam menhang der Befund, dass es sich beim Hobo und Tramp in der Regel um »gebürtige Amerikaner« handelt; der Anteil von Immigranten ist hingegen verschwindend gering. Vielleicht ist der Hobo tatsächlich ein »verspäteter Mann der *frontier*«, der zu spät gekommene Pionier, als der er häufig metaphorisch bezeichnet wird.

Der vierte Teil der Arbeit – »How the Hobo Meets His Problem« – ist, neben der Ethnographie, für mich der überzeugendste Abschnitt der Arbeit. Nur am Rande geht es hier um die übliche »Lösung«, nämlich die Rolle der Wohlfahrtsinstitutionen bei der Bekämpfung des »Problems«, sondern, wie der Titel bereits signalisiert, um die Initiativen, die aus der Hobo-Population selbst stammen. Hier geht es um die Rolle von »organischen Intellektuellen« aus dem Hobo-Milieu (James Eads How, Ben L. Reitman, John X. Kelly)[60], um die Verbindung von Hobos und Bohème (daher Ho*bohemia*) und um die politische und soziale Organisation der Hobos in der 1905 gegründeten IWW (Industrial Workers of the World) und anderen Organisationen. Im Kapitel XIV werden auf mehr als zwanzig Seiten die Lieder und Balladen der Hobos vorgestellt, heute eine reiche kulturgeschichtliche Quelle des Liedschaffens der amerikanischen Wanderarbeiter. In diesen Liedern und Balladen findet die Besonderheit der Lebensweise, die ihren materialen Grund in der Erschließung des Westens und seiner Ressourcen hat, in romantischer Überhöhung der Ungebundenheit ihren ideellen Ausdruck. Dass diese Lieder die auf ökonomische Faktoren reduzierte Interpretation, warum jemand Wanderarbeiter wird, ein Stück weit Lügen straft, sei nur am Rande erwähnt. Weniger deutlich wird hier, wie an anderer Stelle, der politisch radikale Charakter der Hobo-Songs (vgl. dazu: Lindner 1989).

The Hobo erweist sich nicht nur als eine aufgrund ihrer Materialfülle vorbildliche Ethnographie einer Berufsgruppe, der Lebensweise ihrer Angehörigen und ihres Milieus im städtischen Raum, sie ist auch ein frühes Beispiel für eine Untersuchung, in der die Verstehensperspektive die Präventionsperspektive abgelöst hat (Matza 1973). Darüber hinaus bildet die Studie heute eine unverzichtbare Quelle zur Rekonstruktion einer Figur, der in der Kulturgeschichte der USA eine emblematische Rolle als »amerikanischem kulturellen Helden« (Feied 1964) zukommt. Letzten Endes hat das Buch *The Hobo* selbst zu diesem Mythos beigetragen.

Chicago in Köln: Der frühe Einfluss der Chicago-Schule auf die Kölner Soziologie

Es ist wenig bekannt, dass der Chicagoer Forschungsansatz bereits in den 1920er Jahren von der deutschen Soziologie aufgegriffen wurde, und zwar am Soziologischen Seminar der Universität Köln. Dessen Leiter, Leopold von Wiese, war zugleich Herausgeber der *Kölner Vierteljahreshefte für Soziologie*, die nicht nur Aufsätze von Robert Park in Übersetzung publizierten, sondern auch entscheidend dazu beitrugen, den Forschungsansatz unter anderem durch Rezensionen in der deutschen Fachöffentlichkeit bekannt zu machen. So wird der Sammelband *The City* von der Rezensentin Hanna Meuter, die sich als die eigentliche Mittelsperson erweist, als »Einleitung weiterer Forschungen« vorgestellt, die »in Verbindung mit nahezu druckfertigen anderen Schriften eine Sammlung zur Soziologie der Stadt darstellen werden« (Meuter 1926/27, S. 89; zu Meuter: Wobbe 1994). Zuvor hatte Meuter bereits Nels Andersons Studie *The Hobo* als ersten Band einer Reihe von Studien vorgestellt, »die alle die großstädtische Gesellschaft behandelnd, von Prof. Robert E. Park herausgegeben werden« (Meuter 1923/24, S. 193). Dieses Thema wurde von der wirtschafts- und sozialwissenschaftlichen Fakultät der Universität Köln mittels eines Preisausschreibens bereits im Juni 1923 aufgegriffen. »Der Mevissenpreis 1923«, heißt es in einer Ankündigung in den *Vierteljahresheften*,

»wird für die beste, voll befriedigende Lösung der Preisaufgabe gewährt: ›Die Heimlosigkeit (ihre Einwirkung auf Verhalten und Gruppenbildung der Menschen)‹. Das Thema kann auf zweierlei Art behandelt werden: entweder als systematisierte Wiedergabe eigener Beobachtungen […] oder als Literatur sammelnde und kritisch sichtende Schreibtischarbeit […] Als Beispiel, wenn auch nicht in jeder Hinsicht als Vorbild, kann das soeben erschienene Werk des amerikanischen graduierten Studierenden Nels Anderson: ›The Hobo‹ […] dienen.« (Chronik 1923/24, S. 116f.)

Preisträgerin wird Hanna Meuter mit ihrer Dissertation »Heimlosigkeit. Ihr Einwirken auf Verhalten und Gruppenbildung der Menschen« aus dem Jahre 1924: »Als Kennerin der soziologischen Debatte im Umkreis der Chicago-Schule in den USA legt Hanna Meuter hiermit die erste Untersuchung in Deutschland vor, die US-amerikanische Studien über ›hobos‹ zum Ausgangspunkt nimmt, um am Beispiel der Nichtsesshaften in Deutschland eine soziologische Typologie dieser Formen sozialer Existenz zu entwickeln.« (Wobbe 1994, S. 193)[61]

Am beachtenswertesten erscheinen mir freilich in unserem Zusammenhang die »Studien an Siedlungsgebieten unter Anwendung der Beziehungslehre«, die ab 1927 vom Soziologischen Seminar durchgeführt wurden. Jeweils in den Pfingstferien unternahm Leopold von Wiese mit seinem Oberseminar etwa zehntägige Exkursionen, die einem bestimmten Siedlungsgebiet gewidmet waren. Die erste Exkursion führte in eine Reihe von Hunsrückdörfern, die zweite in niederrheinische Kleinstädte. Ab 1929 wurden so genannte »isolierte Wohnstätten« zum Gegenstand der Untersuchungen. So führte die Exkursion 1929 auf einige Halligen in Nordfriesland, 1930 zum jüdischen Ghetto in Amsterdam und für 1931 war eine Untersuchung von »Emigrantenkolonien« vorgesehen, die aber aus Geldmangel aufgegeben und durch die Untersuchung eines Ferienlagers auf Rügen ersetzt wurde. Dieses interessante Lehr- und Forschungsmodell diente in erster Linie der »Erlernung und Übung soziologischen ›Sehens‹«, hatte also große Verwandtschaft mit dem von Park entwickelten Programm des »Sehen-Lernens«. Es wurde jeweils Wohnung bei den Einheimischen genommen, um in »Lebensgemeinschaft«, wie es von Wiese genannt hat, Erkundigungen einzuziehen und Beobachtungen anzustellen. Diese Beobachtungen wurden durch einen »Fragebogen«, das heißt durch ein Bündel von Fragestellungen, die zuvor im Seminar erarbeitet worden waren, strukturiert. Bemerkenswert an diesen Fragebögen ist aus methodischer Sicht vor allem die selbstreflexive Dimension. Dem Forschenden wurde beispielsweise jeweils zur Aufgabe gemacht, einen Bericht darüber zu geben, wie sich die Einheimischen zum Beobachter gestellt haben.

Das Interessante an der ersten Studie über das Dorf als Siedlungsgebilde ist vor allem ihr programmatischer Charakter, der in der Publikation der Projektgruppe, dem ersten Ergänzungsheft zu den *Kölner Vierteljahresheften für Soziologie*, klar zutage tritt. Es ist ganz offensichtlich, und doch bis heute nicht bemerkt worden, dass sich der Herausgeber konzeptionell am Chicagoer Sammelband *The City* orientiert, und so gewissermaßen ein auf das Dorf als soziales Gebilde ausgerichtetes Pendant liefert. Wie Park mit seinem Aufsatz die Grundlagen des ganzen Unternehmens liefert, so von Wiese mit seinem Grundsatzaufsatz zur »Problematik einer Soziologie des Dorfes«. Und so wie McKenzie im Chicagoer Sammelband die Ökologie als Rahmentheorie der eigentlichen Stadtsoziologie vorstellt, so behandelt Hubert Kehren im zweiten Aufsatz der Kölner Publikation die außersoziologischen Grundlagen, geographische, siedlerische und bevölkerungswissenschaftliche Fragen. Ganz besonders deutlich wird diese Orientierung am Chicagoer Vorbild schließlich anhand des Anhangs, der eine »Bibliographie des Dorfes als soziales Gebilde« versucht. Dessen Bearbeiterin, die besagte Hanna Meuter, macht dies gerade dadurch deutlich, dass sie in ihren

Vorbemerkungen zur eigentlichen Bibliographie den Unterschied zur »Wirth-schen Disposition«, wie sie schreibt, also zur »Bibliography of the Urban Com-munity«, im Chicagoer Sammelband hervorhebt (Meuter 1928, S. 78f.).

Von den Forschungsexkursionen, die zwischen 1927 und 1933 durchgeführt wurden, interessiert uns aus stadtethnographischer Perspektive sicherlich die Untersuchung des jüdischen Ghettos in Amsterdam am meisten. An der zu Pfingsten 1930 durchgeführten zehntägigen Untersuchung nahmen neben Leo-pold von Wiese vierzehn Studierende (männlich und weiblich) teil. Dieser »so-ziologische Pioniertrupp« (Gierlichs) gliederte sich so, dass der eine Teil im Ghetto selbst wohnte, teils in einem jüdisch-rituellen Gasthaus, teils in jüdischen Familien, der andere kleinere außerhalb des Ghettos. Das Amsterdamer Juden-viertel sollte Anschauungsmaterial für Ghettostudien überhaupt abgeben, wobei unter »Ghetto«, einer Definition von Leopold von Wiese folgend, ein Stadtvier-tel verstanden wurde, »in dem irgendeine in einem bestimmten Sinne einheitli-che soziale Gruppe verhältnismäßig abgesondert von der übrigen Stadtbevölke-rung lebt« (v. Wiese 1930, S. 445). In dem der Untersuchung zugrunde liegen-den Fragekatalog wurde unter anderem nach dem Gebildetypus, dem Grad der räumlichen Distanz zur übrigen Stadtbevölkerung und danach gefragt, inwieweit die räumliche Distanz als sozialer Abstand zu verstehen ist, auch dies ja eine ›Chicagoer‹ Fragestellung. Thematisiert wurde auch die wichtige Frage, »ob mehr die Rasse oder die soziale Gruppe« (in heutigen Termini also: Ethnie oder Klasse) die Grundlage der Ghettogemeinschaft und Ghettoabsonderung bildet. Des Weiteren wurde danach gefragt, ob das Ghetto heute ein Brauch oder eine Institution sei, welche Sitten für das Ghetto charakteristisch seien und inwiefern die Ghettobewohner als Fremde gelten und/oder sich als solche fühlen. Ab-schließend kamen Beobachtungen hinzu, die bei früheren Studien über Sied-lungsgebilde im Vordergrund standen: Abstandsverhältnisse, Nachbarschaftsbe-ziehungen, Familienverhältnisse und Probleme der Person und Individualität (Gierlichs 1931/1932, S. 367f.).

Dass ein solches Programm, noch ergänzt durch den Besuch der Synagogen, des rituellen Frauenbades und des Sonntagsmarktes im Ghetto sowie durch Be-sichtigungen von Betrieben (Diamantenschleifereien, Diamantenbörse) und sozi-alen Einrichtungen (jüdisches Altersheim), im Rahmen einer zehntägigen Exkur-sion auch nicht annähernd eingelöst werden kann, liegt auf der Hand. Und doch führt der Berichterstatter der Exkursionsgruppe, Willy Gierlichs, Näheres zu den einzelnen Fragekomplexen aus. *Ein* Befund, gerade weil er im Kontrast zur Stu-die von Louis Wirth erhoben und betont wurde, scheint mir besonders erwäh-nenswert, dass nämlich die räumliche und soziale Verbundenheit im Ghetto ihre

Ursache in gemeinsamer ethnischer *und* Klassen-Zugehörigkeit hat, dass also, wie es von Wiese in einem, in der Zeitschrift »Jüdische Wohlfahrtspflege und Sozialpolitik« publizierten Aufsatz formuliert, »die *Verknüpfung* von Proletariat und Semitentum die Hauptwurzel der Gemeinschaft« sei (v. Wiese 1930, S. 448; Hervorhebung im Original).

Ich möchte hier nicht weiter auf die bei Gierlichs und bei von Wiese nachzulesenden Befunde eingehen, denen im Übrigen aufgrund der kurzen Verweildauer im Felde eine gewisse Skepsis entgegenzubringen ist. Es geht hier vielmehr in erster Linie um die Feststellung, dass bereits Mitte der 1920er Jahre am Soziologischen Seminar der Universität Köln »konkrete Einzelforschung« praktiziert wurde, die sich am Chicagoer Vorbild orientierte. Diese Forschung aber hatte, im Unterschied zum Chicagoer ›Laboratorium‹, eher thesenbelegenden denn thesengenerierenden Charakter und diente häufig bloß dazu, die systematische Soziologie zu illustrieren. Gleichwohl bleibt festzuhalten, dass es diese frühe Perspektivenübernahme gab und dass sie traditionsbildend wirkte. In den 1950/60er Jahren bildete das Kölner Institut unter René König das einzige in der Traditionslinie der Chicagoer Stadtforschung arbeitende soziologische Institut der Bundesrepublik.

Soziologische Phantasie als methodisches Prinzip

Die Methodenhistorikerin Jennifer Platt hat in einem Aufsatz zur Entwicklungsgeschichte der teilnehmenden Beobachtung vom Chicagoer »Ursprungsmythos« gesprochen: Bei den Studien, die als klassische Exempel für die Anwendung dieser Methode gelten, *The Hobo* einerseits, *The Taxi-Dance Hall* andererseits, kann ihrer Auffassung nach von teilnehmender Beobachtung im strikten Sinne nicht die Rede sein (Platt 1983). In der Tat lässt sich mit Platt zurecht bezweifeln, ob die Forschungsweise von Anderson und Cressey einer reflektierten Methodologie teilnehmender Beobachtung nahe kommt; eher entspricht das Vorgehen den Recherchetechniken eines Reporters oder Detektivs. Ein stichwortartiger Arbeitsbericht von Paul G. Cressey in Zusammenhang mit seiner Untersuchung für *The Taxi-Dance Hall* macht das deutlich:

»Programm für die verbleibenden Wochen des Herbstsemesters. Woche, die mit dem 21. November [1927?, R.L.] endet. Ein Gauner (!) soll mir die Lebensgeschichte eines Schwarzbrenners beschaffen, der mit einem amerikanischen Mädchen verheiratet ist. Außerdem geschlossene Tanzsäle aufsuchen und Informationen über Filipinos beschaffen, die die Säle besuchen.

Filipinos zuhause besuchen und versuchen, freundliche Kontakte zu knüpfen. Vertreter philippinischer Verbände kontaktieren und Daten über die Verbände beschaffen inkl. Geschichte, Mitglieder, Struktur etc. Verschiedene Schulen und Universitäten aufsuchen und Anzahl der tatsächlich eingeschriebenen Filipinos herausfinden. Größere Arbeitgeber aufsuchen, die bekanntermaßen Filipinos beschäftigen. Informationen aus Volkszählungen und Berichten über die Philippinen konsultieren, um Daten über die Einwanderung nach Hawaii und in die Vereinigten Staaten zu bekommen. Gesamte erhältliche Filipino-Literatur lesen, um Einstellung der Filipinos gegenüber den Vereinigten Staaten, der Einwanderung und Niederlassung in den USA zu sammeln. Studentenzeitschriften durchsehen, um Informationen über Typen von Filipinos, Anpassung und Konflikte in diesem Land zu bekommen. Soweit möglich geschlossene Säle besuchen, um so viele Fallstudien von Gästen und Mädchen in den Sälen zu sichern. Hoffe, bessere Kontakte mit Eigentümern der Säle herzustellen. Sonntag Treffen des Postklubs beim F.A.C.« (EWB B 129, F 5)

Aus dem Arbeitsbericht wird deutlich, wie vielfältig Forschung in Chicago angedacht wurde. In seinem Eifer »Daten zu sichern«, erinnert das Verfahren freilich eher an die Tätigkeit eines (FBI-)Agenten als an einen Feldforscher. Das trifft auch auf die Gesprächsführung zu. Ausgehend von Georg Simmels Überlegungen zum Fremden, dem »oft die überraschendsten Offenheiten und Konfessionen, bis zu dem Charakter der Beichte, entgegen gebracht werden« (Simmel 1983 [1908], S. 510), konzipiert Cressey in einem methodologischen Paper die Rolle des »anonymen Fremden«, bei der der Forscher in eine »anonyme monosexuelle bekennende Beziehung« mit einer Zufallsbekanntschaft, etwa in der Taxi-Dance Hall, tritt, um auf diese Weise singuläres Material zu erheben; man könnte auch weniger kompliziert von Aushorchen sprechen (Cressey 1983). Teilnehmende Beobachtung im strikten Sinne hat sich im Chicagoer Kontext beiläufig ergeben. Nels Anderson zum Beispiel hat, um das Diktum von Bronislaw Malinowski über die angemessenen Bedingungen der ethnographischen Feldarbeit zu paraphrasieren, seine Zelte zufällig in »Hobohemia« aufgeschlagen, nämlich der billigen Bude wegen.

Aber die Problemstellung von Platt scheint mir ohnehin im Kern eine einer »bürokratischen Sozialwissenschaft« im Sinne von C. Wright Mills zu sein (Mills 1963). Die Notwendigkeit, die Methodologie zu verfeinern, erwächst ja nur zum kleinsten Teil aus den Erfordernissen der Forschung selbst, sondern ist der qualitativen von der quantitativen Methodenlehre aufgedrängt worden. Erst die vermeintliche Exaktheit des Messens trägt dem qualitativen Vorgehen das Stigma des Defizitären ein. Das hat gerade in der qualitativen Soziologie zu einem Pseudo-Szientismus geführt, der eher einem Forschungsverhinderungsinstrumentarium gleicht, weil er naturwissenschaftliche Exaktheit durch den »Fetischismus der Methode und Technik« (Mills) nachzuahmen sucht und dadurch

Neugier und Vorstellungsvermögen, die eigentlichen Basiselemente qualitativen Vorgehens, verkümmern lässt.

Nicht methodische Rigorosität, sondern soziologische Phantasie ist charakteristisch für die Chicagoer Stadtforschung. Was verlangt oder besser, was stimuliert wurde, waren Einfallsreichtum und Findigkeit bei der Recherche; wie man dabei zu Werke ging – ob nun durch mehr Teilnahme oder durch mehr Beobachtung, durch Nutzung von Zensusdaten oder von belletristischen Werken – war sekundär. Was wir hier vor uns haben, und was von Methodologen gar nicht beachtet wird oder schärfer: überhaupt nicht gesehen wurde, ist eine der Großstadt angemessene, ihrem ›Wesen‹ entsprechende Herangehensweise: »Der ideale Soziologe war derjenige, der die Stadt kannte. Er oder sie entdeckte sie, erkundete sie, erdachte *einfallsreiche Wege*, um sie dazu zu bringen, ihre Geheimnisse zu enthüllen. Wichtiger noch, er oder sie verbrachte seine oder ihre gesamte Zeit damit, über die Stadt nachzudenken und mehr über sie herauszufinden.« (Carey 1975, S. 155; meine Hervorhebung, R.L.) Nehmen wir als Beispiel für die vielfältigen methodischen Optionen, die bei der Untersuchung urbaner Phänomene gegeben sind, die Untersuchung von Hotels als großstädtische Wohn- und Lebensform. Das von mir entworfene idealtypische, die tatsächliche Forschungspraxis von Norman Hayner bei dessen Soziologie des Hotellebens berücksichtigende, Vorgehen könnte folgendermaßen aussehen:

1. Das Grundbuchamt konsultieren, Hotels nach Art und Größe klassifizieren, die Lage der klassifizierten Hotels im Stadtplan einzeichnen und Konzentrationsgebiete (so genannte »hotel areas«) markieren.
2. Zensusdaten über das Hotelgewerbe einholen (wie viele Hotels gibt es im Stadtgebiet, wie viele Zimmer stehen zur Verfügung, wie viele Übernachtungen pro Jahr), zusätzlich die Fachpresse des Hotelgewerbes konsultieren (Archivarbeit); außerdem Geschäftsführer befragen (saisonaler Verlauf der Belegung, durchschnittliche Aufenthaltsdauer, Beruf und Zivilstatus der Gäste).
3. Durch das Gebiet flanieren, das Umfeld erkunden (Bars, Restaurants, Kinos, Theater, Nachtklubs); sich in der Hotelhalle, Hotelbar aufhalten oder sich als Gast einquartieren, Beobachtungen anstellen, mit den Gästen und dem Personal reden.
4. Falls möglich, in verschiedene funktionale Rollen schlüpfen (Portier, Rezeption, Barkeeper, Zimmermädchen, Page, Küchenhilfe etc.).
5. Lebensgeschichten von Gästen und Personal einholen.

6. Literarische Werke (wie *Menschen im Hotel*), Reportage-Romane (wie *Hotel Amerika*), Filme (wie *Grand Hotel*) heranziehen.[62]

7. Zur analytischen Präzisierung Vergleiche mit anderen Institutionen des Beherbergungswesens (Asyl, Pension, Wohnheim) anstellen.

Es ist klar, dass das, was bei einem solch vielfältigen Vorgehen herauskommt, weit über das hinausgeht, was üblicherweise unter »Ethnographie« verstanden wird. Worum es geht, ist Feldforschung als Feld-Forschung zu begreifen, das heißt als die Erforschung des Feldes, in dem unser Untersuchungsphänomen situiert ist (Lindner 2001). Feldforschung in diesem Sinne zu betreiben, bedeutet nicht nur, das jeweilige Phänomen zu kontextualisieren, sondern auch als Teil eines komplexen Wirkungsfeldes zu begreifen, innerhalb dessen der wissenschaftliche Zugriff neben literarischen, publizistischen und anderen Zugangs- und Darstellungsweisen besteht. Studien in der Chicagoer Tradition sind idealiter Studien, die soziale Welten und Institutionen in Großstädten mit einem durch Vielfalt beeindruckenden Bündel an Zugangsweisen detailliert und elaboriert zu begreifen versuchen. Dieses Bündel ist mit dem Neologismus »Methoden-Mix« nur unzureichend, ja im Grunde falsch charakterisiert, weil Mix so etwas wie ein Rezept verspricht. Es gibt aber keine Methode, die unabhängig von ihrem Gegenstand ist. In dieser Hinsicht waren und sind die Chicagoer Soziologen ihrer Zeit weit voraus. Das Forschungsverfahren, oder besser: die je konkrete Ausgestaltung des Forschungsverfahren (an der »Goldküste« oder im »Slum«) sagt bereits etwas über das Untersuchungsfeld aus.

Das setzt äußerste Vertrautheit mit dem Feld – nicht zuletzt im Vorfeld – voraus. Damit schließt sich der Kreis zu den »Chicago Irregulars«, gilt doch die Gestalt des Sherlock Holmes als Modell für diese Forderung. »In all seinen Abenteuern«, schreibt Marcello Truzzi in seinem Aufsatz über Holmes als praktischen Sozialpsychologen, »besteht Holmes darauf, dass der Detektiv sich intensiv mit seinem Fall vertraut machen soll, denn Vertrautheit bringt Klärung. Er mahnt, es sei ein Fehler, die mangelnde Vertrautheit mit der Sache mit ›Geheimnis‹ zu verwechseln.« (Truzzi 1985, S. 105) Gerade mangelnde Vertrautheit führt, so meine ich, jenes Raunen herbei, wie es uns etwa in der Rede von der »Unwirklichkeit«, der »Unsichtbarkeit«, der »Unlesbarkeit« der Städte entgegentritt. Einem solchen Raunen hätte Robert Park entgegengehalten: »Meine Herren, machen sie sich ihren Hosenboden mit *echter* Forschung schmutzig« (Park, zit. n. McKinney 1966, S. 71; Hervorhebung im Original). Einen Zugang zum Feld zu finden war selber schon eine Probe aufs Exempel. Der Status der Studierenden hing daher nicht zuletzt von ihrer Fähigkeit ab, ein Feld zu erschließen und Kontakt zu den jeweiligen Schlüsselinformanten zu gewinnen.[63] Nicht nur Walter C. Reckless führte diese Arbeitsweise auf Parks Vergangenheit als Großstadtreporter zurück: »Park war aufgrund seiner Zeitungserfahrung ein Mann des Feldes (*a field man*), er wollte hinaus ins Feld und sehen, was vor sich ging [...] Parks Konzept war: macht euch die Füße nass [...] Geht raus, geht auf die Straße und lernt etwas über das Leben.« (Reckless, JTC 1:21)

Von der Präventions- zur Verstehensperspektive

David Matza hat in seiner Studie *Becoming Deviant* die Vorstellung von Vielfalt (der Kulturen) als Antithese zur Annahme von Pathologie (des Verhaltens) bezeichnet. Steht erstere für die Verstehens-, so letztere für die Präventionsperspektive. Die Präventionsperspektive lässt sich nach Ansicht von Matza am besten verstehen, »wenn wir in das Jahrzehnt unmittelbar vor dem Ersten Weltkrieg zurückgehen, als jener Denkansatz in England und Amerika noch kaum in Frage gestellt und in einem starken Bündnis zwischen Soziologie, Sozialarbeit und Sozialreform institutionalisiert war« (Matza 1973, S. 24). In dieser Zeit

»gab die respektable konventionelle Gesellschaft Einstellung und Bezugsrahmen dieser Untersuchungen vor. Obgleich die Forscher die Welt der Außenseiter betraten, taten sie das nur zögernd und ohne sich auf den Standpunkt dieser Menschen einzulassen; obgleich sie das schreckliche Los der Slumkinder bedauerten, fühlten sie sich kaum in deren Erfahrung ein; und anstatt den Charakter der eigentümlichen menschlichen Tätigkeiten, auf die sie stießen, zu verstehen, verurteilten sie diese und strebten nach ihrer Ausmerzung.« (Ebd., S. 25)

Der Präventionsstandpunkt hindert also daran, das abweichende Phänomen überhaupt richtig in den Blick zu bekommen. Für Matza bildet nun die Arbeit der Chicago-Schule den ersten bedeutenden Beitrag zur naturalistischen Erforschung abweichender Lebensformen und Verhaltensweisen. Programmatisch geht das auf Park zurück, der sich vehement gegen die Verquickung von Soziologie und Sozialarbeit wandte, vor allem dort, wo letztere auf moralische Erziehung hinauslief: »Das Allererste, das du einem Studenten, der mit der Soziologie anfängt, zeigen musst, ist, dass er etwas leisten kann, wenn er nicht versucht, irgendwen zu verbessern. [...] Ein Moralist kann kein Soziologe sein.« (Park, zit. n. Raushenbush 1979, S. 97) Was es nach seiner Ansicht zu überwinden galt, um die Soziologie zu einer Wissenschaft auf empirischer Grundlage zu machen, ist jene Perspektive auf die soziale Wirklichkeit, die, erfüllt und geleitet von einer zivilisierenden Mission, Realität nur voreingenommen wahrnimmt. Dieser

Perspektivenwechsel schlägt sich in der Ablösung der für die Präventionsperspektive charakteristischen Formel »das Leben, wie es gelebt werden sollte«
durch die Wendung der Verstehensperspektive »das Leben, wie es gelebt wird«
nieder.

Matza sah nun das Dilemma der Chicago-Schule darin, dass kulturelle Vielfalt beschrieben und gleichwohl soziale Pathologie diagnostiziert wurde. Zahlreiche Chicagoer Studien sind durch eine Ambivalenz gekennzeichnet, »das
Großstadtleben einerseits einfach zu schätzen und zu beschreiben, und andererseits ständig in Richtung von Moralismus und Reform zu schwanken« (Plummer
1997, S. 25). Dies zeigt sich anhand der Struktur der Studien, die häufig mit
einer dichten, an die zeitgenössische Literatur erinnernden Beschreibung des
Untersuchungsgebietes beginnen, und mit einem Kapitel, das den jeweiligen
Gegenstand als »Problem« umkreist, enden. So behandelt beispielsweise der
ganze vierte Teil der Gang-Studie von Frederic M. Thrasher das Untersuchungsphänomen, nachdem zunächst die »Naturgeschichte der Gang« (Teil I), das »Leben in der Gang« (Teil II) sowie »Organisation und Kontrolle in der Gang« (Teil
III) beschrieben und analysiert worden waren, als »Gang-Problem«, wobei es im
letzten Abschnitt um Möglichkeiten der »Prävention« geht.

Symptomatisch für die genannte Ambivalenz ist vor allem der Gebrauch jener Technik, die doch als ein Markenzeichen der Chicagoer Forschung angesehen wird, das *mapping*. Zweifellos hat die Kartierung geholfen, dem Leser das
Mosaik der sozialen Welten Chicagos näher zu bringen, indem mit ihrer Hilfe
die verschiedenen ethnischen Viertel und kulturellen Szenen im Weichbild der
Stadt lokalisiert wurden. Aber das *mapping* hat seine philanthropisch-reformori-
entierte Herkunft gerade im Chicagoer Kontext nie gänzlich abstreifen können.
Zurecht hat Mary Joe Deegan darauf insistiert, dass diese methodologische
Technik in Chicago allererst im Zusammenhang mit den *Hull House Maps and
Papers* Verwendung fand, aber die Bewohner von Hull-House setzten diese
Tradition offen fort (Deegan 1988, S. 46). Im Verlauf unserer Darstellung sind
immer wieder Beispiele dafür angeführt worden, dass die Aufgabe des *mapping*
im Kontext sozialreformorientierter Forschung von Anfang an in der Sichtbar-
machung von »Pathologien« bestand. Die politische Bedeutung solcher
Verbreitungskarten, die bestimmte Räume (etwa »streets coloured black«) erst
schaffen, die *so* vorher nicht existiert haben, ist offensichtlich; sie lokalisieren
Problemgebiete (»gefährliche Orte«) der Stadt und definieren damit politischen
Handlungsbedarf. Dies trifft zweifellos auch auf einen Teil der im Rahmen der
Chicagoer Forschung angefertigten Rasterkarten zu, bei denen das Vorkommen
bestimmter ›Vergehen‹ (Alkoholismus, Selbstmord, Prostitution, Jugenddelin-

quenz) durch Punkte sichtbar gemacht wurde, die in die jeweilige quadratische Teilfläche der *social base map*[64] gedruckt wurden. So haben beispielsweise Clifford R. Shaw und James McKay mit ihrer geographischen Lokalisierung jugendlicher Delinquenten überhaupt erst *delinquency areas* geschaffen, die zum Anlass von korrigierenden Maßnahmen wurden. Matza stellt in diesem Zusammenhang die Frage, wie man sich die Tatsache erklären kann, dass die Vielfalt in den Städten Amerikas beschrieben und dennoch an der Pathologie-These festgehalten wurde. Seine Antwort lautet, dass der Begriff der Pathologie von der persönlichen auf die soziale Ebene verschoben wurde: An die Stelle individueller Pathologie tritt die Konzeption sozialer Desorganisation beziehungsweise wurde die individuelle Pathologie, in den Worten einer Zeitzeugin, zum Index der Desorganisation der Gemeinde (Hughes 1981, S. 33). Das beantwortet freilich immer noch nicht die Frage, wie es überhaupt zu diesem Dilemma hat kommen können, stellt sich uns doch heute das Verhältnis von Präventions- zur Verstehensperspektive als ein sich wechselseitig Ausschließendes, als ein Entweder-Oder dar. Hans Joas (1988, S. 437) hat, ohne explizit auf das Dilemma einzugehen, die Situation der Chicagoer Schule im Hinblick auf die falsche Einschätzung ihres vorgeblich bloß sozialreformerischen Charakters als eine wissenschaftsgeschichtliche Zwischenposition zwischen fehlender und vollendeter Professionalisierung bezeichnet. Gerade in dieser Zwischenposition konnte die Chicagoer Schule sich nur mit einer verbesserten Erforschung der Problembereiche gegenüber dem bloßen Reformismus qualifizieren, nicht durch den Verzicht auf jedes außerwissenschaftliche Mandat. Aber ich denke, dass wir, was die Erklärung des Dilemmas angeht, noch hinter die wissenschaftsgeschichtliche Position zurückgehen müssen, die in gewisser Hinsicht selbst noch Symptom des kulturellen Wandels ist. Das Dilemma, kulturelle Vielfalt zu beschreiben und soziale Pathologie zu diagnostizieren, resultiert aus dem Umstand, dass die Chicagoer Soziologie der 1920er Jahre eine *zone in transition*, den Schnittpunkt zweier kultureller Strömungen, zweier Haltungen zur Welt bildet, als deren Prototypen die Gestalt des *Reformers* einerseits, die Gestalt des *Reporters* andererseits figurieren. Es ist wohl kein Zufall, dass diese Gestalten durch die Führungspersönlichkeiten der Chicago-Schule, Ernest W. Burgess einerseits, Robert E. Park andererseits, verkörpert wurden. Für Walter C. Reckless war Burgess der Verwalter, der die Erstellung der *spot maps* veranlasste, der die Kontakte zu den sozialen Einrichtungen und Stiftungen herstellte und Forschungsgelder und Stipendien besorgte, während Park als der Mann der Ideen, als der konzeptionelle Anreger und als der »field man« galt (Reckless, JTC 1:21).

Nels Andersons *The Hobo* kann als ein Beispiel für den Zwiespalt, in dem sich die Chicagoer Soziologie befand, gelten. Man braucht nur das Vorwort des aus Vertretern karitativer und sozialer Einrichtungen zusammengesetzten Komitees, dessen Vorsitzender Burgess war, mit der Einleitung des Herausgebers, Robert Park, zu vergleichen, um sich der Einflussfaktoren, die die wissenschaftsgeschichtliche Zwischenposition der Chicagoer Soziologie in ihrer »Goldenen Ära« bedingen, bewusst zu werden: Dort (bei Burgess und anderen) erscheint die Studie als ein Unternehmen, das den sozialen Einrichtungen Fakten liefert, aufgrund derer sie sich in kenntnisreicher Weise mit dem Problem des Wanderarbeiters auseinandersetzen können; hier (bei Park) als ein Beitrag zur Soziologie des Großstadtlebens, der seinen Untersuchungsgegenstand, den Hobo, in seiner eigenen Lebenswelt aufsucht, um seine Handlungsweise besser verstehen zu lernen.

Es ist diese Perspektive, die von den Chicagoer Forschern erschlossen und später in der lebensweltlichen Ethnographie verallgemeinert wird.

Urban Village:
Vom Slum zur Community

Dörfer in der Stadt sind *natural areas* im Sinne der Chicagoer Stadtforschung: Es sind Gebiete, die auf ›natürliche‹ Weise, das heißt durch selektiven Zuzug, beispielsweise durch Kettenmigration, zustande gekommen sind. Zuweilen ist es zur Transplantation von ganzen Dörfern aus der Alten Welt in die Neue Welt gekommen, die vollständig, einschließlich der lokalen Machtstruktur, ins »Herz der amerikanischen Großstadt« verpflanzt worden waren. Harvey W. Zorbaugh (1929) hat dies eindringlich am Beispiel der sizilianischen Kolonie in Chicago beschrieben, deren Bewohner mehrheitlich aus den bei Palermo liegenden Dörfern Alta Villa, Cimmina, Milicia und anderen mehr stammten. Aber auch in der Alten Welt gab und gibt es solche Transplantationen, wurde mit ihnen sogar geworben, wie etwa in den Werberufen der Zechengesellschaften für ihre Kolonien im Ruhrgebiet, die, »umgeben von Feldern, Wiesen und Wäldern [...] ganz wie ein masurisches Dorf« sein sollten (Lindner/Breuer 1978, S. 37).

Die Chicagoer Stadtforscher sprachen noch von »kleinen sozialen Welten«; die Bezeichnung »Urbane Dörfer« stammt von Herbert J. Gans, dem Autor der klassischen Studie *The Urban Villagers* (1962), einer Untersuchung des italienischen Viertels in Boston. »Urbane Dörfer« sind in der Regel ethnisch und kulturell homogene Wohngebiete wie *Little Italy*, *Deutschland* oder *Chinatown*; oder sie sind Künstlerkolonien, die explizit als Dörfer bezeichnet werden, wie *Greenwich Village* oder *Towertown*, »Chicago's Latin Quarter«, wie es bei Zorbaugh (1929) heißt. Im Zusammentreffen von »ethnischer Enklave« und »Künstlerdorf« deutet sich die kulturelle Unterströmung an, die dem Interesse an distinkten »Kulturräumen« in der Stadt zugrunde liegt. In beiden Fällen geht es – aus der Sicht der weißen amerikanischen Mittelschicht (White Anglo-Saxon Protstants: WASP) – um alternative Lebensstile, die durch die Sehnsucht nach intimen Gemeinschaftsformen geprägt sind. Es ist diese Unterströmung, die die Logik der symbolischen Gentrifizierung (Lang 1996) bestimmt.[65] Greenwich Village ist dafür historisch gesehen selbst das beste Beispiel, hat sich doch hier aus einer italienischen Enklave, die mit ihren Vergnügen an »Unterhaltung, Essen und Gesang« junge Akademiker, Maler und Dichter anzog, ein Bohème-viertel als Dorfersatz entwickelt (Hendin 1993, S. 149; Abu-Lughod 1994).

In einem durchaus wörtlichen Sinne folgt die Ethnologie bei der Untersu-chung urbaner Dörfer ihrem Objekt: Die in die Stadt transplantierten Dörfer werden von einer in die Stadt transplantierten Ethnologie untersucht. Genuiner Gegenstand ethnologischer Forschung sind diese urbanen Dörfer insofern, als die Ethnologie eine Präferenz für das Kleinräumige hat. Für diese Präferenz gibt es gute methodologisch-methodische Gründe, wie sie Jürgen Jensen in seinen Überlegungen zum Gegenstand der Ethnologie vorgetragen hat: »Die auf kleine übersehbare Einheiten ausgerichtete und aus Theorieansätzen zu Kultur und Ethnos und diesbezüglichen Teilaspekten resultierende Forschung dürfte jene Perspektive ergeben, für die Ethnologen bessere Voraussetzungen als Vertreter von Nachbardisziplinen mitbringen.« (Jensen 1995, S. 4) Als Wissenschaft, die durch eine ganzheitliche Betrachtungsweise charakterisiert ist, ist das jeweilige *setting*, sei es nun ein Stammesdorf oder ein Großstadtkiez, stets übersichtlich geblieben. Nur so gewinnt der Ethnologe die intime Vertrautheit mit den Einzel-heiten örtlicher Situationen, die die Stärke des ethnographischen Berichts aus-macht, der zeigt, wie es Clifford Geertz einmal formuliert hat, »wie das Leben an einem Ort, zu einer Zeit, in einer Gruppe abläuft« (Geertz 1990, S. 138). Episte-mologie und Methode gehen hier Hand in Hand: So wie die holistische Perspek-tive das ihr angemessene Instrumentarium in der Feldforschung findet, so läuft die Feldforschung, angemessen eingesetzt, auf eine ganzheitliche Betrachtung des Untersuchungsgebietes hinaus. Daher gilt auch für die ethnologische Stadt-forschung Feldforschung als Königsweg, wobei der tatsächliche Einsatz vom sporadischen »Herumhängen« bis zum mimetischen »Eintauchen« reichen kann. Freilich: Eine solche Forschungsperspektive vermag die selektiven Tendenzen zu verstärken, so dass das urbane Dorf abgeschlossener und abgetrennter er-scheint als es tatsächlich ist. Darauf hat Gisela Welz aufmerksam gemacht, die schreibt, »dass das *urban village* für die amerikanische Stadtforschung nicht deswegen so lange seinen bindenden Charakter behielt, weil es ein wichtiges und hervorstechendes sozialräumliches Merkmal der amerikanischen Großstadt ist, sondern vielmehr deswegen, weil es den Forschungsbedürfnissen und -gewohn-heiten der in Großstädten arbeitenden, aber methodisch und theoretisch zumeist auf weniger komplexe Gesellschaften hin ausgerichteten Ethnologen in einzigar-tiger Weise entgegenkam« (Welz 1991, S. 31).

Auffällig ist, dass die ethnowissenschaftliche Stadtforschung von Anfang an dazu tendiert, die Gemeinschaften, die sie untersucht, zu verfremden, »als ›An-dere‹ erscheinen zu lassen«, wie es heute heißt. Bevorzugte Untersuchungsräume sind solche mit einer Spur Andersheit, »a taste of otherness«, wie es James Clifford ausgedrückt hat, und manchmal ist es mehr als bloß eine Spur: Bidonvilles, Favelas, Ghettos, Kolonien und Slums sind ›klassische‹ Felder der Forschung. Untersuchungsobjekte waren (und sind) in der Regel »Ces gens-là«, um es mit dem Titel einer Untersuchung der französischen Ethnologin Colette Pétonnet auszudrücken. Diese Orientierung ›nach unten‹, zu den unterbürgerlichen Schichten, ausschließlich mit wissenschaftlichen Aufträgen oder mit einem Interesse an Herrschaftswissen zu begründen, würde die Vorliebe des Forschers für »andere Räume« verfehlen. Exemplarisch kommt dies in William F. Whytes Ausführungen zu seiner »persönlichen Herkunft« zum Ausdruck, die dieser, sein Forschungsinteresse erläuternd, der zweiten Auflage seiner Studie *Street Corner Society* beigefügt hat:

»Zuhause war mein Leben sehr glücklich und intellektuell anregend gewesen – aber ohne Abenteuer. Ich musste mich um nichts bemühen. Ich kannte eine Menge nette Leute, aber fast alle kamen aus guten soliden Mittelschichtfamilien, wie meine eigene es war. Am College verkehrte ich natürlich mit Studenten und Professoren aus der Mittelschicht. Ich wusste über die Slums ebenso wenig wie über die Goldküste [Anspielung auf die Studie *The Gold Coast and the Slum* (1929) von Harvey W. Zorbaugh, R.L.]. Ich wusste nichts über das Leben in Fabriken, auf Feldern oder in Bergwerken – außer dem, was ich in Büchern gelesen hatte. Allmählich hatte ich das Gefühl, ein ziemlich stumpfer, langweiliger Typ zu sein. Ab und zu wurde das Gefühl so bedrückend, dass mir überhaupt keine Geschichten mehr einfielen [Whyte wollte zu jener Zeit Schriftsteller werden, R.L.]. Ich hatte das Gefühl: Wollte ich wirklich etwas Lesenswertes schreiben, musste ich über die engen sozialen Grenzen hinaus gehen, die meine Existenz bis zu diesem Zeitpunkt bestimmt hatten.« (Whyte 1996, S. 283)

Im Herzen von Eastern City

Zuweilen ist die bildliche Gestaltung und Ausgestaltung einer Monographie aussagekräftiger, was den kulturellen Kontext und die Vorstellungen betrifft, die dem ethnographischen Unternehmen zugrunde liegen, als diese selbst, die häufig methodologisch bereinigt, das heißt interesselos gemacht worden ist. Die Visualisierung macht dem Leser offensichtlicher als der Text ein Verstehensangebot, das die Studie in den Horizont der Zeit stellt. *Street Corner Society* ist dafür ein exemplarisches Beispiel. Der ›Spaghetti-Burger‹, der das Cover der erst 1996 erschienenen deutschen Ausgabe als Sinnbild für die italo-amerikanische Kultur ziert, legt dem Leser eine Lektüre im Zeichen und in Zeiten der multikulturellen Gesellschaft nahe, in denen bekanntlich »Ethnofood« eine im doppelten Sinne identifizierende Rolle spielt. Die 1993 erschienene vierte Edition der amerikanischen Ausgabe zeigt hingegen das Foto eines Protestmarsches zum Bostoner Rathaus im August 1939, der sich gegen die hygienischen Zustände im (nunmehr als Handlungsort offen benannten) North End von Boston richtete. Hält man sich die beiden Einbände vor Augen, kann man kaum glauben, dass es sich um ein und denselben Text handeln soll.

Als ich während meines Studiums zum ersten Mal die Originalausgabe von *Street Corner Society* in Händen hielt, faszinierte mich die Gestaltung des eher an einen Schmöker erinnernden Leineneinbands, auf dem sich vor dunklem Hintergrund holzschnittartig die Umrisse einer Straßenlaterne abzeichneten. Was durch diese Gestaltung suggeriert wurde – Vorstadt, Großstadtnacht, *vice and crime* – versetzte das Buch ins 19. Jahrhundert, in den Kontext der »city by gaslight«-Literatur, deren Prototyp George H. Fosters *New York by Gaslight* (1850) bildete. Das Frappierende an dieser Suggestion ist, dass gerade die Gasbeleuchtung, die doch das Dunkel erhellen soll, es erst eigentlich schafft und damit jene Effekte hervortreibt, die die vom städtischen Raum ausgehende Bedrohung symbolisieren. Erst durch die Gasbeleuchtung nämlich gibt es auch den Schatten, das heißt den vom Licht nicht getroffenen Raum, die dunkle Stelle. Dem Grafiker mag freilich eher die Ikonographie der zeitgenössischen Gang-Filme vorgeschwebt haben, die, wie schon ihr Gattungsbegriff *film noir* besagt, mit Schatten und Zwielicht operierten. Wie auch immer: Eine solche Visualisierung wirft jedenfalls ihren Schatten voraus, stimuliert eine ganz bestimmte Erwartungshaltung, die durch die Eingangspassage bekräftigt wird:

»Im Herzen der ›Eastern City‹ liegt ein Slumviertel, das als ›Cornerville‹ bekannt ist und beinahe ausschließlich von italienischen Einwanderern und ihren Kindern bewohnt wird. Dem Rest der Stadt ist es ein mysteriöses, gefährliches und deprimierendes Gebiet. ›Cornerville‹ liegt nur ein paar Minuten zu Fuß von der eleganten High Street entfernt, doch der Anwohner der High Street, der sich auf diesen Gang begibt, macht eine Passage vom Gewohnten ins Unbekannte.« (Whyte 1958, S. xvii)

Deutlich zeichnet sich hier eine Diskursform ab, die uns zu den Anfängen der Stadtforschung zurückführt: zu den sozialen Entdeckungsreisen mit ihrer *entrance story*, die ihre Dramatik aus der annoncierten Nähe des kategorisch Fremden gewann. Diese Passage, die im Übrigen – ihr Versprechen eines »Walk on the wild side« noch unterstreichend – auch auf dem Schutzumschlag abgedruckt ist, hat eine gewissermaßen filmische Qualität, die den Eröffnungssequenzen entspricht, die von der Übersicht einer Stadt in der Totalen über die spezifischen Lokalitäten (dem eigentlichen Handlungsort) zu den Protagonisten auf der Straße führen. In einem solchen Kontext kommt dem ›Plot‹ besondere

Bedeutung zu. Nicht zufällig ist von »*Eastern* City« die Rede, was nicht nur auf den Osten der Vereinigten Staaten verweist, sondern auch Assoziationen von East London zulässt – und nicht zufällig auch von *Corner*ville, eine Bezeichnung, die einen ganzen Stadtteil mit einem Lebensstil identifiziert, dessen wesentliches Aktionsfeld die Straßenecke bildet. Offensichtlich handelt es sich bei diesen Deckbezeichnungen um die Designation von Schauplätzen, auf denen sich Dramen abspielen werden. William F. Whyte hat sich hier möglicherweise am zeitgenössischen Film orientiert, bei dem die an der Straßenecke zusammenkommenden Jugendlichen in den Slums notorisch sind. Dazu gehört auch der Plot, den laut Norman Denzin soziologische Untersuchungen und *juvenile delinquent films* gegen Ende der 1930er Jahre gemeinsam haben: »gute Jungs, die wegen der Slums zu bösen werden« (Denzin 1992).

Die Entstehung eines Klassikers

In *Tales of the Field* hat John van Maanen in William F. Whytes *Street Corner Society* nicht nur ein Meisterwerk der soziologischen Feldforschung, sondern auch das soziologische Äquivalent zu Bronislaw Malinowskis *Argonauts of the Western Pacific* (1922) gesehen (van Maanen 1988, S. 39). Whyte selbst hat diese Nähe suggeriert, als er in seinen Ausführungen zur Planung seiner Studie erwähnte, dass die ethnologische Literatur, »angefangen mit Malinowski«, seiner Vorstellung näher zu kommen schien als zeitgenössische soziologische Texte. Selbst wer die Einschätzung von van Maanen nicht teilt, kommt kaum umhin, die beiden Studien als Monolithe in der jeweiligen Forschungslandschaft zu sehen. Noch in der verspäteten Übersetzung kommt diese Sonderstellung zum Ausdruck. Beide Werke wurden erst mehr als fünfzig Jahre nach ihrer Erstpublikation ins Deutsche übertragen, wofür es bekanntlich zeithistorische Gründe gibt; beide wurden aber auch nach fünfzig Jahren noch der Übersetzung wert befunden. *Street Corner Society*, 1943 erstmals erschienen und bis heute immer wieder aufgelegt, wurde 1992, zum 50-jährigen Jubiläum, eine Spezialausgabe der Zeitschrift *Journal of Contemporary Ethnography* gewidmet. Wenn es noch eines Beleges bedurft hätte, dass es sich bei dieser Studie um einen Klassiker handelt, dann wäre dieser spätestens mit der Sondernummer erbracht.

Street Corner Society hat zwei, locker miteinander verknüpfte Hauptteile. Man könnte auch von zwei Fallstudien sprechen, bei denen es jeweils um die Analyse der Logik informeller Gruppenprozesse geht, die in der Schlussfolgerung analytisch zusammengeführt werden, um die grundlegenden Elemente, aus denen alle Institutionen von »Cornerville« aufgebaut sind, sichtbar zu machen. Im ersten Teil, »Corner Boys and College Boys«, schildert Whyte das Leben und Treiben von zwei Gruppenkulturen in »Cornerville«, den *Corner Boys*, einer

Abb. 9: William F. Whyte, *Street Corner Society* (1943). Cover der zweiten erweiterten Ausgabe von 1955. Illustration von Kathleen King Whyte.

Clique von zumeist arbeitslosen jungen Männern, und den *College Boys* mit ihrem *Italian Community Club*, dessen Mitglieder den sozialen Aufstieg qua Bildung und Verbindung anstreben. Im zweiten Teil, »Racketeers and Politicians«, geht Whyte auf das *racketeering*, das heißt auf Tätigkeitsbereiche organisierter Kleinkriminalität, die Rolle der Polizei als ›Vermittler‹ und die der Lokalpolitiker ein. Hier, wo es um illegales Glücksspiel, Korruption und Wahlbetrug geht, bewegt sich Whyte in der Tradition des *muckraking*, des Enthüllungsjournalismus, wie sie vor allem durch Lincoln Steffens repräsentiert wird. Dessen Autobiographie beeinflusste Whyte erklärtermaßen mehr als alles andere, was er jemals gelesen hatte (Whyte 1994, S. 34).

Die Studie öffnet den Blick für eine auf informellen Gruppenprozessen beruhende Ordnung, die die bis dato vorherrschende These vom sozial desorganisierten Slum zu Makulatur werden lässt. Weit davon entfernt, ein desorganisiertes Milieu zu bilden, zeigt sich das Leben in Cornerville auf eine ganz spezifische Weise organisiert, nämlich »als eine Hierarchie persönlicher Beziehungen, die auf einem System gegenseitiger Verpflichtungen beruht« (Whyte 1996, S. 276). Mit Blick auf die Ethnologie mediterraner Gesellschaften können wir auch von einer klientelären Organisation sprechen (Giordano 1992). Zu diesem Ergebnis ist Whyte aufgrund von beobachtender Teilnahme an den alltäglichen Aktivitäten gelangt, die ihn zu einem inoffiziellen Mitglied der »Nortons«, der Street Corner Gang und zu einem Bewohner von Cornerville werden lässt. Auf diese Weise leistet *Street Corner Society* einen grundlegenden empirischen Beitrag zur Theorie der informellen Gruppe; daher verwundert es nicht, dass die Studie zu einem Schlüsseltext für die funktionalistische Theorie der sozialen Gruppe von George Caspar Homans wurde. Für Homans entwickelten die Mitglieder der »Nortons« dieselbe Art von »Befehlspyramide [...], wie wir sie in großem Maßstab in geschäftlichen und militärischen Organisationen finden« (Homans 1960, S. 190). In dieser Lesart entpuppt sich die vorgebliche Slum-Studie als Beitrag zu der vor allem während des Zweiten Weltkriegs aufblühenden Organisationssoziologie.[66]

Ihren dauerhaften Ruhm und ihre große Verbreitung verdankt die Studie freilich dem der zweiten, überarbeiteten Ausgabe beigefügten 80-seitigen Appendix über »Die Entstehung von ›Street Corner Society‹«, in dem Whyte Auskunft über sein Vorgehen im Feld gibt:

»Es schien, als gebe es in der akademischen Welt eine Verschwörung des Schweigens, was die persönlichen Erfahrungen der Feldforscher anging. In den meisten Fällen hatten die Autoren, sofern sie sich überhaupt um methodische Fragen kümmerten, nur sehr fragmentarische Informationen niedergelegt oder hatten eine Art Programm formuliert, das anscheinend festhielt, welche Methoden der Feldforschung er eingesetzt haben würde, wenn er beim Betreten des Forschungsfeldes bereits gewusst hätte, was er dort am Ende finden würde. Es war unmöglich, realistische Berichte zu finden, welche die Irrtümer, Unsicherheiten und persönlichen Verwicklungen schilderten, die einem Feldforscher zwangsläufig zustoßen.« (Whyte 1996, S. 358)

Indem Whyte als Erster die Mauer des Schweigens durchbricht, die die persönlichen Erfahrungen des Feldforschers umgibt, dies zumindest als erster auf *programmatische* Weise tut, gewinnt sein Werk den »klassischen« Status, der diese Studie in den Augen von John van Maanen zum soziologischen Gegenstück zu Malinowskis Klassiker *Argonauts of the Western Pacific* gemacht hatte, der diesen Status ebenfalls den methodischen Ausführungen zu den »angemessenen Bedingungen ethnographischer Arbeit« verdankt.

Mit der überarbeiteten Ausgabe wird die Lektüre von *Street Corner Society* auf den Kopf gestellt. Nunmehr beginnt der Leser in der Regel mit dem Anhang, um sich anschließend der eigentlichen Studie zu widmen. Das hat weniger damit zu tun, dass der Anhang Anleitungscharakter hat, als vielmehr damit, dass der Eindruck eines ungeschminkten Berichtes vermittelt wird. Nicht um abstrakte, situationsunabhängige Anweisungen des »how to do it« geht es hier, sondern um die Frage nach der konkreten Felderfahrung, des »what is it like«. Dadurch gewinnt die Studie den »human touch«, der sowohl Forscher als auch Erforschte zu Charakteren aus Fleisch und Blut werden lässt. Der Leser kann nunmehr mit dem jungen Bill Whyte Cornerville entdecken, mit ihm die ersten tapsigen Schritte ins Feld tun, sich bei den Martinis (Orlandos) einquartieren, den Hauptinformanten Ernest (»Doc«) Pecci kennenlernen und sich am Treiben von Docs Gang, den »Nortons«, beteiligen.

Auch was *Street Corner Society* zu einem Meisterwerk der soziologischen Feldforschung macht, lässt sich aus dem Appendix lernen. Es ist das Beiläufige, das Unbeabsichtigte, das Zufällige, das stets ein Kernelement der Feld*erfahrung* bildet (vgl. zum Serendipity-Prinzip: Lindner 1990, S. 221ff). Whyte selber spricht davon, dass er »eines samstagsabends« in seine aufregendste Felderfahrung stolperte. Schon seit längerem hatte er sich an den Bowlingabenden der »Nortons« beteiligt, in der Hoffnung, auf diese Weise eine Position in der Gruppe zu erlangen, die ihm erlaubte, die Mitglieder der Gruppe zu interviewen und bei anderen Gelegenheiten zu beobachten. An diesem Abend erkennt Whyte, dass der Weg das Ziel ist, dass das Bowlingspiel selber die Hierarchie persönlicher Beziehungen und damit die Sozialstruktur der Gruppe am besten abbildet: »Anstatt zu bowlen, um dadurch in der Lage zu sein, etwas anderes zu beobachten, hätte ich bowlen sollen, um Bowling zu beobachten. Ich lernte so, dass die

Alltagsroutine dieser Männer das wahre Grundlagenmaterial meiner Studie war.«
(Whyte 1996, S. 321)

Die durch den Appendix ermöglichte nachvollziehende, ›mimetische‹ Lektüre setzt sich endgültig in den 1960er Jahren durch, in deren Verlauf auch die funktionalistische Lesart von der interaktionistischen abgelöst wird. Nicht von ungefähr handelt John Madge *Street Corner Society* in seinen *Origins of Scientific Sociology* (1962) unter der Kapitelüberschrift »The Studies of Subcultures« ab. Jetzt geht es nicht mehr in erster Linie um Erforschung von *Kleingruppen* als differenzielle Organisationssysteme, sondern um *Subkulturforschung*, in deren Mittelpunkt die »Street Corner Culture« steht. In dieser Perspektive erscheint das Settlement als eine Institution, die die Werte der *White Anglo-Saxon Protestants* an die Immigranten zu vermitteln sucht, der gegenüber die *street corner culture* mit ihrem Hedonismus und ihrer Alltagssolidarität zum Ausdruck eines vom dominanten Wertesystem abweichenden Subsystems wird. In der Gegenüberstellung von aufstiegsorientierten *college boys* mit ihrer »Ökonomie des Sparens und Investierens« und den hedonistischen *corner boys* mit ihrer »Ökonomie des Ausgebens« nimmt dieser kulturelle Antagonismus von »Gruppenloyalität versus sozialer Mobilität« seine klassische Gestalt an. Er findet später Widerhall in Herbert Gans' Unterscheidung von objektorientiertem und subjekt- beziehungsweise personenorientiertem Verhalten sowie in der Gegenüberstellung von »routine seeker« und »action seeker« als alternative Muster der Lebensführung (Gans 1965).[67] Noch in Paul Willis' Unterscheidung der Schulgruppen in brave »ear' oles« und rüpelhafte »lads«, die er in seiner mittlerweile klassisch zu nennenden Ethnographie *How Working Class Kids Get Working Class Jobs* trifft, tritt dieser kulturelle Antagonismus als analytisches Leitprinzip zutage (Willis 1979).[68]

Auch in einer deutschen Studie der späten 1950er Jahre, die sich *Street Corner Society* zum Vorbild nimmt, nämlich Christel Bals' *Halbstarke unter sich*[69], treffen wir diesen Antagonismus an. Bals, die das Verhalten von männlichen Jugendlichen in einem Vorort einer westdeutschen Großstadt (Köln) untersucht, geht in ihrer Studie der Frage nach, ob »es möglich ist, die jugendlichen Banden in ihrer Gesamtheit ins Heim der Offenen Tür zu ziehen, um dort Einfluss auf die Gruppennormen zu gewinnen, damit diese in Richtung auf das Wertsystem der Gesamtgesellschaft gelenkt werden« (Bals 1962, S. 18). Dieses Ziel entspricht dem der Settlementarbeit. Die »Heime der Offenen Tür«, die in den frühen 1950er Jahren gegründet wurden, erinnern auch insofern an die Jugendklubs im Rahmen der Settlementbewegung, als ihnen obliegt, so genannte Problemjugendliche ›von der Straße zu holen‹ und, wie es in den Richtlinien für die Arbeit der Heime der Offenen Tür heißt, »für das Gute, Wahre und Schöne in der ihnen zugänglichen Weise empfänglich [zu machen]« (zit. n. Bals 1962, S. 22). Bals, deren Arbeit von René König, dem Chicago-orientiertesten unter den westdeutschen Soziologen der Nachkriegszeit, betreut wurde, folgt in ihrem Vorgehen dem Chicagoer Vorbild, indem sie in der Rolle einer Heimleiterin die Jugendlichen teilnehmend beobachtet.[70] Die Analogien zu Whytes *Street Corner Society* sind verblüffend: Auch in Bals Untersuchungsgruppe gibt es einen Doc, nämlich »Männe«, an dem, wie es ein anderer Heimleiter formuliert, »ein Rechtsanwalt verlorengegangen ist«; es gibt ein Funktionsäquivalent zum Kegeln, nämlich das Skatspielen, bei dem in ähnlicher Weise der Zusammenhang zwischen Gruppenaktivitäten und Führungsrollen zu beobachten ist (ebd., S. 95), und, ebenso wie Whyte, gelangt Bals zu einem Diagramm, aus dem die hierarchische Struktur der Gruppierungen und ihrer Mitglieder hervorgeht (ebd., S. 57).

Auch für die Heimjugend gilt die *spending economy* als normative Orientierung: »Wer sparsam ist, wird ausgelacht, weil es sich um eine Tugend der Mittelklasse handelt.« (Ebd., S. 130) Die *economy of saving* ist wiederum charakteristisch für die Jugend der evangelischen Gemeinde, die ihre Räume im gleichen Haus hat. Während die Heimjugend vornehmlich aus der (ungelernten) Arbeiterschaft kommt, und zwar zu rund 80 Prozent, stammt die Gemeindejugend vor allem aus Angestellten- und Beamtenfamilien. Selbst für die wenigen Mitglieder mit Arbeiterhintergrund dient die Mittelklasse als Bezugsgruppe. Konsequenterweise gilt die »O.T.-Jugend« (Jugend der Offenen Tür) den Gemeindejugendlichen als »Pack« und »Gesocks«. Der von Whyte festgestellte kulturelle Antagonismus von »Gruppenloyalität versus soziale Mobilität« ist auch hier wirksam: »Spielt für die O.T.-Jugend die Gesamtgruppe eine entscheidende Rolle, der gegebenenfalls auch Einzelinteressen sich unterordnen (›Das geht doch nicht, wo man sich so gut kennt‹), so überwiegt in der Gemeindejugend die individuelle Note.« (Ebd., S. 179) Wir haben hier also einen deutschen Beitrag zur Kleingruppenforschung in der Tradition von Whytes Studie vor uns, der in seinen Befunden erstaunliche Parallelen zu *Street Corner Society* aufweist:

»Whyte beschreibt das Verhältnis der Nortons zum Settlement House von Cornerville. Die dort beschäftigten social workers waren Angehörige der Mittelschicht. Schon dadurch bestand eine Kluft zwischen ihnen und den corner boys. Dasselbe Problem ist, wie wir bei der Darstellung der Position der Heimleiter zu zeigen versuchten, im Heim der Offenen Tür aktuell [...] Wer das Vertrauen einer Gang gewinnen will – und nur auf diese Weise ist es möglich, auf eine Änderung der Normen hinzuarbeiten – muss die Normen bis zu einem gewissen Grad anerkennen und dies durch sein Verhalten erkennen lassen.« (Ebd., S. 203f.)

»Indem man von den gruppenspezifischen Merkmalen ausgeht und das Programm an ihnen ausrichtet, ergibt sich die Möglichkeit, das abweichende Verhalten in Richtung auf das Wertsystem der Gesamtgesellschaft zu lenken.« (Ebd., S. 211)

»A Touch of Colour«

Nach Ansicht der Herausgeber des *Journal of Contemporary Ethnography* sind es fünf Charakteristika, die *Street Corner Society* zu einem Klassiker der soziologischen Forschung machen: Erstens stellt die Studie eine grundlegende Demonstration der Methode der teilnehmenden Beobachtung dar. Zweitens bildet der methodologische Appendix, der der zweiten Ausgabe hinzugefügt wurde, bis heute eines der bedeutendsten Statements über die Arbeit im Feld – *what it is like*. Drittens ist die Studie einer der wichtigsten Beiträge zur Kleingruppensoziologie. Viertens war sie durch ihren narrativen Stil und ihren Fokus »auf echte Menschen auf einem echten Schauplatz« wegweisend für eine konkrete Mikrosoziologie, und fünftens ist die Studie ein Klassiker der Gemeindesoziologie.

Aber *Street Corner Society* ist offensichtlich noch mehr: »Hier ist Phantasie am Werk«, wie Susan Krieger (1984) angesichts der Erzählpraktiken feststellt. Die Anonymisierung des Untersuchungsortes als *Cornerville*, die fiktiven Namen für Gang-Mitglieder und Racketeers, obwohl gedacht als Schutz der Informanten, machen das Buch zu einem Drama. *Street Corner Society* ist eine *Story* mit ihren eigenen Helden, mit Bill Whyte, dem 22-jährigen *postgraduate*, mit Ernest »Doc« Pecci, Bill Whytes Hauptinformanten mit »half a brain« (Pecci), mit Angelo Ralph Orlandella, genannt Sam Franco, mit Nutsy und Danny, mit Frank Bonelli, Chick Morelli und Tom Scala, Helden, die dem Leser in Erinnerung bleiben wie die *screen heroes* in den zeitgenössischen Gangsterfilmen mit ihren jugendlichen Delinquenten: Filme wie *Dead End*, *Tough Guys* oder *Knock On Any Door* mit Darstellern wie James Cagney, Mickey Rooney, Humphrey Bogart und anderen mehr. William F. Whyte hat die Gangs von Doc und Chick so unsterblich gemacht wie *Dead End* die Gang von Mickey Rooney. Vielleicht macht diese Analogie zwischen »Street Corner«-Studie und Hollywood-Film die Faszination des Milieus für Forscher wie Leser verständlicher. Jedenfalls scheint sie dazu beigetragen zu haben, dass *Street Corner Society* wie *Der Pate* von Scorcese zum Bestandteil der Folklore der Italo-Amerikaner geworden ist.

Eine andere Geschichte verspricht uns der von William F. Whytes Frau Kathleen gestaltete Schutzumschlag der Originalausgabe (vgl. K. Whyte 1993).

Er zeigt eine ›typische‹ Straßenszenerie im *Tenement*-Distrikt: Menschen, die an den Fenstern der Mietshäuser ›hängen‹ und das Straßenleben beobachten; Männer, die in einer kleinen Gruppe an der Straßenecke stehen und palavern. Das Ganze vermittelt den Eindruck einer graphischen Umsetzung der anonymisierenden Bezeichnung von Bostons North End, »*Corner*ville«. Schon Jacob Riis betonte 1890 in *How the Other Half Lives*, dass sich das Interesse des Beobachters am italienischen Viertel nicht, wie bei den anderen Bevölkerungsgruppen, auf die skandalösen Wohnverhältnissen in den Mietshäusern konzentriert, »sondern auf die Menge, die von den Häusern nur beherbergt werden, wenn man nicht der Straße Vorzug gibt – und das ist beim Italiener nur dann der Fall, wenn es regnet oder wenn er krank ist. Wenn die Sonne scheint, begibt sich die gesamte Bevölkerung auf die Straße und verlegt die Hausarbeit, das Feilschen, die Liebesszenen auf die Straße oder den Gehweg, oder man hängt dort einfach herum, falls man gerade nichts Besseres zu tun hat.« (Riis 1971, S. 49f.) Indem die italienische Präsenz die »alten Mietshäuser des unromantischen Typs« (Riis) romantisiert, bringt uns die Zeichnung von Kathleen Whyte die Faszination näher, die gerade das italienische Viertel auf ihren Mann, den *White Anglo-Saxon Protestant*, ausstrahlte. »Im individualisierten protestantischen Raum bleibt die Unterscheidung von innen und außen, Straße und Haus aufrechterhalten, die für die nordeuropäischen Städte typisch ist, denen das Straßenleben abgeht. Sie stehen in einem Gegensatz zum familiären katholischen Raum, wo die Verhäuslichung des öffentlichen Raumes so offenkundig ist«, schreibt der Kulturanthropologe Donald Pitkin (1993, S. 100). Pitkin behauptet eine historisch sedimentierte Verbindung zwischen etablierten Glaubensinstitutionen, Struktur der Persönlichkeit und gebauter Form; im italienischen Kontext wirkt sich diese Verbindung dahingehend aus, dass die Leute die Straßen als ihre nach außen verlegten Wohnungen ansehen (ebd., S. 95). Der Küchenstuhl auf dem Trottoir bildet dafür das Sinnbild.

»Kann man sich Straßenszenen ohne Italiener vorstellen?«, fragt Jonathan Schwartz rhetorisch und folgert, dass die Stadtsoziologie in den Vereinigten Staaten die italienischen Immigranten als Sinnbild für die »street corner society« brauchten (Schwartz 1991, S. 15). Drei Meilensteine der ethnographischen Erforschung des italienischen Viertels in nordamerikanischen Großstädten sieht Schwartz, die zugleich drei Meilensteine der *urban sociology* bilden: Harvey W. Zorbaugh, *The Gold Coast and the Slum* (1929), William F. Whyte, *Street Corner Society* (1943), und Herbert J. Gans, *The Urban Villagers* (1962). Sie alle, so Schwartz, unterstreichen das Fortbestehen der italienischen Dorfkultur in den amerikanischen Großstädten (Schwartz 1991, S. 19). Italienische Dorfkultur, das bedeutet in den Augen des Betrachters vor allem die nahezu uneingeschränkte Öffentlichkeit des Alltagslebens. In der Typologie des *urban imagery* bilden die Italiener die Bevölkerungsgruppe, deren Leben sich recht eigentlich auf der Straße abspielt und damit dem Leben im *slum* eine ästhetische Qualität – »a touch of colour« – verleiht, die an ein sizilianisches Dorf erinnert. In diesem Zusammenhang gewinnt die Überlegung von der Transplantation des sizilianischen Dorfes qua Kettenmigration eine imaginäre Dimension. Mit den Menschen, ihrer Sprache, ihrer Kleidung und ihren Bräuchen verlagert sich in der Vorstellungswelt die ganze Szenerie des sizilianischen Dorfes in die US-amerikanische Metropole. Was die Ethnographen in *Little Italy* oder *Little Sicily* suchen und selbstverständlich finden, ist eben das, was auch die Italienreisenden des 19. Jahrhunderts gesucht und gefunden haben: ihr Arkadien, ihre pastorale Idylle, mit einfachen, aber glücklichen und liebenswerten Menschen, denen eine lebhafte Gebärdensprache, eine mediterrane Überschwänglichkeit eigen ist. Die italienische Kultur erscheint in diesem Kontext als eine zutiefst performative Kultur. Nichts ist pittoresker als das Patronatsfest in *Little Italy* oder *Little Sicily*. Auch Harvey W. Zorbaugh hat diese Vorstellungen augenscheinlich geteilt, wie dieser Ausschnitt aus seiner Beschreibung der *festa* bezeugt:

»Das alljährliche Fest ist das große Ereignis des Jahres. Nur Ostern ist wichtiger. Die für das Fest verantwortliche Gruppe schlägt Plakate an, die Datum und Programm ankündigen, und arrangiert über ihre Komitees die Details der Feierlichkeiten. Lampions mit elektrischem Licht werden über die Straße gehängt, Lizenzen für Straßenstände vergeben, Musikgruppen engagiert, Bühnen aufgebaut und die Kirche wird für eine besondere Messe und die Dienste des Pfarrers, der die Prozession anführt, bezahlt. Die gesamte Gemeinde beteiligt sich auf irgendeine Weise, doch diejenigen, die aus dem Dorf kommen, dessen Patron geehrt wird, erledigen die kunstvollsten Vorbereitungen bei sich zuhause. […] Wer im letzten Jahr krank geworden ist oder sich verletzt hat, kauft Wachsfiguren der betroffenen Körperteile – Beine, Hände, Brust usw. – und trägt sie bei der Prozession mit sich. Andere tragen lange Kerzen mit Papierbändern, an denen ein Angehöriger der Bruderschaft, der auf dem Schrein getragen wird, Geld befestigt und dabei die Menge zum Geben ermahnt. Etwa alle dreißig Meter wird der Schrein auf die Straße hinuntergelassen, woraufhin kleine Kinder entkleidet werden und man ihre Kleider als Gaben zurücklässt, und sie werden nach oben gehoben, um die Lippen des Heiligen zu küssen. Manchmal trägt man auf dem Schrein ein blindes oder gelähmtes Kind in der Hoffnung auf eine Wunderheilung. Der Höhepunkt ist der Flug der Engel. Der Schrein wird vor der Kirche mitten auf die Straße gestellt und zwei Kinder werden von starken Seilen heruntergelassen, so dass sie gerade über der Heiligenfigur schweben, wo sie hin und her schwingen und dabei ein langes Gebet singen.« (Zorbaugh 1983 [1929], S. 167f.)

Noch deutlicher als diese lebendige Beschreibung zeugen Fotos aus einer kleinen, aus dem »Little Sicily« von Chicago stammenden Sammlung vom Interesse am Pittoresken. Die Fotos sind im Archiv der *University of Chicago Press* deponiert und waren möglicherweise zur Bebilderung von *The Gold Coast and the Slum* gedacht. Aus den Unterlagen geht leider nicht hervor, ob die Aufnahmen von Zorbaugh selbst gemacht worden sind, aber ganz offensichtlich stammen sie von einem Amateurfotografen. Auf einem Foto sehen wir die unvermeidliche *festa* (schon bei Riis das einzige Motiv, das nicht ins Elendsszenarium passte), auf einem andern, laut Legende »eine Straßenszene in Klein-Sizilien«, mit einer Kinderschar, die fröhlich mit einem Handkarren durchs Viertel zieht. Ein drittes Foto, den Konventionen eines Madonnenbildes folgend, zeigt »eine sizilianische Mutter«, die ihr Baby auf dem Arm trägt. Auf zwei weiteren Fotos der Sammlung ist ein »Troubadour der neuen Welt« (so die Bildlegende) abgebildet, offensichtlich ein *specimen* aus der sizilianischen Gemeinde, die Zorbaugh untersucht hatte. Diese beiden Bilder, die an Genrefotos des 19. Jahrhunderts erinnern, sind insofern besonders interessant, als der Mandoline spielende Troubadour vor einem Bücherschrank abgelichtet ist, der, wie die Rückenmarkierungen zeigen, Bibliotheksbände enthält. Es ist zu vermuten, dass Zorbaugh seinen »Troubadour« mit ins soziologische Institut gebracht hat.

Die Fotos zeigen, mehr als der eigentliche Text, welche Bilder Zorbaugh bei seiner Forschung begleitet haben. Gegen das Klischee vom singenden Italiener (und andere ähnlich gelagerte Bilder) versuchte ein Autor anzugehen, dessen Bestseller *The Godfather* oder besser: die Verfilmung des Buches, selber ganz entscheidend das Bild der *italian community* in den Vereinigten Staaten geprägt hat. In einer autobiographischen Skizze schreibt der italo-amerikanische Schriftsteller und Drehbuchautor Mario Puzo:

> »Während meiner Kindheit und Jugend im Herzen des Neapolitanischen Ghettos von New York habe ich nie einen Italiener singen gehört. Keiner der Erwachsenen, die ich kannte, war charmant, liebevoll oder verständnisvoll. Viel eher schienen sie mir grob, vulgär und beleidigend. Als mir in meinem späteren Leben all die Klischees von den sympathischen, singenden, sorglosen Italienern begegneten, fragte ich mich, wo zur Hölle die Filmemacher und Geschichtenschreiber ihre ganzen Ideen hernahmen.« (Puzo, zit. n. Schwartz 1991, S. 28)

Aber selbst in Puzos ›dekonstruktivistischem‹ Roman spielt ein »singender Italiener« eine tragende Rolle und straft damit seine Aussagen in gewisser Weise Lüge: Johnny Fontane, der offensichtlich Frank Sinatra nachgebildet ist. Dass Frank Sinatra wiederum bei Herbert Gans als populäre Gestalt der italienischen Gemeinschaft in Boston geschildert wird, zeigt, wie wirklichkeitsmächtig das Klischee vom italienischen Troubadour ist.

Jahrzehntelang prägten die von Puzo kritisierten Klischees das Bild vom italienischen Einwandererviertel, und diese Klischees bestimmten auch die Wahl des Viertels als Ort ethnographischer Forschung entscheidend mit.[71] Von den

Chicagoer Anfängen in den 1920er Jahren bis in die späten 1950er Jahre ist die ethnographische Erforschung urbaner Dörfer nahezu identisch mit der Erforschung von *Little Italy* oder *Little Sicily*, mit Ausnahme vielleicht des als Shtetl imaginierten jüdischen New York, mit Hester Street als vibrierendem Zentrum. Dabei zeigt sich, dass diese Präferenz nicht nur durch die Kleinräumigkeit bedingt ist, die bei der ethnographischen Feldforschung eine so entscheidende Rolle spielt. Mit »Dorf« ist hier vielmehr eine Siedlungsform gemeint, die durch *face-to-face*-Beziehungen charakterisiert ist, Beziehungen, von denen angenommen wird, dass sie das Leben »menschlicher« machen:

»Der Geist des *campanilismo*, der Loyalität gegenüber den *paesani*, ist ein weiterer Charakterzug des Sizilianers, der bei seinen Versuchen, sich dem Stadtleben anzupassen, von Bedeutung ist. [...] Der Geist des *campanilismo*, also das Leben unter dem eigenen Kirchturm, die eifersüchtige Loyalität gegenüber den *paesani*, den anderen Dorfbewohnern, schränkt das soziale, religiöse und geschäftliche Leben des Sizilianers ein. Die soziale Kontrolle im Dorf funktioniert im Wesentlichen über Tratsch und Gerüchte – es sollte einem nicht passieren, dass man *sparlata* ist, dass über einen schlecht geredet wird. Die alten Männer nehmen darüber hinaus im Leben von Familie und Dorf eine respektierte und einflussreiche Rolle ein.« (Zorbaugh 1983 [1929], S. 162)

Dass das italienische Viertel gewissermaßen als pars pro toto für das urbane Dorf genommen wird, liegt daran, dass es das *urban pastoral* schlechthin darstellt, ein Idyll, das aufgrund seines öffentlichen Charakters den unschätzbaren Vorteil besitzt, unmittelbar zugänglich zu sein: »Die Italiener repräsentierten und manifestierten ihre ›Andersheit‹ auf so lebhafte Weise, dass sie immerfort altbekannt *und* fremdartig zugleich sein konnten.« (Schwartz 1991, S. 24) Auf der Skala der Slum-Reports repräsentiert *Little Italy* daher das ästhetische Potenzial städtischer Armut.

Urban Village: Abschied von der Rhetorik des Slums

Eine der Einwände, die W.A. Marianne Boelen in ihrer harschen Kritik an *Street Corner Society* gegenüber William F. Whyte erhoben hat, bezog sich auf die Verwendung des Terminus »slum« als Bezeichnung für das italienische Viertel im Bostoner Nordend. Dass sich Bewohner durch dieses Etikett verletzt fühlten, ist nach allem, was wir bislang erfahren haben, leicht nachzuvollziehen: »Die Bewohner von Cornerville assoziierten das Wort ›Slum‹ mit Schmutz, Dreck, Ungezieferbefall, Krankheit, Seuchen und vor allem mit Verbrechen und einem

Unterschlupf für Verbrecher, was in ihrer Gegend alles nicht anzutreffen war.«
(Boelen 1992, S. 39) Zwar war Whytes Botschaft unmissverständlich: »Hier in
Cornerville gab es Ordnung, Ehre, Würde und Stolz.« (Denzin 1992, S. 122)
Aber dennoch bleibt der pejorative Assoziationshof des Begriffs, der eine he-
runtergekommene Bausubstanz mit der Vorstellung einer »verkommenen« Be-
völkerung verbindet.

Begrifflich hatte sich Whyte noch nicht vom 19. Jahrhundert verabschiedet.
Ein solcher Abschied vollzieht sich erst gegen Ende der 1950er, Anfang der
1960er Jahre, als Konzepte wie »neighbourhood« oder »community« die Beschreibung der Wohngebiete der städtischen Armen als »slums« oder »disorga-
nized areas« ersetzte: »Im großen Ganzen vollzog sich der Übergang in Richtung
einer symbolischen Rehabilitierung der Menschen ganz unten.« (Topalov 2000,
S. 34)

Herbert Gans hat, indem er den an ein Pastorale erinnernden Begriff des *urban village* zur Bezeichnung der Wohngebiete städtischer Migranten einführte,
entschieden zu dieser Rehabilitation beigetragen. Der Begriff verwies, wie Gans
in seiner ersten Fußnote anmerkt, auf die Qualität des gesellschaftlichen Lebens.
»Mir gefällt der Lärm, den Menschen machen«, lässt Gans einen seiner Informanten sagen: »Im Sommer lassen die Leute ihre Fenster offen. Jeder kann jeden
hören, aber niemand schert sich um das, was die anderen sagen; man lässt seine
Nachbarn in Ruhe.« (Gans 1965, S. 21) Dieses Idyll wird von Gans als Ausdruck
einer Lebensweise gedeutet, die durch ein unstillbares Bedürfnis nach Gruppen-
erfahrung charakterisiert ist: »Da sie [die Westenders, R.L.] wie die meisten
Menschen aus der Arbeiterklasse nur Verwandte und enge Freunde in die eigene
Wohnung einladen, fand ein Großteil des übrigen geselligen Lebens auf der
Straße statt. Im West End war es eine beliebte Freizeitbeschäftigung, diesem
Treiben aus dem Fenster zuzuschauen – die Ellbogen auf ein Kissen gestützt.«
(Ebd.)

In mehrfacher Hinsicht ist Gans' Arbeit eine Antwort auf Whytes Studie, ein
reflektierter Kommentar: »Das West End war außerdem (als Untersuchungsgebiet) attraktiv, weil es an das North End angrenzt, das in William F. Whytes
Klassiker *Street Corner Society* beschrieben wird«, schreibt Gans in seinem dem
Vorbild von Whyte folgenden methodologischen Appendix. »Nicht genug damit,
dass mein Vorhaben von einigen derselben Werte ausging, die seine Forschung
anleiteten, auch mein Glaube an die Wünsch- und Machbarkeit des Projektes
wurde von seinem Buch sowie von den detaillierten Beschreibungen seiner Vorgehensweise gestärkt.« (Ebd., S. 337) Indem er sich in diese Tradition mit Whyte
als Vorläufer stellt, werden zugleich die Unterschiede zwischen beiden Untersu-

chungen deutlich. Der wichtigste ist sicherlich der, dass Gans von vornherein die »Rhetorik des Slum« (Schwartz) ablehnt, womit sich die Stadtforschung *rhetorisch* vom 19. Jahrhundert verabschiedet. Damit aufs engste verbunden ist die unterschiedliche Einschätzung der Rolle des Settlement. Wie wir gesehen haben, bilden *slum* und *settlement* zwei Seiten eines Diskurses, die nicht unabhängig voneinander zu denken sind. Daher hat Robert Park darauf insistiert, dass der Soziologe nicht *mit*, sondern *über* das Settlement arbeiten sollte, wenn er ein Soziologe sein will. William F. Whyte befindet sich mit seiner ambivalenten Haltung der Institution gegenüber, in der er, Doc zitierend, eine historisch notwendige Übergangseinrichtung sieht (»Sie haben gute Arbeit geleistet, aber jetzt […] sollten sie das Netz abziehen und uns losfliegen lassen.«), auf halbem Wege. Währenddessen erfüllt Gans Parks Forderung nach einer Soziologie des Settlement (die die Settlement-Soziologie ablöst), insofern er in den Mitarbeitern des Settlement Missionare aus der Mittelschicht sieht, die ihre Klienten zur Übernahme ihrer eigenen Handlungsweisen und Wertvorstellungen bringen wollen (vgl. Gans 1965, Kapitel 7). Gans' Verzicht auf einen fiktiven Namen für seinen Untersuchungsort macht ebenfalls einen nicht unerheblichen Unterschied zu Whyte aus, der mit der Bezeichnung »Cornerville« bereits zu einer bestimmten Lesart einlädt. Diese Lesart wird noch dadurch verstärkt, dass Whytes Vorgehen »straßenzentriert« ist, während bei Gans der informelle Besuch unter Nachbarn eine nicht unerhebliche Rolle als kommunikative Quelle bildet. Symptomatisch dafür ist ein Foto aus *The Urban Villagers*, das den Autor, wenn auch als Randseiter, im geselligen Kreis seiner Freunde aus dem West End zeigt – übrigens offensichtlich in der Wohnküche, die für Gans das Zentrum sozialer Aktivitäten im Verwandten- und Freundeskreis bildete. Ein entsprechendes Bild von Whyte hätte ihn wohl gemeinsam mit den »Nortons« auf der Bowlingbahn zeigen müssen.

Von Anfang an macht Gans keinen Hehl aus seinen Sympathien – für ihn verzerrt die Mittelschichtsperspektive der Stadtplaner die Wahrnehmung der anderen Lebensweise, die primär an sozialen Qualitäten, nicht an materiellen Standards orientiert ist:

»Ich wollte die Lebensweise einer einkommensschwachen Bevölkerungsgruppe untersuchen, weil die Planer und Verwalter (*caretakers*) voraussetzen, dass diese Lebensweise lediglich eine abweichende Ausprägung der Lebensweise der dominanten amerikanischen Mittelschicht ist, die zumindest teilweise der Entbehrung und dem fehlendem Zugang zu den verbesserten Lebensumständen und anderen Angeboten geschuldet ist, die eben diese Berufsgruppen zur Verfügung stellen […]. [Doch] es war nicht so, dass die Bewohner des West End vergeblich nach den Werten der Mittelschicht strebten. Ihre Lebensweise machte eine distinkte und unabhängige Subkultur der Arbeiterklasse aus, die kaum an die Mittelschicht erinnerte. Deshalb kam ich zu der Schlussfolgerung, dass die Planer und Verwalter die Verhaltensmuster und Werte der Subkultur der Arbeiterklasse verstehen und berücksichtigen sollten.« (Gans 1965, S. x)

Von Oktober 1957 bis Mai 1958 lebte Gans im Westend von Boston, einem innenstadtnahen Altbaugebiet, das flächensaniert werden sollte. Seine erste Begegnung mit dem Viertel hat den charakteristischen romantischen Unterton (»Die hohen Gebäude an engen, gekrümmten Straßen, die italienischen und jüdischen Restaurants und Lebensmittelgeschäfte, die Vielfalt der Menschen, die bei gutem Wetter die Straßen bevölkerten – sie alle gaben der Gegend einen fremden und exotischen Geschmack«), obwohl er diesen einige Seiten später selbst wieder zurücknimmt (»Das West End war keine bezaubernde Nachbarschaft ›edler Bauern‹ mit exotischer Lebensweise«), immer bemüht bei aller Sympathie sachlich zu bleiben (ebd., S. 11 und 16). Die Bevölkerung des Westend war ethnisch gemischt, aber fast 50 Prozent der Anwohner waren italienischer Herkunft. Diese Italo-Amerikaner vorwiegend zweiter Generation bildeten die eigentliche Untersuchungsgruppe von Gans. Den Zugang zu dieser Gruppe zu finden war nicht leicht, nicht wegen unterschiedlicher ethnischer Herkunft, sondern aufgrund des unterschiedlichen sozialen Status, der den Bewohnern vom Westend nahe legte, Gans zunächst den anderen Angehörigen der Mittelschicht, den Stadtplanern und Sozialarbeitern zuzuschlagen. Erst über nachbarliche Kontakte gelang es Gans und seiner Frau Zugang zu den Menschen (und damit Zugang zur ›Datenquelle‹) zu gewinnen. Gans' eigentliches Untersuchungsziel war es, die Lebensweise der italo-amerikanischen Bevölkerung des Westend als eine eigenständige Kulturform, als Subkultur, zu beschreiben. In dieser Hinsicht erweist sich Gans stark durch den zeitgenössischen Diskurs über *subculture* und *working class culture* beeinflusst, wie vor allem der durchgehende Bezug auf Walter B. Miller und seine Untersuchung der Kultur der Unterschicht (1958) sowie auf Richard Hoggarts Analyse der Arbeiterkultur im England der Zwischenkriegszeit (1957) zeigt.

Gans charakterisiert die Lebensweise der Italo-Amerikaner im Westend als die einer *peer group society*. Die Peer Group, die Gruppe der Altersgleichen, erscheint hier als ein durchgängiges Organisationsprinzip weit jenseits der Adoleszenz, das das Leben der Westender von der Geburt bis zum Tod bestimmt. Im Unterschied zum sonst üblichen Verständnis von Peer Group steht diese nicht im Kontrast zum Familienleben, im Gegenteil, im Erwachsenenleben wird die Familie zu deren wichtigster Komponente. Die Peer Group ist der Ausgangs- und Bezugspunkt aller anderen Aktivitäten, sowohl im Hinblick auf die weitere *community* als auch in Bezug auf die Außenwelt, also in Bezug auf die Institutionen innerhalb und außerhalb von Boston, die auf das Leben der Peer Group einwirken. Die Peer Group bildet die Arena, in der sich der Einzelne entfalten oder besser: im performativen Sinne ›ausdrücken‹ kann. Aber sie ist eben zugleich eine Arena, das heißt ein begrenzter und begrenzender Platz: »Zusammenfassend lässt sich sagen, dass die sozialen Beziehungen in der *Peer Group* einem engen Pfad zwischen individualistischer Darstellung und streng durchgesetzter sozialer Kontrolle folgen. Die Gruppe gibt ihren Mitgliedern die Möglichkeit, ihre Individualität darzustellen, auszudrücken und auszuagieren, solange dies nicht zu extrem wird.« (Gans 1965, S. 88)

Um das Verhältnis von Gruppe und Individuum zu verdeutlichen, unterscheidet Gans zwei Modalitäten individuellen Verhaltens – das objektorientierte und das personenorientierte Handeln. Der objektorientierte Individualismus strebt »Objekte« jeglicher Art an, seien diese nun materieller, ideeller, kultureller oder sozialer Art, wie zum Beispiel Status. Der personenorientierte Individualismus strebt Anerkennung an, und zwar in der Gruppe, der die Person angehört: »Hier ist das vorrangige Bestreben der Wunsch, eine Person in einer Gruppe zu sein; von den Mitgliedern einer Gruppe gemocht und anerkannt zu werden, die man selbst wiederum mag und anerkennt.« (Ebd., S. 90) Der typische Westender ist für Gans personenorientiert; er strebt nicht nach allgemeinen Statussymbolen, sondern will als Person innerhalb seiner Gruppe ›glänzen‹. Wie schon weiter oben angedeutet entspricht diese Unterscheidung dem kulturellen Antagonismus von Gruppenloyalität versus Aufstiegsorientierung, den Whyte als das dichotomische Prinzip festgestellt hat, das das Verhältnis von *corner boys* und *college boys* bestimmt.

Freilich zeigt sich, dass diese Dichotomie auf höherer Ebene nicht mehr gilt; man könnte vielmehr das Prinzip »Aufstieg qua Gruppenloyalität« und das heißt: Aufstieg qua personenorientiertem Handeln formulieren. Das personenorientierte Handeln wird als Richtschnur auch an die Politiker angelegt, die, wollen sie bei ihrer Objektorientierung reüssieren, sich personenorientiert präsentieren und sich jederzeit der *peer group society* verpflichtet zeigen müssen. Indem sie sich der »Familie« gegenüber loyal zeigen, erhalten sie sich die Loyalität der »Familie«. Ähnliches haben wir schon bei dem – auch in der Studie von Herbert Gans eine Rolle spielenden – *college boy* Chick Morelli gesehen, der seine Objektorientierung (Status) mit personenorientierten Mitteln betreibt.

Auch Angehörige der Mittelschicht sind also durchaus personenorientiert, aber sie sind es auf andere Weise. Der größte Unterschied besteht dahingehend, dass bei den Westendern Personenorientierung auf der engen Verbindung mit dem Familienkreis und der *peer group* beruht, die das Individuum sein Leben lang aufrecht erhält, während der Mittelklassen-Angehörige flexibler in seiner Personenorientierung ist, einen weiteren Kreis an Personen und Gruppen einbezieht und sich auch von diesen wieder ohne ernste Verlustgefühle trennen kann. Für Gans gibt es nur eine Gruppe, die ausgesprochen objektorientiert ist, und das sind die Angehörigen der *professions*. Als Propagandisten eines bestimmten Lebensstils setzen sie Objektorientierung mit (Mittelklassen-)Kultur gleich und betonen die Bedeutung von kultureller Leistung, Selbstentfaltung und Geschäftigkeit als Selbstzweck: »Diese Objektorientierung findet sich nicht nur in den Zielvorstellungen des Settlement und der öffentlichen Bibliotheken, […] sondern auch bei den öffentlichen Erholungseinrichtungen, der Gemeindezentrenbewegung, den öffentlichen Bildungsreinrichtungen, der Erwachsenenbildung, bei der *mental health* und der *good government*-Bewegung und bei einer Vielzahl anderer öffentlicher, halböffentlicher und philanthropischer Bestrebungen.« (Gans 1965, S. 261) Kurz, bei allen Einrichtungen, die Gans als *caretakers* bezeichnet. Deren Rezeptur zur Verbesserung der individuellen Lebensqualität verlangt von den Westendern als Vorleistung die Aufgabe ihrer eigenen Handlungsweisen und Wertvorstellungen. Das erklärt die relative Erfolgosigkeit vieler dieser Einrichtungen, bei dem Versuch ihre Klientel zu bekehren. Um hier eine Änderung herbeizuführen, gilt es zunächst den gutgemeinten, aber zwecklosen Versuch aufzugeben, *lower-class people* mit Werten und Programmen der Mittelschicht zu konfrontieren. Vielmehr gilt es einzusehen, dass die Bewohner vom West End eine eigene Subkultur bilden, die gar nicht nach den Mittelklasse-Werten streben, die die Planer zur Grundlage ihrer Analyse gemacht hatten. Es sind vielmehr diese klassenkulturellen Handlungsweisen und Wertvorstellungen selbst, die nach Ansicht von Gans den Ausgangspunkt für Planungsprozesse bilden sollten.

Community Studies und Arbeiterkulturforschung

Das von Gans geschilderte Westend von Boston ähnelt in vielem Bethnal Green, wie es in Michael Young und Peter Willmotts klassischer Studie *Family and Kinship in East London* (1957) zutage tritt. Das ist nicht zufällig, hatte doch Herbert Gans den Sommer 1957 auf einer »großen soziologischen Reise« in Europa verbracht und unter anderem Young und Willmott am *Institute of Community Studies* in London getroffen (Topalov 2000). Eine solche Kontaktaufnahme bot sich an, ging es doch auch bei Young und Willmott um ein Sanierungsprojekt (*rehousing*). Die vehemente Warnung vor den Folgen der Umsetzung verdankt sich sicherlich nicht zum wenigsten den Erfahrungen, die die britischen Forscher in ihrer Bethnal Green/Greenleigh-Studie schildern. Der wichtigste Einfluss der britischen Soziologen auf Gans scheint mir aber in dessen Charakterisierung der Subkultur der Italo-Amerikaner als eine Variante der westlichen Arbeiterkultur zu bestehen. Sicherlich lässt sich sagen, dass die Personenorientierung, die als charakteristisch für die Westender angesehen wird, kein italienisches Erbe ist, sondern Teil eines Handlungsrepertoires, das in der zeitgenössischen Soziologie als konstitutiv für Arbeiterkultur angesehen wurde. Die von Gans getroffene analytische Unterscheidung zwischen Objektorientierung und Personenorientierung, zwischen Statusstreben und dem Wunsch nach Anerkennung, findet sich nicht zufällig deskriptiv bei Young und Willmott wieder:

»In einer schon lange bestehenden Gemeinschaft (*community*) ist der Status eines Menschen, insofern er von Arbeit, Einkommen und Bildung bestimmt wird, für seinen Wert mehr oder weniger irrelevant. Stattdessen wird er, insofern er überhaupt beurteilt wird, viel eher als Ganzes, als Person mit der üblichen Mischung verschiedener guter, schlechter und undefinierbarer Eigenschaften angesehen. Er wird eher portraitiert als zur Figur auf einer Skala.« (Young/Willmott 1976 [1957], S. 161f.)

Deutlich wird durch die Idee der *community* eine Verknüpfung von Ort und Kultur, von Kulturellem und Räumlichen, von »Gemeinde« und »Gemeinschaft« vorgenommen, ähnlich wie dies die Begriffe der *neighbourhood* oder des *village* nahe legen. In der Gemeinde, in der der Einzelne im Netz der Verwandten, Nachbarn und Kollegen aufgeht, zählen nur die Eigenschaften der Person – ein toller Geschichtenerzähler, ein lausiger Fußballspieler, eine aufopfernde Mutter zu sein –, nicht materielle und sonstige Errungenschaften. Damit wird die Gemeinde, die durch Eingriffe von außen (*planners, caretakers*) bedroht ist, zu einem Territorium, das durch gemeinschaftliche Bande der Bewohner charakterisiert ist.[72] Statt also davon zu träumen, mit Mitteln der Stadtplanung *communities* herzustellen, sollte man die bereits existierenden Gemeinwesen mit Sorgfalt behandeln und behutsam erneuern (Topalov 2000, S. 36). Das ist die erste und wichtigste, nicht zuletzt durch die Bethnal Green-Studie gestärkte Botschaft von Gans an die Planungsbehörden.

Was bei Gans etwas in den Hintergrund tritt, ist die Frage, was an der von ihm beschriebenen Tradition noch von der Herkunftskultur der Migranten bestimmt ist. Schon Nathan Glazer hat 1963 in seiner Rezension des Buches für die *New York Review of Books* darauf hingewiesen, dass die von Gans beschriebene Arbeiterkultur im Westend auf lebhafte Weise italienisch sei. So ist etwa die von

Gans selbst als traditionell süditalienisch bezeichnete Unterscheidung zwischen *buon educato* (»gute Manieren«, die als relevant im Umgang mit dem *padrone* angesehen werden) und *buono istruito* (Buchwissen, das als weniger relevant angesehen wird) ein gutes Beispiel dafür, wie ein allgemeines Denk- und Handlungsmuster (Personen- versus Objektorientierung) auf historisch begründete Weise regional variiert wird (Gans 1965, S. 129, Anm. 7). Es gibt noch andere Aspekte, die in dieser Hinsicht zu hinterfragen wären, wie etwa die Rolle der *italian cuisine*, eben nicht nur als Küche, sondern auch als soziales Ereignis (nicht zufällig zeigt ja das Foto Gans und seine Freunde aus dem Westend an einer gedeckten Tafel), oder das besondere Interesse an einer Kultur der *performance*, deren Schauseite zum Zeitpunkt der Untersuchung durch Frank Sinatra repräsentiert wurde (ebd., S. 192). Last but not least ist bei Gans nicht von ungefähr von *peer group society* die Rede. Die Großfamilie scheint im Kontext des italienischen Viertels eine bedeutendere *gesellschaftliche* Rolle (als Ersatz-Gesellschaft) zu spielen als in traditionellen Arbeitervierteln ohnehin üblich.

Aber wichtiger ist doch, dass die Stadtforschung mit *The Urban Villagers* Abschied nimmt von der Rhetorik des Slum, die eine Analyse des Viertels ausschließlich in Termini des (kollektiven) Mangels und der (individuellen) Schwächen nahe legt. Exemplarisch hat Gans gezeigt, dass soziale Probleme durch Soziales und nicht durch physische Umweltfaktoren zu erklären sind (Häußermann 2000, S. 136). Und er hat die kulturellen Prinzipien offengelegt, die die innere Ordnung einer *low rent neighbourhood* ausmachen.

Auch im deutschsprachigen Raum sind Dörfer in der Stadt untersucht worden. Ein besonders reiches und obendrein paradigmatisches Forschungsfeld bildeten in den 1970er und 80er Jahren die Bergarbeitersiedlungen in den Städten des Ruhrgebiets. Nach außen hin abgetrennt vom weiteren städtischen Raum, nach innen durch eine starke soziale Homogenität gekennzeichnet, bildeten die Zechenkolonien geradezu den Idealtypus einer Gemeinde im Sinne der *community*. Auch der dörfliche Charakter der Siedlungen ist von Anfang an unübersehbar. Schon die Bergwerksgesellschaften priesen ihre Kolonien als Varianten der masurischen Dörfer, aus denen ein Großteil der Arbeitsmigranten der ersten Stunde kamen, an: »Jeder kann denken, dass er in seiner masurischen Heimat wäre« (Lindner/Breuer 1978, S. 37). Mit ihren Gemüsegärten und Stallungen (für Schwein und Ziege) gewannen die anderthalbstöckigen Zechenhäuser den Charakter eines kleinbäuerlichen Kottens, was auch so gedacht war.

Heinrich Th. Breuer und ich hatten Mitte der 70er Jahren Feldstudien zur Bedeutung des Fußballvereins in Zechensiedlungen durchgeführt und dabei auch die Spezifik der Kolonien hervorgehoben: »Die räumliche Lage und die soziale

Homogenität erweisen sich als ein wichtiger Hebel, die zunächst herkunftsspezifische, vorindustrielle Lebensform mit ihrer traditionell verankerten hohen Wertschätzung gegenseitiger Hilfe und dörflicher Gemeinschaft zugleich zu erhalten und in einer der industriekapitalistischen Wirklichkeit angemessenen Weise zu transformieren.« (Lindner/Breuer 1978, S. 43) Die Siedlung erscheint hier als ein Schonraum der behutsamen Eingliederung, ganz ähnlich wie Robert Park die ethnischen Enklaven in Chicago und anderswo als ein notwendiges Stadium der Akkulturation angesehen hat. Freilich: Im Unterschied zur Migration in die Vereinigten Staaten waren hier weder Zuzug noch Segregation freiwillig gewählt, sondern Resultat der Ansiedlungspolitik der Bergwerksgesellschaften, die ihre Arbeitskräfte unter Kontrolle halten wollten. Von daher war die Bezeichnung »Kolonie« um 1900 mehr als eine Metapher.

Dass sich die ethnographische (und historische) Forschung gerade in den 1970er Jahren den Bergarbeitersiedlungen zuwandte, hatte, neben dem Aufblühen einer auf die Rekonstruktion der Arbeiterkultur ausgerichteten Forschung, seinen Grund darin, dass diese Siedlungsform, die zugleich als eine Lebensform begriffen wurde, vom Abriss bedroht war – ganz ähnlich also wie im Fall von Bostons Westend in der Studie von Herbert Gans oder Bethnal Green in der Untersuchung von Young und Willmott. Aus den Untersuchungen in den Bergarbeitervierteln kristallisierte sich als Charakteristikum der Lebensweise ein Netz an wechselseitigen Beziehungen und Hilfeleistungen heraus, das den Charakter eines um symbolische Verwandte erweiterten *kinship system* gewann (Lindner 1993). Basis eines solchen Netzwerks war der außerordentlich hohe Grad an sozialer Homogenität in den Siedlungen, der tagtäglich im kollektiven Tagesablauf erfahrbare Zusammenhang von Arbeit und Wohnen und die enge Kooperation im Arbeitsbereich, im System der so genannten »Kameradschaften«, häufig von Nachbarn gebildete Arbeitskollektive »vor Ort«. Resultat war die Herausbildung einer eigenständigen Kultur und Lebensweise, die sich nicht nur in der Nachbarschaftshilfe artikulierte, »sondern auch in den Verkehrsformen, im hohen Kommunikationsgrad, im unverfälschten Interesse am anderen, in der aktiven und symbolischen Aneignung des Viertels mit seinen Straßen, Gärten, Wiesen, Kneipen und Sportplätzen und nicht zuletzt in der Herausbildung einer kollektiven Geschichte, deren Tradierung die Siedlung zum Ort sozialen Lernens macht« (Lindner/Breuer 1978, S. 44f.). Die sozialromantischen Züge dieser Studien sind nicht zu übersehen und nicht zu überhören. Die Ethnographen verstanden die Siedlungen als Solidaritätsenklaven und machten sie zu utopischen Vorboten einer Gesellschaft *als* Gemeinschaft. Diesen rückwärtsgewandten Entwurf in die Zukunft haben sie mit anderen *community studies* gemeinsam. Sowohl Gans als auch Young und Willmott ging es um mehr als die Untersuchung einer Siedlungsform: Letztlich interessierte sie der städtische Raum als Behältnis einer ganzen Lebensweise, »a whole way of life«. Dahinter steckt die Suche nach einer *community of sentiment*, wo jedermann sein wahres moralisches Selbst sein kann (Suttles 1972, S. 267).

Black Ghetto:
Zur Ethnographie
innerstädtischer Apartheid

In seiner Übersicht von Definitionen des »Ghetto«-Begriffs bezeichnet J.T. Darden den Terminus »als das wohl am meisten missbrauchte und missverstandene Raumkonzept, das von verschiedenen Wissenschaftlern genutzt wurde« (Darden 1981, S. 6f.). Während in Europa der Begriff seit Jahrhunderten zur Bezeichnung von städtischen Quartieren genutzt wird, in denen zu leben Gruppen aus rassistischen und/oder religiösen Gründen gezwungen sind (wobei das Ghetto *de facto* nahezu identisch ist mit dem jüdischen Ghetto), erscheint Dardens Urteil in Bezug auf die nordamerikanische Literatur berechtigt: Darin wird der Ghetto-Begriff häufig derart verwässert, dass er nur mehr zur Bezeichnung von Wohngebieten dient, in denen äußerste Armut herrscht. Zurecht stellt sich dann die Frage, was »Ghetto« überhaupt noch von »Slum« unterscheidet. Dardens Untersuchung hat ergeben, dass rund 75 Prozent der Autoren tatsächlich »Ghetto« und »Slum« als Synonyme begreifen; mehr noch, der Autor ist überzeugt, dass die Mehrheit der Amerikaner keinen Unterschied zwischen Ghetto und Slum sehen, und dass daher der Gebrauch der Begriffe austauschbar geworden ist: »Es wird immer noch als gegeben angenommen, dass Ghettos per definitionem alte, rattenverseuchte, dreckige Innenstadtviertel sind, die von der Bevölkerung, die nicht im Ghetto lebt, gemieden werden sollten.« (Ebd., S. 11) Mit anderen Worten handelt es sich bei Ghettos um »no-go-areas«.

Mit dem »Ghetto«-Begriff findet die Slum-Perspektive auf innerstädtische Niedrigmieten-Wohngebiete in den 1960er Jahre, nach einem kurzen »Community«-Intermezzo, wieder Einkehr in die Stadtforschung, mit einem entscheidenden Unterschied freilich: Ghettos sind »rassifizierte Slums«, das heißt, im nordamerikanischen Kontext wird unter »Ghetto« nahezu ausschließlich das städtische Wohngebiet von Afro-Amerikanern verstanden. Die mit dem Ghetto-Terminus einhergehende Vorstellung von der »Abgeschlossenheit« impliziert zugleich das Versprechen oder die Erwartung radikaler kultureller Andersartigkeit: Untersuchungen des Lebens in den Ghettos sind folglich in der Regel »Inquiries into Ghetto Culture«, um es mit dem Untertitel einer klassischen Ethnographie auszudrücken. Ghettos sind, auch wenn dies zynisch klingt, gemäß den bislang erörterten Forschungskriterien ideale Schauplätze für ethnographische Untersuchungen in den Metropolen: Sie sind *per definitionem* begrenzt, kulturell fremd und, als »no-go-areas«, ›gefährlich‹, bescheren also jene ›thrills‹ der Übertretung, die wir als einen nicht zu leugnenden Bestandteil ethnographischer Forschung ausgemacht haben. Ich werde im Folgenden anhand von klassischen Beispielen die wesentlichen Etappen der Ghetto-Ethnographie nachzeichnen, und zwar von Ulf Hannerz' *Soulside* (1969) bis zu Loïc Wacquants Projekt *Inside the Zone* und seiner Studie über das *Boxen im amerikanischen Ghetto* (2003).

Soulside – Die Begründung der Ghetto-Ethnographie

Soulside. Inquiries into Ghetto Culture and Community (1969) kann als ein Klassiker des Genres bezeichnet werden, das der Autor der Studie, Ulf Hannerz, als »ghetto ethnography« bezeichnet hat. Der Titel, der das anscheinend unverzichtbare »side«-Motiv der Stadtforschung (»other side«, »underside«) auf originelle Weise variiert, verweist unmissverständlich auf die Entstehungszeit der Studie. 1966 bis 1968, die Jahre, in denen Hannerz seine Feldforschung im Black Ghetto von Washington D.C. durchführte, waren die Jahre der Hochzeit des »soul«-Konzepts, »das für die Essenz schwarzer Erfahrung und schwarzen Stils steht« (Hannerz 1975, S. 22).[73] 1967 erschien sowohl die Bekenntnisschrift »Soul on Ice« von Eldridge Cleaver, seinerzeit so genannter »Informationsminister« der *Black Panther Party*, als auch der Sampler »That's Soul«, der *Soul Music* endgültig in die Landkarte der internationalen Popkultur eintrug.[74] Das »soul«-Konzept, analytisch als »schwarzes Volkskonzept des ›Nationalcharakters‹ der Schwarzen in Amerika« (Hannerz) verstanden, spielt in der Untersuchung zum Verständnis der Ghetto-Kultur eine zentrale Rolle. Dass es Hannerz wesentlich darum geht zu fragen, ob es sinnvoll sei, von einer Ghetto-*Kultur* – also von gemeinsamen Denk- und Handlungsmustern der Ghetto-Bewohner – zu sprechen, ordnet die Studie nicht nur der anthropologischen Forschung im allgemeinen, sondern auch der zeitgenössischen Debatte über die so genannte »Kultur der Armut« (*culture of poverty*) zu. In einer Reihe von Arbeiten, die auf Feldforschung vor allem in Mexiko sowie in Puerto Rico beruhten, hatte der US-amerikanische Kulturanthropologe Oscar Lewis zwischen 1959 und 1966 die These von einer eigenständigen, sich selber perpetuierenden Kultur beziehungsweise Subkultur der Armut aufgestellt. Diese Kultur verstand er als sedimentierte Anpassung an und Reaktion auf die Randposition der Betroffenen in einer klassengebundenen, hochindividualisierten, kapitalistischen Gesellschaft (Lewis 1971, S. 45–57). Die These traf rasch auf vehemente Kritik, nicht zuletzt deshalb, weil die Überlegung, dass die Kultur der Armut von Generation zu Generation weitergegeben wird, nicht nur ein Verständnis von »Kultur« als eisernem Gehäuse nahe legte, sondern sich auch bestens dazu eignete, den Armen selber die Schuld an ihrer Lage zu geben (Valentine 1968) – was tatsächlich geschah (Glazer 1975). Freilich wurde bei dieser Kritik die offensichtliche Diskrepanz zwischen Theorie und Empirie im Werk von Oscar Lewis nicht berücksichtigt (Lindner 1999). Während er nämlich bei seiner theoretischen Konzeption der Charakteristika der Kultur der Armut zeitgenössischen soziologischen Strömungen folgt, die seiner Absicht, die Handlungsfähigkeit seiner Protagonisten zu unterstreichen, im Grunde zuwiderlaufen, bilden seine Ethnographien bis heute kaum erreichte dichte Beschreibungen der Lebenswelt mexikanischer und puertoricanischer Familien. Hannerz versucht nun mit seiner eigener Untersuchung die Legitimität, ja Notwendigkeit der Frage nach gemeinsamen kulturellen Handlungsmustern gegen diese Kritik zu behaupten: »Als Ethnologe muss man nicht jedem Detail von Lewis' Konzept der Kultur der Armut zustimmen, um an seinem Gedanken, dass Handlungen sowohl makrostrukturell beeinflusst sind als auch kulturell überliefert werden, mehr Gefallen zu finden als an den vereinfachenden Entweder-Oder-Vorstellungen, denen einige der Kritiker seines Konzepts anhängen.« (Hannerz 1969, S. 183f.)

Hannerz' Studie basiert auf dem klassischen Modell ethnologischer Feldforschung, bei dem der Forscher in eine Lebensweise eintaucht, die nicht die seine ist. Man mag darin die Quelle für die »exotistische Voreingenommenheit« sehen, die vielleicht charakteristisch für Ethnographen ist, wie Hannerz an anderer Stelle seines Buches bemerkt. »Er hat ein besonderes Interesse am Verhalten von Menschen in ihren natürlichen sozialen Kontexten; das Spektrum von Phänomenen, die zu berücksichtigen bereit sein sollte, ist weit; und es ist ihm sehr wichtig, dort zu sein, wo sich das Geschehen abspielt, was er seiner eigenen Überzeugung nach nicht erreichen kann, wenn er von den Leuten nicht mehr oder weniger nach ihren eigenen Maßstäben akzeptiert wird.« (Ebd., S. 201) Im methodologischen Appendix (»In the Field«), eine Textsorte, die seit William F. Whyte zum Pflichtprogramm ethnographischer Studien gehört, führt Hannerz aus, wie er es angestellt hat akzeptiert zu werden. Die Vermutung, dass diese Rolle eines Weißen in einem afroamerikanischen Kontext besonders heikel ist, liegt nahe; daher versucht er sich auch über Kleidung (»leger«) und Sprache (Annäherung an den Ghettodialekt) von weißen Geschäftsleuten und Aufsichtspersonen abzugrenzen. Dabei scheint Hannerz' schwedische Nationalität die Kontaktaufnahme erleichtert zu haben (ebd., S. 204). In einer persönlichen Mitteilung vertrat Hannerz die Auffassung, dass das, was wirklich zählte, die Tatsache war, dass er ein Ausländer und kein weißer Amerikaner war, »was mich in den Augen der Bewohner des Viertels auf interessante Weise unschuldig machte« (Hannerz, E-Mail vom 2.5.2002).

Ähnlich wie Whyte beginnt Hannerz damit, sein Feld zu Fuß zu erkunden, vorzugsweise nachmittags und abends, wenn seine ›Klientel‹ zu erreichen ist. Dort, auf der Straße, lernt er »Bee Jay« kennen, der ihm offensichtlich aus einer prekären Begegnung mit *streetcorner men* heraushilft und mit Lerry bekannt macht, der so etwas wie Hannerz' »Doc« wird: ein kluger Berater, der zugleich hilft, Kontakte zu knüpfen. So folgt Hannerz den natürlichen Verbindungen sozialer Netzwerke, wobei es ihm sein Außenseiterstatus ermöglicht, zwischen unterschiedlichen Gruppen und Lebensstilen zu pendeln. Um einen möglichst breiten Überblick über das Alltagsleben zu gewinnen, nimmt er an so vielen lokalen Aktivitäten wie möglich teil: »Das heißt, dass ich an den Straßenecken herumgehangen bin, bei den spontanen Partys, die manchmal einfach passieren, mitgemacht habe, dass ich freitagabends in den Biergarten gegangen bin, mich mit Leuten getroffen habe, um am Samstagnachmittag Football-Spiele im Fernsehen anzuschauen, und dass ich mit Leuten losgefahren bin, um Freunde zu besuchen oder einfach nur des Fahrens halber.« (Hannerz 1970, S. 99) Darüber hinaus gehört er (wie Whyte) einem Bowling-Team an und engagiert sich in einer Reihe anderer Aktivitäten: »Was Veranstaltungen von eher öffentlicher Natur angeht, so habe ich sowohl eine Reihe von Kirchen unterschiedlicher Größe und Richtungen besucht als auch andere religiöse Versammlungen, habe an lokalpolitischen Treffen teilgenommen und recht regelmäßig das Harvard Theatre und andere Unterhaltungsetablissements aufgesucht. Auf meinem Radio zuhause war für gewöhnlich irgendein Ghetto-Sender eingestellt.« (Hannerz 1969, S. 207) Dies geschieht alles unter der Prämisse, das Andere, das Besondere des Lebens im Ghetto zu schildern (ebd., S. 15).

Auch *Soulside* beginnt, wie alle großen Ethnographien, mit einer *entrance story*, die dem Leser das *setting*, den Schauplatz, vor Augen führt und durch minutiöse Hervorhebung noch des beiläufigsten Details unmissverständlich klarmacht, dass der folgende Bericht auf eigener Anschauung beruht:

»Am einen Ende der Winston Street befindet sich eine gelbe Wand, auf der einige Graffiti sind – eine Liste von Jungs, *Jimmy, Norman, Eddie, Marvin, Robert*, und daneben eine Liste von Mädchen, *Barbie, Debbie, Sarah, Peaches, Janice*. Ein geheimnisvolles *Lerry liebt jemanden* und ein paar von unsicherer Hand gekritzelte, vulgäre Wörter mit vier Buchstaben… Die Botschaft daneben lautet *Deine Mutter trinkt Wild Irish Rose*, und die Antwort lautet *Dein Biest auch*. ›Wild Rose‹ ist das Getränk der Säufer, der ›wineheads‹ bzw. ›juiceheads‹ des Ghettos.« (Ebd., S. 19)

Winston Street, eine schmale Einbahnstraße im Black Ghetto von Washington D.C., ein Block lang und gesäumt von zwei- bis dreistöckigen Reihenhäusern aus Backstein, ist der Schauplatz von *Soulside*. Die Straße hat eine gewisse Reputation, die sie in die mythische ethnographische Folge jener Straßen einreiht, die als Fremder bei der Durchquerung überlebt zu haben an und für sich bereits eine Leistung darstellt. Aber das, was der Straße ihren schlechten Ruf eintrug, liegt schon lange zurück, auch wenn es immer noch eine Straße ist, wo man jederzeit Ärger bekommen kann, weil sie, vor allem in der Sommerzeit, Schauplatz dessen ist, was Hannerz »ghettospezifisches Verhalten« nennt: das Herumhängen an der Straßenecke, Ort des Trinkens, Zockens und des *playing the dozens*, der rhythmischen Rededuelle, »Turf« der Jugendgangs und Revier der »Hustler«, der Kleinkriminellen. Aus diesem Straßenleben speist sich auch der »Streetcorner«-Mythos vom *ghetto man*, ein wenig Held, ein wenig Schurke, ein wenig Verrückter, kurz: eine männliche Phantasiegestalt, die zwischen Kompetenz und Unvermögen, zwischen Erfolg und Scheitern, zwischen Gut und Böse hin und her schwankt – und sich damit zur Projektion bestens eignet. Aber mit diesem Mythos sind wir schon mittendrin in der Kulturanalyse von Ulf Hannerz, die von der ghettospezifischen Unterscheidung zweier Lebensstile ausgeht:

»Die Menschen von der Winston Street sagen von sich und den Nachbarn in ihrer Gemeinschaft, dass sie zwei Gruppen bilden, die nach ihrer Lebensweise unterschieden sind […] Die eine Kategorie nennen manche – und schließen sich selbst dann meist gleich darin ein – ›anständig‹, ›gute Leute‹ oder auch (seltener und dann eher spöttisch) ›Modellbürger‹ […] Diese Bezeichnungen benutzen sie, um sich von dem zu unterscheiden, was sie als ihr Gegenteil betrachten, also denjenigen Menschen, die sie als ›Unerwünschte‹, ›Nichtsnutze‹, ›Krawallmacher‹, ›Penner‹, ›Müll‹ oder mit ähnlichen Worten beschreiben.« (Ebd., S. 34)

Die distanzierenden Charakterisierungen der »Anderen« erfolgen einseitig vom Standpunkt der »anständigen Leute«, sodass die Anderen als reine Negativfolie vorgestellt werden, bestimmt durch charakterliche Defizite und moralische Mängel.

»In den Augen der selbst ernannten ›Anständigen‹ sind die ›Unerwünschten‹ (oder wie man sie auch immer nennt) kollektiv gekennzeichnet durch Trinken und Betrunkenheit in der Öffentlichkeit, durch spontane Schlägereien, Arbeitsunlust, sexuelle Freizügigkeit und gelegentliche Schwierigkeiten mit der Polizei. Die ›Anständigen‹ schreiben sich selbst die Abwesenheit solcher Charaktermängel zu, oder, um es positiver zu formulieren, sie behaupten ihre Treue gegenüber den Moralvorstellungen der amerikanischen Mehrheitsgesellschaft.« (Ebd., S. 34f.)

Die Unterscheidung in »Achtbare« und »Unerwünschte« ist, wie wir inzwischen zu Genüge wissen, alles andere als neu. Ausgehend von der Unterscheidung der Armen in »deserving« und »undeserving« (die im Übrigen zeigt, dass die andere Seite immer schon als defizitär gedacht wurde), haben wir im Verlauf der Forschungsgeschichte verschiedene Dichotomisierungen verfolgen können, die für ein »Dazwischen«, für ein »Sowohl-als-auch«, keinen Raum ließen. Diese Etikettierungen, die zunächst von außen und von ›oben‹ eingeführt worden sind, wurden im Verlauf der Geschichte der diskriminierenden Klassifikation von der Gruppe der sich selbst als achtbar Verstehenden als eigenes Distinktionssystem übernommen. Auf diese Weise sind sie zu so etwas wie »Volkswissen« geronnen, mittels dessen Menschen versuchen, in ihre Alltagswelt eine erklärende Ordnung zu bringen. Die von der Etikettierung Herabgesetzten reagieren auf ihre Weise auf diese Stigmatisierung, indem sie nämlich die Etikettierer als »house niggers« und »(Uncle) Toms« beschimpfen, um so deutlich zu machen, dass die »Achtbaren« in ihren Augen ein fremdes Kategoriensystem als Rollenmodell übernommen haben (ebd., S. 35).[75] So handelt es sich bei dieser Klassifikation letztlich um zwei idealtypisch gedachte Lebensstile, die um die kulturelle Vormachtstellung im sozialen Raum ringen. Dies wird dann deutlich, wenn man sich von der stigmatisierenden Perspektive verabschiedet (anständig/unerwünscht; anständig/Rabauken) und sich stattdessen auf die horizontale Ebene der »Haltungen« begibt. Richard Wilk (1995) hat dies am Beispiel der kreolischen Bevölkerung in Belize vorbuchstabiert, deren Orientierung sich idealtypisch in *Anständigkeit* einerseits (»Zuhause«; auf Heirat basierende Familie; sozialer Aufstieg durch Bildung etc.) und *Ruf* andererseits (»Straße«; Promiskuität; verbale Selbstdarstellung und Leistung etc.) differenzieren lässt.

Hannerz geht über diese Zweiteilung der Lebensstile (scheinbar) hinaus, indem er zwischen »mainstreamer«, also den selbst ernannten »Respektablen«, »Pendlern«, das heißt relativ jungen, beweglichen Leuten, die viel Zeit außerhalb des Ghettos verbringen, »Straßenfamilien«, Familien also, deren Leben sich in auffälliger Weise auf den Gehsteigen und an Straßenecken abspielt, und den eigentlichen *street corner men* unterscheidet, wobei die beiden letzteren der Vorstellung des Außenstehenden vom »typischen« Ghettoleben entsprechen (ebd., S. 46). Im weiteren Verlauf der Studie spielen freilich die »mainstreamer« und »Pendler« nur noch eine untergeordnete Rolle; stattdessen geht es Hannerz darum, die ghettospezifischen Verhaltensmuster und die von der Ghettogemeinschaft gemeinsam getragenen Sichtweisen herauszupräparieren. Dabei konzentriert er sich als männlicher Forscher vor allem auf die Herausbildung und Performanz eines ghettospezifischen Bildes von Männlichkeit, das sich insbesondere in der Wertschätzung von Cleverness und Zähigkeit (*toughness*) artikuliert. In der kulturellen Praxis des *story telling* auf der Straße werden diese Handlungsmuster immer wieder abgerufen, vor allem in Geschichten, die um das Thema »in Schwierigkeiten geraten und dann wieder rauskommen« kreisen. Die schon genannte Gestalt des *ghetto man* ist dann die überlebensgroße Verkörperung ghettospezifischer Männlichkeit, ein *trickster* mit Schläue und Mutterwitz, dessen eher ernüchternde, empirische Variante der gerissene *hustler*, der Kleinkriminelle, bildet. Neben der Praxis des *story telling* sind es vor allem die unter der Bezeichnung »playing the dozens« bekannten verbalen Wettbewerbe der jugendlichen Peer Groups (in Hannerz' Feld bekannt als *joning*), durch die Schlagfertigkeit und Witz eingeübt werden. Aber diese kulturellen Praktiken leisten noch mehr: Als ghettospezifische Interaktionsidiome bestätigen und bestärken sie immer wieder aufs Neue die Ghettokultur.

Als deren Kernelement, gewissermaßen als Schlüsselsymbol der Kultur, sieht Hannerz das Konzept des »Soul« an: »Das Ghettokonzept ›Soul‹ bedeutet im Wesentlichen eine Bekräftigung der schwarzen Erfahrung. Anstatt vorzugeben, dass man sich von anderen unterscheidet, sollte man ›es so beschreiben, wie es ist‹ und die Ungezwungenheit, die Niederungen des schwarzen Alltagslebens, zu schätzen wissen. ›Soul‹ bedeutet nicht nur die Akzeptanz der typischen Erfahrungen und Handlungen der Ghettobewohner, sondern ist zugleich eine Empathiebekundung ihnen gegenüber.« (Ebd., S. 145) In einem früheren Aufsatz hatte Hannerz noch den kompensatorischen Charakter der »Rhetorik des Soul« hervorgehoben (Hannerz 1968); in *Soulside* und in nachfolgenden Aufsätzen aber wird »Soul« zum »Symbol der ›ultimativen *blackness*‹« (Hannerz 1975, S. 11). Die Wurzel des Soul in der schwarzen Kirche ist in diesem Zusammenhang zentral für das Verständnis des Konzepts. Was nämlich dessen besonderen Wert ausmacht, ist die faktische Aufhebung westlicher Unterscheidungen zwischen dem Geistlichen und dem Weltlichen: »Für mich hat ›Soul‹ den Sinn, die Gefühlsintensitäten zu markieren, die sich leicht in religiöse Sprache und Erfahrung (im Sinn einer spirituellen Suche) haben assimilieren lassen; es erlaubt uns aber zugleich, diese Intensitäten als ein säkulares und manchmal profanes Phänomen zu begreifen.« (Gilroy, in: Green/Guillory 1998, S. 252) Verstärkend wirkt in dieser Hinsicht noch, dass es eine »Stammessache« ist, die nur den Mitgliedern einer exklusiven ›rassischen‹ Bruderschaft zugänglich ist (Van Deburg 1997, S.

73). Drei Themen sind es, Hannerz zufolge, die immer wieder mit dem Soul-Konzept verbunden werden: der Kampf um Solidarität, »eine bitter-süße Erfahrung« und die Respektlosigkeit gegenüber der Gesellschaft und ihren Repräsentanten. Soul mit seinem spezifischen Vokabular (*soul brother, soul sister*[76], *soul food, soul music*) ist also die kulturelle Interpretation der Ghettogemeinschaft und diese Interpretation wird hervorgebracht, verstärkt und verbreitet durch den ghettospezifischen »kulturellen Apparat« (*cultural apparatus*), den (Laden-)Kirchen, den schwarzen Radiostationen (wie WOL *Soul Radio*) und den lokalen Bühnen: »Prediger, DJs, Soul-Sänger, Conférenciers und Komiker zelebrieren das kulturelle Verständnis der Ghettogemeinschaft« (Hannerz 1969, S. 153). Die Kultur des Soul, die vom »mainstreamer« ebenso wie von den »Straßenleuten« geteilt wird, leistet so einen unschätzbaren Beitrag zur Integration der *black community*.

Im Schlusskapitel »Mainstream and Ghetto Culture« geht Hannerz der Frage nach, ob man passender anstatt von Ghetto-Kultur von Ghetto-Subkultur sprechen müsste. In der Tat liegt Letzteres nahe, insofern ja die Rede vom »mainstream« andeutet, dass es so etwas wie eine kulturelle Leitorientierung in der Gesellschaft, die dominante Kultur gibt, von der die ghettospezifischen Handlungsmuster abweichen. Mit der Frage nach einer Kultur oder Subkultur des Ghettos greift Hannerz explizit Oscar Lewis' Konzept einer Kultur beziehungsweise Subkultur der Armut auf. Dessen Kerngedanken, nämlich die Idee von Handlungsmustern, die sowohl makrostrukturell beeinflusst als auch kulturell übertragen werden, hält er mit seiner eigenen Arbeit für vereinbar. Für Hannerz bildet Kultur, also das Set an spezifischen, immer wiederkehrenden Handlungsmustern, ein Medium, dessen sich Mitglieder einer bestimmten Gruppe bedienen, um mit makrostrukturell bedingten Anforderungen fertig zu werden. Diese Handlungsmuster werden interaktiv gelernt und erfordern daher, um sie zu erwerben, eine Teilnahme am Gruppenleben. Letzteres ist zugleich die Instanz, die Handlungen hinsichtlich ihrer Akzeptanz überprüft: Muster können auch in der Praxis revidiert oder als situativ unangemessen eingeschätzt werden. Es ist also das Erlernen, Weitergeben, Bewahren und Überprüfen von Sichtweisen und Handlungsmustern innerhalb einer Gruppe, das das fundamentale Kriterium von »culturalness« bildet.

Die Frage nach einer Ghetto-Subkultur bleibt im ethnologischen Kontext freilich solange rhetorisch, wie Ethnologen erwarten, im Feld auf kulturelle Differenzen zu stoßen, genauer: solange sie dazu neigen, Differenzen wahrzunehmen und zu betonen. Es ist diese Logik, die die »exotistische Voreingenommenheit« (Hannerz) hervorbringt und die heute, als *otherizing*, in der Kritik steht. Für

Hannerz sind die Bewohner des Ghettos prinzipiell bi-kulturell, gewissermaßen zweisprachig, das heißt, dass sie sich sowohl über das kulturelle Repertoire des »mainstream« als auch über jenes des Ghettos im Klaren sind: »Dieses Bewusstsein zweier Kulturen, wie wir es vereinfachend ausdrücken können, ist eines der Hauptmerkmale des Ghettolebens und der Ghetto-Weltsicht.« (Hannerz 1970, S. 102) Hier deutet sich die Idee der »doppelten Artikulation« an, die Forscher des *Centre for Contemporary Cultural Studies*, Birmingham, in den 1970er Jahren entwickelten, die Idee nämlich, dass jugendliche Subkulturen sowohl von ihrer Stammkultur (*parent culture*) als auch, und zwar durch diesen Filter hindurch, von der dominanten Kultur geprägt sind (Clarke u.a. 1979).

Die Hoch-Zeit der Ghetto-Ethnographie

Die Erforschung des Black Ghetto und seiner Bewohner findet ihre Hoch-Zeit in den »Sixties«. Sämtliche heute als »klassisch« angesehenen Studien, von Elliots Liebows *Tally's Corner* (1967) bis zu Bettylou Valentines *Hustling and Other Hard Work* (1978), sind in diesen Jahren durchgeführt oder zumindest begonnen worden. Ulf Hannerz selbst hat einen instruktiven Überblick über die Forschung im Black Ghetto als »Review of the Sixties« publiziert, wobei er, Orlando Pattersons Klassifikation historischer Studien folgend, »catastrophism, contributionism, and survivalism« als Leittheoreme unterscheidet (Hannerz 1975). »Catastrophism«, das meint eine Sichtweise der Geschichte der Schwarzen in der Neuen Welt als einziges, nicht endendes Desaster; »Contributionism« verweist demgegenüber auf bedeutende schwarze Errungenschaften; »Survivalism« schließlich betont die Art und Weise, in der Elemente afrikanischer Kulturen trotz oder gerade wegen der Erfahrung der Sklaverei sich bis heute in der »schwarzen Gemeinschaft« erhalten haben. Letztere Position insistiert also auf der relativen Autonomie der Kultur der »schwarzen Amerikaner«, eine Position, die die »Kulturalisten« unter den Forschenden, Kulturanthropologen wie Charles Keil (»Urban Blues«) und Volkskundler wie Roger D. Abrahams (»Deep Down in the Jungle«) einnehmen. Ulf Hannerz nimmt insofern selbst eine kulturale Position ein, als er die Bedeutung bestimmter ghettospezifischer Artikulations- und Handlungsmuster hervorhebt, diese Tradition aber zugleich, ganz *Sozial*anthropologe, an die amerikanische Sozialstruktur mit ihrer »Mainstreamkultur« zurückbindet.

Für die Konzentration der Forschung in den 1960er Jahren gibt es eine Reihe von Gründen, die Hannerz anführt: »Ein Krieg gegen die Armut begann, aus der Bürgerrechtsbewegung wurde die *Black-Power*-Bewegung, und in den großen Städten im Norden, wo große Stadtteile zu schwarzen Ghettos geworden waren, kam es zu Aufständen.« (Hannerz 1975, S. 5) Der »Krieg gegen die Armut«, den der amerikanische Präsident Lyndon B. Johnson am 8. Januar 1964 in einer Deklaration an die Nation ausrief, war eine Reaktion auf die Bürgerrechtsbewegung der frühen 1960er Jahre, auf erste, durchaus noch im ›zivilen‹ Rahmen bleibende Unruhen im Norden der USA (im Süden waren es die weißen Gegner der Bürgerrechtsbewegung, die Ärger machten) sowie auf Enqueten, die auf den Teufelskreis von Armut, mangelnder Ausbildung und Arbeitslosigkeit aufmerksam machten. Mit Lyndon B. Johnsons Programm, neue Perspektiven vor allem für stark betroffene Bevölkerungsgruppen zu schaffen, um diesen zu ermöglichen, aus dem »*Muster* der Armut« auszubrechen, schließt der »Krieg gegen die Armut« zugleich an die zeitgenössische Diskussion um die »Kultur der Armut« an.

Aber dieses Programm, das im Kern ein Ausbildungs- und kein Unterstützungsprogramm war (Job Corps, Work-Training Program, Work Study Program), frustrierte bald – da chronisch unterfinanziert und überdies aufgrund der Vordringlichkeit eines anderen Krieges (Vietnam) im vorgesehenen Etat gekürzt – die Erwartungen der Betroffenen, sodass es zur Radikalisierung von Teilen der Bürgerrechtsbewegung durch die *Black Power*-Bewegung (1965) und die *Black Panther Party* (1966) sowie zu Aufständen in den Ghettos (Harlem 1964, Watts 1965, Chicago 1966, Detroit 1967, Washington 1968) kam.[77] Die Forschungen im Black Ghetto müssen in diesem zeithistorischen Kontext gesehen und verstanden werden. Finanziell unterstützt durch Bundeseinrichtungen wie das *National Institute of Mental Health* erweist sich eine Reihe von Studien als Teil des Regierungsprogramms.[78] Freilich wäre eine Reduktion der Black Ghetto-Studien auf Forschung im Auftrag von staatlichen und halbstaatlichen Stellen ein Missverständnis. Vielmehr ist jener Epochenkonstellation Rechnung zu tragen, die im Untertitel von Hannerz' Überblicksartikel – »A Review of the Sixties« – aufscheint. »The Sixties« bilden einen Trope, das heißt einen figurativen Sprechakt, der auf einen Bruch (nicht nur) in der amerikanischen Geschichte verweist (Townsley 2000). Wenn Hannerz in seinem Artikel hervorhebt, dass »Kultur« im Rahmen der Diskussion über das Black Ghetto ein Schlüsselkonzept bildet, dann gilt dies nicht nur für den anthropologischen Diskurs, vielmehr waren die Diskurse der Zeit insgesamt kulturell kodiert. »The Sixties« als Trope verweisen auf eine *kulturelle* Revolte, wie sie sich in Gegenkulturen, Jugendprotest und Popmusik artikulierte. Die Erforschung des Black Ghetto ist in diesem Zusammenhang selber ein Stück weit Ausdruck dieser kulturellen Revolte, so wie die »black culture« als Teil der Revolte verstanden wurde. Die Zentralität des *Soul* als Schlüsselsymbol macht deutlich, dass »black culture« in den *Sixties* von den Akteuren wie von den Rezeptoren als Gegenkultur kodiert wurde:

»Als Konzept entstand ›Soul‹ in den späten 1960er Jahren in den afrikanisch-amerikanischen Gemeinschaften. Es entwickelte sich aus der Ideologie des *Black Power*, die einen schwarzen Nationalismus vertrat. ›Soul‹ hat also sowohl soziopolitische als auch kulturelle Funktionen und Bedeutungen. Soziopolitisch gesehen stand ›Soul‹ für Selbsterkenntnis, schwarze Selbst-ermächtigung und schwarze Identität. Kulturell gesehen identifizierte ›Soul‹ Ausdrucksformen, die einen schwarzen Stil oder eine schwarze Art und Weise, die Dinge anzugehen, symbolisierten, sowie eine Reihe von Traditionen, die afrikanischen Amerikanern eigen sind. In diesem Kontext machte ›Soul‹ kulturelle Symbole (die geballte Faust, aus afrikanischen Traditionen abgeleitete Mode, Ornamente und Frisuren etc.), schwarzes Verhalten (die Begrüßung mit einem speziellen Handschlag, der schwebende Gang und andere körperliche Ausdrucksformen), eine einzigartige Küche (Kutteln, Schweinsfüße, *black-eyed peas*, Okra etc.), schwarze Kulturinstitutionen (Soul-Radio) und kreative Ausdrucksformen (Tanz, Bildende Kunst und Musik) kenntlich.« (Maultsby in: Guillory/Green 1998, S. 270)

Die kulturalistischen Interpretationen im Sinne von Hannerz haben sehr zu unse-rem Verständnis der relativen Autonomie der Lebensweise im Ghetto und der Aktivitäten und Institutionen beigetragen, die die Brennpunkte für diese charak-teristischen Orientierungen bilden (Hannerz 1975, S. 21). In diesem Sinne sind sie zweifellos Teil der kulturellen Konfiguration, die wir als »the Sixties« ken-nen. Loïc Wacquant hat diese Ethnographien (zu denen er auch *Soulside* rechnet) in einer radikalen Kritik als romantische Schilderungen der liberalen Generation der »Sixties« bezeichnet, »der es vor allem darum zu tun war, *einheitliche* Ge-schichten von *Differenz* zu produzieren, wie sie in den Kategorien ›Lebensstil‹ und ›Subkultur‹ zum Ausdruck kommen« (Wacquant 2001, S. 33f.; Hervorhe-bung im Original) – jene Kategorien also, die die Schlüsselsymbole der Zeit bilden.

Das Interesse an abweichenden Lebensstilen erklärt auch den hohen Stellen-wert, den die Figur des *Hustler* im Rahmen der Black-Ghetto-Forschung ge-winnt. Der Hustler ist die Personifikation des »gewitzten Außenseiters«, den der romantische Sozialwissenschaftler, glauben wir Gouldner und seiner Unterschei-dung von klassischer und romantischer Sozialwissenschaft, dem langweiligen Durchschnittsbürger als Objekt seines Interesses allemal vorzieht (Gouldner 1984).[79] »To hustle«, das meint im allgemeinen Slang-Gebrauch, »jeglicher kurzfristigen Tätigkeit nachzugehen, mit der sich ein schneller Dollar machen lässt« (Polsky 1971, S. 94). Dabei gilt es vor allem »gewieft«, also schlau und durchtrieben zu sein und über ein gehöriges Maß an »street smartness« zu verfügen, mit der man anderen (aber letztlich auch sich selbst) etwas vormachen kann. Es hieße freilich »hustling« als expressiven Lebensstil verfehlen, würde man »street smartness« auf eine Technik der informellen Ökonomie reduzieren; in ihr ist vielmehr eine Haltung zur Welt eingeschrieben, die »Straßenwissen«, diese »›geerdete Intelligenz‹ des Ghettos« (Wacquant), über »Bücherwissen« triumphieren lässt.[80]

Der Hustler ist, wie Loïc Wacquant gezeigt hat, eine vielgestaltige Figur, mit einem nicht eindeutigen Berufsbild, das als gemeinsamen Nenner »den Einsatz einer bestimmten Art symbolischen Kapitals erfordert, nämlich die Fähigkeit, andere zu manipulieren, sie zu täuschen und, bei Bedarf, zum Erzielen eines unmittelbaren finanziellen Vorteils, neben List und Charme auch Gewalt einzusetzen« (Wacquant 1997, S. 179). Aber gerade Letzteres ist eher in Frage zu stellen: Als charakteristischer Hustler gilt der über hohe rhetorische Fähigkeiten (»Talker«) und spezielle Fertigkeiten verfügende Trickbetrüger, der sein Opfer beim Karten-, Würfel- und »Hütchen«-Spiel reinlegt oder gar, wie der Hustler in Michael Glawoggers Dokumentarfilm *Megacities* (1998), »Luftmuschis« verkauft. Der Hustler ähnelt der Figur des *picaro* der spanischen Literatur, der dank seiner Schläue an einem Ort überlebt, erinnert aber auch an den *trickster*, der als Betrüger, Schurke oder Schelm eine zentrale Rolle in vielen amerikanischen Mythen spielt (Abrahams 1963). V.S. Naipaul (1962) hat in der Sklaverei und im geschlossenen Kolonialsystem Bedingungen gesehen, die die Gesinnung der pikarischen Welt – die Täuschung, den Trick – wieder erstehen ließen. In *smartness* und *toughness* des Hustler wird so ein kulturelles Erbe weitergegeben, das sich letztlich den Lebensbedingungen der Sklavenhalter-Gesellschaft verdankt. Das mag verständlich machen, dass Charles Keil (1966) in seiner Studie *Urban Blues* im Hustler keinen Abweichler, sondern einen »culture hero« des Black Ghetto sieht, wie übrigens auch Van Deburg in seinem kulturgeschichtlichen Abriss der »African-American Culture Heroes« (Van Deburg 1997). Wacquant begreift den Hustler jedenfalls als eine generische Gestalt, die im sozialen Raum des Black Ghetto eine zentrale Rolle einnimmt. Hannerz' überlebensgroßer *ghetto man*, »ein bisschen Held, ein bisschen Bösewicht und ein bisschen Narr«, und der *Black Badman* in Film und Literatur der 1960er und 1970er Jahre, die geistige Behendigkeit und körperliche Stärke nutzen, um über große Widrigkeiten zu triumphieren (Van Deburg 1997, S. 139), bilden mythische Varianten dieses kulturellen Typs.

Hustling und andere harte Arbeit

Zwei der häufigsten Fragen, die Mitchell Duneier, Autor von *Slim's Table* und Chicagoer Ethnograph der vierten Generation, während seiner Feldforschung von (weißen) Kommilitonen gestellt wurden, lauteten: »Ist es sicher?« und »Lebst Du mit ihnen auf der Straße?« Beide Fragen deuten ein Vorverständnis vom Feld und seinen Bewohnern an, gegen das anzuschreiben Duneier sich vorgenommen hatte. Die Frage nach der Sicherheit kann kaum erstaunen in einem Umfeld wie der University of Chicago mit ihrem eigenen Polizeirevier und ihren Campus-Bussen; in der wöchentlichen *Crime Map* der Studentenzeitung *Maroon*, einer Karte des Uni-Geländes und des anschließenden Wohngebietes, finden sich Delikte mittels Sternen und Punkten eingezeichnet – alles Maßnahmen, die der Sicherheit dienen sollen, die aber faktisch das Gefühl der Gefährdung verstärken. »Die Karte sagt, ›zwei Vergewaltigungen [durch Schwarze, R.L.] sind hier letzten Monat geschehen‹«, so ein schwarzer Informant zu Duneier. »Das ist eine Beleidigung. Da laufen dann weiße Mädchen die Straße entlang und fangen an zu rennen, sobald sie einen Schwarzen sehen. Die Universität sagt ihnen, dass sie vergewaltigt werden. Sie laufen an dir vorbei und sehen dich an, als würdest du ihnen etwas antun wollen.« (Duneier 1992, S. 78f.) Die Vorstellungen vom Leben der »Anderen« sind durch Berichte verschiedenster Art geprägt, und zu diesen Berichten gehören auch Ethnographien. Das vorherrschende Bild von Männern aus dem Black Ghetto wird bestimmt durch Personen, die, wie es in der Umgangssprache heißt, »an der Straßenecke herumlungern«. Das hat sich nicht nur in den (blaxploitation-)Filmen (*Black Badman*) niedergeschlagen, sondern auch in ethnographischen Studien (*Ghetto Man*), deren Titel bereits von diesem Fokus zeugen: »Tally's Corner: A Study of Negro Streetcorner Men«, »A Place on the Corner« oder »Streetwise«. Aus Studien und Reportagen dieses Zuschnitts resultiert für Duneier ein verzerrtes Bild von »Niggern in Cadillacs« oder »Niggern als Stecher«, ein Bild, das dem Gangsta-Rap als Rollenmodell gedient zu haben scheint. Jedenfalls muss man fragen, ob nicht ethnographische Klassiker der 1960er und 70er Jahre wie Charles Keils *Urban Blues*, worin der Hustler als *culture hero* des *black ghetto* figuriert, ungewollt dazu beigetragen haben, mit der Figur des *street smart* ein Vorbild anzubieten.

Mitchell Duneier hat mit seiner Studie den Versuch unternommen, gegen das »kollektive ethnographische Porträt ghettospezifischer Maskulinität«, das seiner Ansicht nach die große Mehrheit gewöhnlicher Schwarzer unbeachtet lässt, anzuschreiben und zugleich das einheimische Rollenmodell des »old head«, des lebensweisen alten Mannes, als Ratgeber der Jugend wiederzubeleben. Schon der Titel der Studie, *Slim's Table*, der ganz offensichtlich auf den Titel von Liebows Untersuchung *Tally's Corner* anspielt, verrät den Perspektivwechsel. Hier wird das farbigste Codewort der Ghetto-Literatur, die Straßenecke, ersetzt durch eines der prägnantesten Symbole häuslich-familiären, gastlich-geselligen Lebens, den Tisch. Kaum ein anderer Gegenstand der materiellen Kultur hätte sich wohl besser geeignet, den Abstand zur Welt der Straße mit ihren spezifischen Formen des Agierens, des Auftritts und des Benehmens zu signalisieren als der Tisch, um den man sich zusammensetzt, an den man jemanden bringt, an dem man in kollegialer Runde verhandelt. Genau diese symbolische Funktion, ein Ort der intelligenten Diskussion zu sein, der ihren Teilnehmern die Zugehörigkeit zur respektablen Gesellschaft sichert, nimmt »Slim's Table« für die Stammgäste ein, die sich dort regelmäßig versammeln. »Slim's Table«, von Duneier nach seinem Hauptinformanten Slim, einem schwarzen Automechaniker, benannt, steht in der Valois Cafeteria, einem kleinen, im Hyde-Park-Bezirk nahe dem Campus gelegenen Restaurant, das in der Gegend unter seinem Motto »See Your Food« (weil man bei der Zubereitung zusehen kann) bekannt ist. Dass das Valois im Hyde-Park-Bezirk, »die sicherste Nachbarschaft der Stadt«, wie Wacquant ironisch anmerkt, und nicht im Ghetto gelegen ist, ist nicht unwichtig; die symbolische Distanzierung und der Wunsch, in einer Welt zu verkehren, in der nicht alltäglich Apartheid vorherrscht wie im Black Ghetto, nimmt an diesem Ort materielle Gestalt an. »Im Valois«, schreibt Mitchell Duneier, »demonstrieren Slim und seine Kumpanen eine innere Stärke, charakterisiert durch Selbstbeherrschung und Willenskraft, wie sie in sozialwissenschaftlichen und journalistischen Darstellungen schwarzen Männern kaum je zugestanden werden.« (Duneier 1992, S. 20) Genau dieses Missverhältnis will Duneier mit seiner Studie geraderücken. Slim und seinen Kumpanen geht es um Selbstachtung, die sie dadurch zu erringen suchen, dass sie ihr Verhalten an moralischen Werten orientieren. Diese Wertorientierung ist vor allem durch das definiert, was man nicht sein möchte, durch das, was man verachtet: Verschwendung, Überheblichkeit, Aggressivität, Ungeduld, Protzerei, Faulheit, und, was vielleicht am wichtigsten ist, der Mangel an Selbstverantwortung. Der Katalog erinnert geradezu lehrbuchartig an die »Charaktermängel«, die zu beheben sich die verschiedenen städtischen »Missionsanstalten« wie etwa die Settlementbewegung zur Aufgabe gemacht hatten. Diese Fehler werfen Slim und seine Freunde der schwarzen Mittelschicht und vor allem den jungen »schwarzen Armen« vor, die sich in ihren Augen der Protzerei, der Verschwendungssucht und der Faulheit schuldig gemacht haben. Dabei bedauern sie, durchaus nostalgisch gestimmt, dass die »guten alten Zeiten«, in denen die schwarze Gemeinschaft in ihren Augen noch intakt war, vorbei sind. Mit Slims Kreis haben wir Vertreter der respektablen schwarzen Arbeiterschaft vor uns, die in die ethnographische Literatur so gut wie keinen Eingang gefunden haben; nicht zuletzt deshalb, weil sie zu »normal«, der Norm entsprechend sind, als dass sie für eine Ethnographie, die sich an Unterschieden orientiert, von Interesse sein könnte. Diesen »gefestigten« Angehörigen der Black Community eine Stimme verliehen und damit gezeigt zu haben, dass die schwarze Gemeinschaft komplexer ist als die üblichen Bilder vom Black Ghetto vermuten lassen, darin besteht das bleibende Verdienst von Duneiers Ethnographie. Aber in seinem Eifer die schwarze Gemeinschaft zumindest partiell zu rehabilitieren und ihr ethnographische Gerechtigkeit widerfahren zu lassen (was durchaus rühmenswert ist), entgeht ihm, dass sich die Gruppe der Respektablen und der »Nichtsnutze« wechselseitig konstituieren, die Rolle des »Modellbürgers« nur im Kontrast zu und auf Kosten von »Problembürgern« zu haben ist. Damit wird ein binäres System von Handlungsoptionen, ein Entweder-Oder behauptet, das zwar in der Typifizierung der städtischen Armen eine lange Tradition aufweist, empirisch aber in der Regel keine Entsprechung findet. Vielmehr kann jedes Individuum an dem einen oder anderen Punkt seiner Biographie notgedrungen stärker zu der einen oder anderen Seite der Unterscheidung tendieren. Auch wer den Normen normalerweise gerecht wird, kann gelegentlich zu Mogeleien gezwungen, aufs »Organisieren« angewiesen sein, so wie der »Nichtsnutz« den (heimlichen) Wunsch zu hegen vermag, ein »anständiges« Leben zu führen – ein Changieren, das Elijah Anderson (1999) als *code switching*, nämlich zwischen dem »Code der Straße« und dem »Code der Höflichkeit«, bezeichnet hat.

Dass es keinen unumkehrbaren, quasi-organischen Unterschied zwischen Menschen gibt, die einen ghettospezifischen Lebensstil leben und anderen, die nur umständehalber im Ghetto leben, das ist das Thema einer weiteren klassischen Black-Ghetto-Ethnographie, nämlich *Hustling and Other Hard Work* von Bettylou Valentine (1978). Wie der Titel bereits verrät, wird das Hustling radikal entromantisiert, indem die Autorin es als Arbeit begreift, wie im Übrigen auch den Aufwand, der nötig ist, um Sozialhilfe zu erhalten.[81] Unter Hustling subsumiert sie eine ganze Reihe an Aktivitäten am Rande der Legalität bis hin zu (klein-)kriminellen Akten: Kauf und Verkauf von »heißer« Ware; Organisation von Glücksspielen; Schwarzbrennerei; illegaler Handel mit Alkohol nach Ladenschluss; »Ausschlachten« von aufgegebenen Häusern und Autos; Ladendiebstahl oder Drogenhandel.

Die Studie ist aus mehreren Gründen höchst bemerkenswert. Sie ist eine der wenigen Untersuchungen in städtischen Problemzonen, die von Frauen durchgeführt wurden, in diesem Fall von einer Afroamerikanerin, die mit ihrem (weißen) Mann, dem bekannten Soziologen Charles Valentine[82] und ihrem gemeinsamen, zu Beginn der Feldforschung ein Jahr alten Sohn Jonathan nach Blackston, einem Black Ghetto in einer im Norden der USA gelegenen Großstadt, gezogen ist. Dort teilten sie das Leben der »Einheimischen« auf eine Weise, die in gewisser Hinsicht als selbstaufopfernd zu bezeichnen ist:

»Fünf Jahre lang [sic!] bewohnten wir dieselben baufälligen, von Ratten und Kakerlaken befallenen Gebäude wie alle anderen, ernährten uns von denselben minderwertigen, überteuerten Lebensmitteln, vertrauten unsere Gesundheit und die Erziehung unseres Sohnes denselben unzureichenden Institutionen an, erlitten dieselbe Brutalität und Einschüchterung seitens der Polizei und versuchten wie viele andere, mit einer Kombination aus Durchhaltevermögen, Flucht und Widerstand das Beste daraus zu machen.« (Valentine 1978, S. 5)

Dieses mimetische, auch vor Selbstgefährdung nicht haltmachende Eintauchen[83] in die Lebenswelt der Protagonisten nach dem Prinzip der »geteilten Erfahrung« schlägt sich im ethnographischen Bericht dergestalt nieder, dass es kein Autoren-Ich gibt, die Autorin vielmehr zu einem Teil der Szenerie wird und, je nach Situation, als »die/diese Ethnologin«, »Miz Valentine« oder »Bettylou« figuriert. Dabei wird die Autorin zuweilen so sehr Teil der Szenerie, dass sie in der Lage zu sein scheint, die Gedanken ihrer Protagonisten zu lesen:

»Hank und Onkel Jonesy saßen da und rauchten ein bisschen von Jonesys Gras, sahen dem Nachmittag beim Vorbeigehen zu und hingen ihren Gedanken nach. Hank wandte sich Jonesy zu und führte laut ein Gespräch fort, das er bis dahin mit sich selbst gehalten hatte. Hank musste sich in seinem eigenen Kopf darüber klar werden, warum er sich in dieser Nachbarschaft so wohl fühlte. Was er schätzte, waren nicht die Polizei, die Krankenhäuser oder die Feuerwehr, und ganz sicher nicht die Müllabfuhr oder die angeblichen Nachbarschaftsorganisationen wie der *Blackston Community Council*. Es war nicht einmal der physische Ort [...] Was Hank an Blackston gefiel, waren die Menschen. Sie arbeiteten hart und hatten Spaß im selben Stil. Sie waren freundlich und immer zum Teilen bereit.« (Ebd., S. 115f.)

Diese Passage ist nicht nur symptomatisch für einen Schreibstil, der ein Arkanwissen behauptet, über das nur jene verfügen, die zum inneren Kreis gehören, die »eingeweiht« sind; sie ist auch von inhaltlicher Relevanz, verweist sie doch auf den *common sense* unter Ethnographen, dass die Quartiersqualität allererst eine menschliche und keine bauliche ist. Die Bauqualität mag heruntergekommen sein, was zählt, sind die menschlichen Qualitäten.

Anhand von drei Familienporträts – den Burtons, den Wards und den Wilsons –, die das soziale und moralische Spektrum von Blackston repräsentieren, macht Bettylou Valentine unmissverständlich deutlich, dass Familiengruppen im Ghetto in einem unterschiedlichen Grad, aber unvermeidlich auf drei Einkommensquellen angewiesen sind, um sich über Wasser zu halten: »Um in Blackston und an ähnlichen Orten zu überleben, muss man arbeiten, Geschäfte machen (*hustle*) und Sozialhilfe bekommen. Menschen wie die in Blackston müssen all dies ihr Leben lang immer wieder auf unterschiedliche Weise kombinieren.« (Ebd., S. 9) Bernice Wilson, die gelegentlich in einem Büro arbeitet und den Haushalt der Familie führt, verkörpert in gewisser Weise diesen Lebensstil:

»Sie bekam ihre Sozialhilfe, schlug sich mit dem Sozialamt und den Sachbearbeitern herum und schaffte es sogar, für ihr altes Haus Miete vom Amt zu bekommen. Und zu guter Letzt wusste Bernice auch, dass sie immer wieder etwas ›organisiert‹ hatte – sie hatte ›heiße Ware‹ gekauft, lizenzierte Produkte weiterverkauft, illegales Lotto gespielt und Programmparties und Tanzabende gegeben. All das fanden Bernice und die anderen in Blackstone in Ordnung und sogar notwendig, um über die Runden zu kommen.« (Ebd., S. 118)

Das binäre System von Handlungsoptionen, das in der Geschichte der Slum- und Ghetto-Literatur vorherrscht, findet im wirklichen Leben keine Entsprechung. Zwar teilen viele Bewohner von Blackston, zumindest rhetorisch, die herrschenden Werte der Mittelschicht, ja, mögen sogar die Klassifikation in »working poor« und »undeserving poor« teilen: »In Wirklichkeit tendiert jedoch jedes Individuum bzw. jede Familie an unterschiedlichen Zeitpunkten einmal mehr in die eine und einmal mehr in die andere Richtung dieser Unterscheidung.« (Ebd., S. 128) Die stets auf gutes Benehmen Wert legende Tante Bea (»kein Fluchen, Respekt für die Älteren, bescheidene Kleidung«) hat ihre regelmäßigen Trinkperioden und kann darauf angewiesen sein, etwas ›organisieren‹, während der straffällig gewordene Ex-Dealer zu einem ›anständigen‹ Beruf (zurück-)finden kann.

Auf der Ebene der Wertevermittlung allein ist eine Veränderung der Lage nicht zu haben. Was Duneier in den Augen von Wacquant versäumt hat zu diskutieren, sind die strukturellen Faktoren: »[…] die Desozialisierung der Arbeit, die Erosion des patriarchalischen Haushalts, der Abbau des Sozialstaats, die Kriminalisierung der innerstädtischen Armen, die Gleichsetzung von schwarzer Haut und Gefährlichkeit im öffentlichen Raum.« (Wacquant 2002, S. 1480) Es sind eben diese um Arbeit, Gesundheit und soziale Sicherheit kreisenden Faktoren, die Hustling als eine besondere Form der Arbeit in den Augen von Bettylou Valentine zumindest phasenweise unvermeidlich erscheinen lässt. Das gilt in ihrer Studie selbst noch für einen so ehrbaren Menschen wie Thaddeus Burton, »einen intelligenten, stillen, anständigen schwarzen Mann«, der so gut zu »Slim's Table« gepasst hätte. Obwohl er als Hausdiener, Chauffeur und »Mädchen für alles« für zwei weiße Familien gleichzeitig arbeitete, war auch er noch auf Nebeneinkünfte aus illegalen Pokerspielen angewiesen, um über die Runden zu kommen.

Inside the Zone

Als radikalster Kritiker der Ghetto-Ethnographie in theoretischer wie methodologischer Hinsicht hat sich in jüngster Zeit der Bourdieu-Schüler Loïc Wacquant profiliert, der seit mehr als einem Jahrzehnt in Chicagos South Side ein Projekt verfolgt, dem er den Arbeitstitel »Inside the Zone« gegeben hat. Neben einer Kritik der konzeptionellen Prämissen und empirischen Fallstricke der Ghetto-Forschung hat er inzwischen auch erste ethnographische Rückmeldungen aus seinem Feld, einer ›hood‹ (*neighborhood*) im Black Ghetto, bekannt als »The Zone« oder »Killing Fields«, vorgelegt (Persönliche Mitteilung per E-Mail, 14.5.2002). In »Three Pernicious Premises in the Study of the American Ghetto« (1997), einer radikalen Auseinandersetzung mit den konzeptionellen Schwächen vorliegender Ghetto-Studien, macht Wacquant drei Grundannahmen dieser Studien aus, die das Verständnis der Wirkmächte, die die Re-Artikulation von »Hautfarbe, Klasse und Ort« bestimmen, seiner Ansicht nach be-, ja verhindern: erstens die Gleichsetzung von »Ghetto« mit innerstädtischen Armutsgebieten, eine Annahme, die den ›rassischen‹ Charakter dieser Armut verschleiert und den Begriff des Ghettos jeder historischen Bedeutung entkleidet; zweitens die Gleichsetzung des Ghettos mit einem durch Desorganisation gekennzeichneten Gebiet, das ausschließlich in Termini des Defizitären und Devianten zu analysieren ist, und, mit letzterem Aspekt verbunden, die Exotisierung des Ghettos und seiner Bewohner, nicht zuletzt durch den Ethnographen selber.

Wacquant hält stattdessen an dem historisch fundierten Begriff des Ghettos als einer Bezeichnung von Gebieten fest, in denen zu leben Gruppen aus rassischen, ethnischen und/oder religiösen Gründen gezwungen sind. Er schlägt vor, unter »Ghetto« soziologisch eine *institutionelle Form* zu verstehen, das heißt einen historisch bestimmten, räumlich fundierten Komplex von Mechanismen der ethnorassischen Abschließung und Kontrolle, der aus vier miteinander zusammenhängenden Elementen gebildet wird: (1) der erzwungenen Relegation einer (2) stigmatisierten Bevölkerungsgruppe in ein (3) geschlossenes Gebiet mit (4) distinktiven Institutionen, die ein (defizitäres) Paralleluniversum zur herrschenden Gesellschaft bilden (Wacquant 1997).

Für Wacquant funktioniert das Black Ghetto wie ein ethnorassisches Gefängnis. Diese Analogie ist von ihm keineswegs metaphorisch, sondern strukturell gemeint: Die institutionelle Form des Ghettos ist nämlich die des Gefängnisses, das aus denselben vier Elementen – Stigma, Zwang, physische Abschließung und organisatorischer Parallelismus – wie das Ghetto gebildet wird. Daher ist auch die separate Subkultur des Ghettos keineswegs historisch fundiert, sondern, wie das Argot, die normativen Standards und die Austauschsysteme im Gefängnis, eine adaptive ›Antwort‹ auf die soziosymbolische Einmauerung. Durch die dreifache Verwandtschaft von funktionaler Gleichwertigkeit, struktureller Entsprechung und kulturellem Synkretismus wird das Black Ghetto schließlich derart an das Gefängnissystem gekoppelt, dass Ghetto und Gefängnis ein einziges *carceral continuum* bilden, in dem sich wachsende Teile der Ghetto-Bevölkerung (insbesondere junge schwarze Männer, aber zunehmend auch junge Frauen) wie in einem geschlossenen Kreislauf bewegen (Wacquant 2001).

Vor diesem analytischen Hintergrund muss jeder Versuch, den Ghettobewohnern das Stigma des Defizitären und Devianten zu nehmen, indem man ihnen Würde und Respekt zubilligt, als ethnographisch blind und theoretisch unzureichend erscheinen. Konsequenterweise ›entlarvt‹ Wacquant in seiner rücksichtslosen Abrechnung mit dem »Elend« der *urban ethnography* neuere Monographien über die »Black Working Poor« (Anderson 1999, Duneier 1999, Newman 1999), die ihren Subjekten Anständigkeit, Ehrlichkeit und Genügsamkeit – also ›protestantische‹ Tugenden – zuschreiben, als neoromantische Erzählungen, die Teil der Konstruktion des neoliberalen Staates und seines »Einsperrungs- und Hilfskomplexes« sind (Wacquant 2002, S. 1471).[84] Nur indem man sowohl die bejammernde Interpretation, die in den Akteuren willenlose Opfer, als auch die populistische Lesart vermeidet, die ihre Akteure zu Heroen des Widerstands stilisiert, ist man Wacquant zufolge (1998, S. 12) in der Lage, die soziale Logik, die das quasi-carcerale Universum des Black Ghetto bestimmt, zu entschlüsseln.

Rickey, der professionelle Hustler in *Inside the Zone*, dem ersten ethnographischen Teilstück des Projekts (zunächst in Bourdieus *La misère du monde* publiziert), mag als ein Beispiel für die jungen Männer dienen, die sich in dem *carceral continuum* bewegen oder sich zumindest auf diesen Kreislauf zubewegen. Ob Rickey freilich die von Wacquant getroffenen Parallelisierung von Ghetto und Gefängnis teilt, mag füglich bezweifelt werden. Was sich analytisch fügt, stellt sich aus der Perspektive des Individuums immer noch als Unterschied ums Ganze dar. Wacquant hatte Rickey durch dessen Bruder kennen gelernt, auf den er wiederum in einer Chicagoer Boxschule (*boxing gym*) getroffen war. Um Zugang zum Feld zu finden und eine Position zu erlangen, die es ihm erlaubt, auf

›natürliche‹ Weise Teil der Situation zu sein, war Wacquant einer Boxschule beigetreten[85] und hatte sich dort, symptomatisch für die Konsequenz, mit der er seine Studien betreibt, drei Jahre lang bis zur Turnierreife – Teilnahme am *Chicago Golden Gloves* 1990 – ausbilden lassen.

Die Geschichte der Lehrzeit gehört zu den erstaunlichsten Passagen des Wacquantschen Projekts, erzählt er sie doch, aller radikalen Kritik an der romantischen Einstellung der Ethnographen zum Trotz, als Variante jener mystischen Transformation, bei der der Forscher dadurch Anerkennung im Feld findet, dass er in ihm ›aufgeht‹ (»Ich habe mir die Nase brechen lassen, wie alle anderen auch«). Schließlich wird er, als ein Beispiel für die Wunder, die sich nur im Feld ereignen, von der »Bruderschaft der *Fistiana*« adoptiert, als Schwarzer ehrenhalber (»honorary black«) wie er tatsächlich schreibt, und als virtueller »Adoptivsohn« des (legendären) Trainers DeeDee Armour (Wacquant 2001a).[86] Von diesem fensterlosen »Fenster zum Ghetto« (Wacquant), dem »gym«, gewinnt er einen Einblick in die geschlossene Welt des Ghettos:

»Ich war nicht nur in der Trainingshalle einer von ihnen, sondern begleitete sie auch bei anderen Gelegenheiten, etwa bei der Arbeits- oder Wohnungssuche, der Schnäppchenjagd in den Kaufhäusern des Ghettos, zu Auseinandersetzungen mit den Ehefrauen, zum Sozialamt oder zur Polizei und beim Flanieren mit ihren »homies« (Kumpanen) aus den berüchtigten Nachbarvierteln. Beim gemeinsamen Picknick, beim Besuch von Tanzabenden oder Familienfesten erfuhr ich von ihren Freuden und Leiden, ihren Träumen und Enttäuschungen. Sie nahmen mich ebenso in die Kirche oder zum Friseur mit, um mir einen ›fade‹ schneiden zu lassen, wie zu einer Partie Billard in der Stammkneipe und ließen mich Rap hören, bis er mir zu den Ohren herauskam.« (Wacquant 2003, S. 10f.)

In dieser Welt ist das Hustling eine ganz normale, weil notwendige Erwerbsquelle zur Ergänzung des chronisch unzureichenden Einkommens aus Lohnarbeit und Sozialhilfe. Daher ist sein Protagonist Rickey, diese »personalisierte Inkarnation« des Hustler, auch weder eine soziale Anomalie noch Repräsentant einer abweichenden Mikrogesellschaft. Vielmehr erweist er sich als ein charakteristisches Produkt der ökonomischen und rassischen Ausschließungsprozesse, dessen einzige Perspektive, wenn man dies denn so nennen will, die »Sklavenjobs« in der neuen Dienstleistungsökonomie sind, deren Löhne 20 Prozent unter der offiziellen Armutsgrenze liegen: »Warum sollte man den rechtmäßigen Weg nehmen, wenn die Belohnung ebenso spärlich und fast so unsicher ist wie die viel unmittelbarere und greifbarere, die die Straßenökonomie anzubieten hat?« (Wacquant 1998, S. 14)

Mit 29 Jahren, seinem Alter zur Zeit des Interviews, hat Rickey, geboren und aufgewachsen in einem kommunalen Wohnblock in der South Side von Chicago, der als Hoch-Risiko-Zone eine traurige Berühmtheit erlangt hat, noch nie einen festen Job gehabt. Aber das ist für Rickey kein Grund zur Klage, da eine sichere und gut bezahlte Stelle nie Teil seiner Erwartungen gewesen ist. Wenn Marginalisierung zur normalen Ordnung der Dinge geworden ist, dann wird einem selbst das Bewusstsein ausgeschlossen zu sein, genommen (ebd., S. 13). Stattdessen hat er von einer Kombination aus Sozialhilfe, Geld von »lady friends«[87] und aus diversen ›Hustles‹ (vor allem illegalem Glücksspiel) gelebt. Dieses Fazit zieht Wacquant aus einem nahezu dreistündigen Interview, das in »Inside the Zone« ausschnittweise im Hinblick auf das wiedergegeben wird, was Wacquant kapriziös »die ›soziale Kunst‹, sich seinen Weg durch den sozialen Raum des Ghettos auszuhandeln« nennt (ebd., S. 11). Bei diesem Interview fällt der »aw man!«-Ton, diese »Ich weiß wie das Leben läuft«-Attitüde auf, die nicht nur dazu da ist, den Gesprächspartner als »street smart« zu beeindrucken, sondern auch ein gutes Stück Selbstbetrug zu enthalten scheint. Angesichts der ihm von seinen Boxfreunden mitgegebenen Warnung, dass Rickey ein »talker« sei, erstaunt doch die Naivität, mit der Wacquant dieser *performance* begegnet. Als Leser des für die Publikation bearbeiteten Interviews gewinnt man den Eindruck, als habe Wacquant aus der Begegnung so viele Informationen wie möglich herausholen wollen, in der Regel ein untrügliches Zeichen für eine prekäre Feldsituation. Diese Vermutung wird durch Wacquants Aussage gestützt, dass das »lang erwartete Interview« erst nach einer Reihe von erfolglosen Verabredungen in der Boxschule zustande kam. Man kann nur vermuten, dass aufgrund des Druckes, der auf der Interviewsituation lag, das Interview selber, das seitens des Interviewers ausschließlich aus Fragen (»Bist Du je Zeuge eines Mordes geworden?«) und Aufforderungen (»Erzähl mir die Umstände«) besteht, mehr einem Verhör als einem Gespräch ähnelte. Die Behauptung, das Interview habe Rickey eine seltene Gelegenheit geboten zu verweilen und gewissermaßen von außen auf sich und sein Leben zu schauen (ebd., S. 5), erscheint angesichts der Gesprächsführung – zumindest in der veröffentlichten Fassung! – schwer nachvollziehbar. Gerade um Bilanz zu ziehen, hätte es der Phasen bedurft, in denen Rickey gewissermaßen auf sich selbst zurückgeworfen wurde, statt durch die ständigen Nach*fragen* des Interviewers vom Nach*denken* abgehalten zu werden. So bleibt offen, ob die ›Bilanz‹ auch anders hätte ausfallen können. Diese Frage drängt sich vor allem angesichts einer Passage auf, in der Rickey über ein Thema räsoniert, das im Zentrum unserer Erörterung steht, der Frage nämlich nach der Wirkmächtigkeit der zwei Lebensstile (»anständig« versus »Straße«) im Ghetto. Hier scheint er tatsächlich für einen Moment zur Selbstbesinnung zu kommen:

»It's one guy uh, we goo' buddies now: we ha' tot'ly two diff'ren' lifestyles, but we was goo' frien's. Like right now, he uh (uttered as a litany, with respect, LW), he bought him a buildin', he own him a home, he work ev'ryday, never been in no trouble. Never been locked up, never been arrested, never gambled 'ya know. An' he made it on the *legit side*, ya know,jus'workin' an', ya know, workin'-workin'-workin'. He always *has worked* an' I was *hustlin'* an' he was workin'. I was hustlin' when we go out, it's like – we grew up together – *my* language towar' people is diff'ren' than *his* language towar'em, ya know, an‹ ... Uh, it was jus' like tha'‹« (ebd., S. 25f.).

Möglicherweise hätte in diesem Augenblick tatsächlich die Chance bestanden, die von Wacquants Lehrer Pierre Bourdieu erwünschte Selbstanalyse der befragten Person, die Artikulation lange unterdrückter Erfahrungen und Gedanken zu provozieren und zu unterstützen; aber anscheinend war die dafür notwendige gesellschaftliche Nähe und Vertrautheit nicht gegeben (Bourdieu 1997).

Eine Insel der Ruhe und Ordnung

Während das Porträt des Hustler als Prototyp des *ghetto man* als überstürztes und damit defizitäres Resultat einer prekären Feldsituation erscheint, ist das vermeintliche Nebenprodukt der Ghetto-Studie, die Ethnographie eines Boxklubs in der South Side von Chicago, eine dichte Beschreibung einer Welt, die in sich geschlossen ist. Sie umfasst eigene Gerüche – »die Körperöle, die in die Nase steigen, die schweißdurchtränkte Luft, der Gestank der Gymnastikbank« (Wacquant 2003, S. 74) –, eine eigene Geschichte und eigene Idole – die anhand einer minutiösen Beschreibung des Wandschmucks im Hinterzimmer des Trainers vor Augen geführt werden –, eigene Rituale und Verhaltensregeln, die verdeutlichen, dass sich das Boxgym in einer symbiotischen Oppositionsbeziehung zum Ghetto befindet. Im Gegensatz zur feindlichen, unsicheren Umwelt des Ghettos bildet der Klub, wie Wacquant schreibt, eine »Insel der Ruhe und Ordnung« (ebd., S. 31), und eben dies scheint sie nicht zuletzt auch für den Forscher selbst gewesen zu sein. Einem *settlement* nicht unähnlich ist der Klub ein Ort ungezwungener Geselligkeit, der als ein Schutzschild gegen den Druck, die Versuchungen und Gefahren der Straße fungiert: »Jede Stunde im *gym*«, so einer der Boxer, »ist eine weniger auf der Straße« (ebd., S. 32). Der opportunistische Schritt, einem Boxklub beizutreten, um Zugang zum Ghetto zu erlangen, erweist sich im Nachhinein als ein Glücksfall, dem wir eine dichte, sinnliche Studie verdanken, die nicht denkbar gewesen wäre, wenn der Autor mit der Absicht ins Boxstudio gegangen wäre, das Boxen als körperliche und soziale Praxis zu untersuchen: »Ich wurde im Klub von allen Boxern aufgenommen – eben deshalb, weil ich ihre Welt als Boxer und nicht als Soziologe betrat.« (Wacquant 2001, S. 30f.) Es galt zunächst das Vertrauen der Trainingspartner zu gewinnen oder, elementarer, von ihnen überhaupt ernst genommen zu werden, wies doch Wacquant als einziger Weißer, einziger Akademiker und, last but not least, einziger Brillenträger gleich mehrere Handicaps auf einmal auf. Gelingen konnte dies freilich nur auf milieuspezifische Weise: »Solange du dich dem äußerst strapaziösen Regime des Boxens unterwirfst und im Ring ›deinen Zoll entrichtest‹ wirst du mit offenen Armen in die Bruderschaft der *Fistiana* aufgenommen.« (Ebd., S. 31) Diesen Zoll muss man auch entrichten, wenn man den Gegenstand adäquat begreifen will. Um die »soziale Kunst« des Boxens wissenschaftlich fassen zu können, muss man sich, so Wacquant apodiktisch, »in Echtzeit und realen Situationen«, einer Initiation in diese Praxis unterziehen: »Die Welt des Boxsports versteht nur, wer persönlich in sie eintaucht, die entsprechende Lehrzeit und die verschiedenen Stadien durchläuft.« (Wacquant 2003, S. 62) Indem Wacquant seinen Körper zum ethnographischen Werkzeug und Prüfstein macht, radikalisiert er die erfahrungswissenschaftliche Regel »wenn du ihr Leben verstehen willst, musst du es selbst erleben«. Es sind die vom Forscher leiblich erfahrenen Erfordernisse des Feldes, die das eigentliche Thema der Ethnographie bilden. Daher stellt sie im Grunde genommen eine Auto-Ethnographie auf leiblicher Basis dar – in ihrer ersten, noch vorläufigen Fassung zurecht als *notes ethnographiques d'un apprenti boxeur* bezeichnet (Wacquant 1989). Erst nach 16 Monaten beharrlicher Präsenz und schließlicher Akzeptanz als Mitglied des engeren Zirkels des Boxklubs traf Wacquant den Entschluss, das Boxen selbst und den Beruf des Boxers zu einem eigenen Untersuchungsgegenstand zu machen. Aufgrund dieser langen Vorlaufphase war er vertraut mit dem kulturellen Idiom der Boxer und dadurch in der Lage, seine Fragen auf eine Weise zu stellen, die den professionellen Ansprüchen der Boxer gerecht wurde. Nur so, stellt Wacquant fest, konnte er offene und sinnvolle Antworten hervorlocken. Zugleich ermöglichte ihm sein Wissen aus erster Hand, diese Antworten zu sondieren, mit anderem Material (Beobachtungen, Tagebuchnotizen) zu konfrontieren und eine Reihe von Anhaltspunkten zu entwickeln, um dem gelebten Handwerk im Verstehen so nah wie möglich zu kommen: »Jede andere Herangehensweise hätte gewaltige Verzerrungen erzeugt, die den zu konstruierenden Gegenstand vermutlich mit einer Kombination aus Zaghaftigkeit, selbstmystifizierender Fehlkommunikation und bewusstem Mythologisieren verstümmelt, wenn nicht gar zerstört hätten.« (Wacquant 1995, S. 494) Wacquant plädiert hier also, ganz im Unterschied zu den Methodologien, die das Unwissen des Forschers als Voraussetzung des Wissenserwerbs im Feld kultivieren, für eine gewissermaßen inkorporierte Kenntnis des ›Handwerks‹ als *Basis* für eine gehaltvolle, auf Kompetenz beruhende ethnographische Erschließung des Feldes – ganz ähnlich im Übrigen wie Ned Polsky bei seiner Untersuchung der Welt der professionellen Billardspieler verfahren ist (Polsky 1971).

Boxen ist für Wacquant ein genuines Handwerk (*craft*), das auf qualifizierter körperlicher Arbeit beruht. Im Unterschied zu den unqualifizierten Jobs in Industrie und Dienstleistungsgewerbe, die den Ghettobewohnern zugänglich sind, ermöglicht das Boxen den ›Handwerkern‹ einen hohen Grad an Kontrolle über den Arbeitsprozess, eine Kontrolle, die sich dem komplexen Wissen verdankt, das diesem Handwerk zugrunde liegt. Denn Boxen ist eine kinetische Technik, die auf ausgebildeten körperlichen, kognitiven und emotionalen Dispositionen beruht, die qua Training einverleibt werden: »Das Ineinander-Übergreifen der körperlichen und mentalen Dispositionen geht so weit, dass sich auch der Wille, die Moral, die Entschlusskraft, die Konzentration und die Kontrolle der Emotionen zu ebenso vielen körpereigenen Reflexen umformen. Bei einem ›kompletten‹ Boxer bilden Körper und Geist eine vollendete Symbiose.« (Wacquant 2003, S. 99) Vor diesem Hintergrund wird verständlich, dass Boxer stolz auf ihre Fertigkeiten sind, beherrschen sie doch ein komplexes, auf physischem Mut aufruhendes Handwerk, das ihnen in ihrer *neighborhood* Ansehen verleiht. Das Boxen wird, wie jede körperliche Arbeit, vor allem von Angehörigen der Arbeiterklasse ausgeübt, aber nicht, wie häufig aufgrund der unterstellten Gewalttätigkeit behauptet, von den Fraktionen des Ghetto-Subproletariats, sondern von jenen Teilen der Arbeiterschaft, die auf dem Weg zu einer stabilen sozioökonomischen Integration sind. Diese Auslese, die mit dem Ausschluss der Jugendlichen aus benachteiligten Familien einhergeht, hat unmittelbar etwas mit den Umständen und Gewohnheiten zu tun, die die Voraussetzung für die boxerische Praxis bilden: »[…] vom Boxer wird ein geregeltes Leben, Sinn für Disziplin und physische wie mentale Askese gefordert, alles Eigenschaften, die unter von chronischer Instabilität und zeitlicher Desorganisation geprägten sozialen und ökonomischen Bedingungen nicht herausgebildet werden können« (ebd., S. 47). Boxen erfordert von seinen Praktikern eine geradezu »mönchische Hingabe«, die alle Bereiche der Privatsphäre betrifft, eine Hingabe, die Wacquant als Opfer (*sacrifice*) im sakralen Sinne begreift. Damit ›heiligt‹ er gewissermaßen eine mundane Praxis, die üblicherweise als profan gilt. Wacquant bemüht die stärksten religiösen Assoziationen, wenn er von der »Trinität des pugilistischen Opfers« spricht, die sich auf die Grundhaltung der *Abstinenz* bringen lässt: In Bezug auf Nahrung (strikte Diät), Soziabilität (keine Kumpels, keine Parties, keine Klubs) und, last but not least, auf das Sexualleben, werden die Boxer doch angewiesen, sich Wochen oder gar Monate vor dem Kampf jeden Geschlechtsverkehrs zu enthalten (Wacquant 2001, S. 31).

Das *Boxgym* ist also eine *disciplina*, eine pädagogische Anstalt, die Disziplin – vor allem Regelmäßigkeit und Zuverlässigkeit – und Selbstkontrolle, das heißt Selbstüberwindung und eine realistische Selbsteinschätzung, vermittelt. Die Pädagogik des Boxens geht aber noch darüber hinaus. Sie ist »eine Pädagogik der Bescheidenheit und eine Pädagogik der Ehre, deren Ziel es ist, dem Einzelnen einen *Sinn für Grenzen* zu vermitteln (der gleichzeitig auch der Sinn für die Gruppe und den eigenen Platz in der Gruppe darstellt)« (Wacquant 2003, S. 115; Hervorhebung im Original). Die in Boxerkreisen verbreitete Rede, Boxen sage »die Wahrheit über eine Person«, erhält daraus ihre Bedeutung, denn Boxen ist nicht nur Ausweis von körperlicher, sondern auch von moralischer Stärke. In ihren Familien und *neighborhoods* werden die Kämpfer nicht nur wegen ihrer Härte und ihres Mutes verehrt, sondern auch, weil sie ein positives Bild von harter Arbeit, Disziplin und Beharrlichkeit entwerfen:

»Nachbarn und Verwandte respektieren die Berufsboxer für ihre beherzte Weigerung, sich der sozialen Notwendigkeit zu fügen; dafür, dass sie im Wortsinn um ein besseres Leben kämpfen und der Versuchung widerstehen, sich entweder der Abhängigkeit und Demoralisierung hinzugeben, die so viele Ghettobewohner befällt, oder – schlimmer noch – kriminell zu werden, um ihr materielles Überleben und Fortkommen zu sichern.« (Wacquant 1995, S. 517)

Der Faustkämpfer erscheint so als eine heroische Gestalt, die als einzige dem *ghetto man* die Stirn bieten kann, eine dem Bösen widerstehende Person, die gegenüber jenen moralisch überlegen ist, die für die zwielichtigen Geschäfte der informellen Ökonomie der Straße optieren. Damit schreibt aber Wacquant seinen Freunden aus dem *Boxgym* jene Eigenschaften und Haltungen zu, die er in seiner vehementen Kritik an den neueren Monographien über den »anständigen schwarzen Mann« als Projektionen neoromantischer Erzählungen denunziert hat. Auch bei Wacquant ist die Typologie der männlichen Ghettobewohner letzten Endes in die Gruppe der moralischen *(heroic self)* und amoralischen *(ghetto man)* geschieden.

Gegen das Raumbild vom »Ghetto«

Herbert Gans hat in seiner kritischen Würdigung von Wacquants Überlegungen zu den drei fatalen Prämissen der Untersuchungen des amerikanischen Ghettos eindringlich davor gewarnt, den Ghetto-Begriff durch Verallgemeinerung zu verwässern: »Als jüdischer Flüchtling aus Hitlerdeutschland war ich wie Wacquant entsetzt von der Umdefinierung von ›Ghetto‹ durch Jargowsky-Bane (1991), wonach das Wort extrem arme Nachbarschaften beschreiben soll. Damit würde eine 500 Jahre währende Begriffsverwendung ausgelöscht, in denen das Wort für Gegenden stand, in denen rassische, ethnische oder religiöse Gruppen zu leben gezwungen sind.« (Gans 1997, S. 504) Eine solche Neudefinition erscheint aus verständlichen Gründen besonders prekär, wenn sie Anwendung in den deutschsprachigen Sozialwissenschaften findet, was sie inzwischen auch tut. Mit einer solchen Übertragung werden eben nicht nur elementare Unterschiede zwischen US-amerikanischen und bundesdeutschen Verhältnissen (absichtsvoll?) verwischt, sie lässt auch den von Gans in Erinnerung gebrachten Gebrauch des Ghetto-Begriffs in Vergessenheit geraten, der zu den im kollektiven Gedächtnis zu bewahrenden Negativmarken deutscher Geschichte gehört. Nicht von ungefähr hat Herbert Gans in diesem Zusammenhang den Begriff »auslöschen« (*to erase*) verwendet. Von Berlin-Neukölln zum Beispiel beziehungsweise von Teilen dieses Stadtteils als einem »Ghetto« und von den Neuköllnern als »Ghetto-Bewohner« zu sprechen, spottet jeder Verhältnismäßigkeit – wie will man dann räumliche Zwangsrelegationen stigmatisierter Bevölkerungsgruppen überhaupt noch konzeptionell fassen?

Dieser neue, aufgeweichte Gebrauch des Ghetto-Begriffs verdankt sich nicht zuletzt einer Tendenz zur Dramatisierung, die auch die Stadtsoziologie erfasst hat. In dieser Hinsicht hat das zur Charakterisierung postindustrieller Großstädte erdachte Raumbild von »Zitadelle und Ghetto« mehr Schaden angerichtet als Erhellung gebracht. Durch die unreflektierte Übernahme solcher Bilder und Begriffe werden nämlich die Zustände, die sie abzubilden behaupten, überhaupt erst diskursiv hergestellt, vulgo: herbeigeredet (vgl. Veith/Sambale 1999). Das alles spricht nicht gegen die Ethnographie städtischer Quartiere, im Gegenteil. Nur durch die »örtliche autoptische Recherche«, wie Max Weber gesagt hätte, ist den verallgemeinernden Trendanalysen empirisch gehaltvoll entgegenzutreten. Nur durch das lokale Wissen, das der Forscher im Feld gewinnt, sollten sich die orientierenden Fragen entwickeln (Anderson 2002). Und nur durch die Fähigkeit der Ethnographie, ihre Protagonisten als Individuen sichtbar und verstehbar zu machen, ist schließlich ein Antidot gegenüber den Tendenzen gegeben, die gesellschaftlichen Subjekte nur noch in abstrakten Begriffen zu zeichnen und damit um ihre wesentlichen menschlichen Qualitäten zu bringen (Duneier 2002).

Überleben in El Barrio

»Wir passierten ein gähnendes Loch, das aus der hinteren Ziegelwand des einzigen, in der Mitte eines Trümmerfeldes in East Harlem noch übrig gebliebenen, bereits aufgegebenen Mietshauses herausgeschlagen war. Mein Freund hielt sich nicht einmal damit auf, seine Augen an die Dunkelheit zu gewöhnen, und ich musste hinter ihm in das Innere des abgefackelten Gebäudes kraxeln, wobei ich so tat, als ob alles absolut in Ordnung sei. Wir stoppten an einer großen Sperrholzplatte, die eine weitere aufgebrochene Ziegelwand versperrte und er klopfte: ›Ich bin's, Mikey – der weiße Mikey mit einem Freund. Er ist auch weiß, aber keine Angst, er ist in Ordnung (cool).‹ Am ganzen Körper zitternd, nass vom Nieselregen einer New Yorker Dezembernacht, warteten wir darauf, in die *shooting gallery* eingelassen zu werden. Nervös zappelnd, versuchte ich den hartnäckigen Regentropfen auszuweichen, die sich irgendwie ihren Weg durch fünf Stockwerke verkohlter Sparren genau auf meine Baseballkappe bahnten. Ich stellte fest, dass mein Mund nach Metall schmeckte und ich fragte mich, ob ich nicht diesmal als Ethnologe zu weit gegangen war.« (Bourgeois 1998, S. 37)

Philippe Bourgeois' *Nacht in der Shooting Gallery*[88] ist das vorläufig letzte Beispiel für jene Prüfungen, denen sich die Konfirmanden des ethnographischen Gewerbes unterziehen, um Bericht zu erstatten aus einer Welt, die dem Normalsterblichen unzugänglich bleibt. Lévi-Strauss hat solche Exerzitien mit jenen Prüfungen verglichen, die Heranwachsende nordamerikanischer Indianerstämme auf sich nehmen, indem sie sich »wilden Tieren, Kälte und Regen« aussetzen beziehungsweise ausgesetzt werden:

»Genau wie bei den erwähnten Eingeborenen erwirbt auch bei uns der junge Mann, der sich einige Wochen oder Monate lang von der Gruppe absondert und einer außergewöhnlichen Situation ausgesetzt hat (manchmal aus aufrichtiger Überzeugung, manchmal dagegen mit äußerster Vorsicht und Gerissenheit, Nuancen, die auch den Eingeborenen nicht fremd sind), eine gewisse Macht, die sich hierzulande in Presseberichten, hohen Auflagen und Vorträgen hinter verschlossenen Türen äußert, aber deren ebenfalls magischen Charakter der Prozess der Selbstmystifizierung der Gruppe bezeugt, die das Phänomen in allen Fällen erklärt.« (Lévi-Strauss 1978, S. 34f.)

Was Lévi-Strauss hier als Äquivalent zu den rituellen Prüfungen benennt, ist die (ähnlich rituell gehandhabte) Feldforschung, die räumliche Absonderung auf Zeit zu wissenschaftlichen Zwecken. Kaum verwunderlich, dass auch Bourgois'

Feldforschung in New Yorks East Harlem zum Gegenstand medialer Berichterstattung geworden ist; der Autor wurde unter anderem in der *Phil Donahue Show*, im Magazin *People* und im *Fortune Magazine* der Öffentlichkeit präsentiert. Bourgeois' Bericht steht in der Tradition der *daring one night stands*, die ihren Anfang mit James Greenwoods *Nacht im Arbeitshaus* (1866) nahm, eine vergleichsweise harmlose Übertretung, die die zeitgenössische Leserschaft jedoch derart beeindruckte, dass man empfahl, dem Autor wegen seiner Kühnheit das VC, das Viktoria Kreuz, zu verleihen. Was beiden Autoren – bei allen Unterschieden in der Qualität ihrer Berichte – gemeinsam ist, ist der ethnographische Ansatz, der sich nicht zuletzt in der Detailbesessenheit zeigt. Diese Detailgenauigkeit bildet das kulturelle Kapital des Ethnographen, der damit den Nachweis erbringt, wirklich »da« gewesen zu sein.

In einer Szene beschreibt Bourgois beispielsweise, wie Slim, einer der *junkies*, nachdem er sich einen Schuss gesetzt hat, sein Nachtlager bereitet:

»Er klappte ein Metallbett auf, dass ordentlich an der Wand hinter unserem Tisch angelehnt gewesen war, und begann sein Bettzeug sorgfältig auszubreiten. Über seine Decken legte er Bahnen der dicken schwarzen Plastiksäcke, die von den Kolonnen der New Yorker Stadtreinigung zum Transport des Haushaltsmüll benutzt werden. Unter diesem Durcheinander von zerschlissenen Decken und Plastikabfallsäcken, konnte ich gerade noch den unwahrscheinlichen Anblick eines Satzes sauber aussehender weißer Laken und eines passenden Kopfkissens ausmachen. Nachdem er sein Bettzeug hergerichtet hatte, stellte Slim vorsichtig drei Kerzen auf das Gewirr stillgelegter Gasleitungen, die aus der freigelegten Ziegelwand neben seinem Bett ragten. Es gelang ihm die scheußlichen Eingeweide des verrotteten Gebäudes in einen beinah attraktiven futuristischen Nachttisch zu verwandeln.« (Bourgois 1998, S. 56)

Die Kraft der Ethnographie, einen Menschen und seine Welt ›sichtbar‹ zu machen, mehr noch, einem Vertreter einer verachteten Gruppe menschliche Züge zu verleihen, wird hier auf beeindruckende Weise deutlich: Es sich behaglich zu machen in einer desolaten Situation. Und doch gilt es zugleich festzustellen, dass die Beschreibung dieser Nacht zum eigentlichen Forschungsziel von Bourgois – »die kaputtesten Straßenjunkies überhaupt in historische und strukturelle Beziehung zum amerikanischen Mainstream zu setzen« (ebd., S. 59) – nur wenig beiträgt. Das zeigt uns, dass die Beschreibungsebene eine eigene Geltung besitzt und eine eigene Dynamik entfaltet, die sich in der ästhetischen Dimension artikuliert. Es ist genau diese ästhetische Dimension, die die Faszination des Genre als Forschungs- wie als Darstellungsweise erklären könnte. Wir, die Leser, erwarten von einer Ethnographie, dass sie uns gefangen nimmt, dass sie uns ›packt‹, wie jenen anonymen Leser auf der Amazon-Website, der bei der Lektüre des Buches von Bourgois das Gefühl hatte, die Leute schon auf der Straße getroffen zu haben. Dieses ›Packen‹ ist der ästhetischen Erfahrung zu verdanken, die sie uns vermittelt. George Herbert Mead hat in seinen Überlegungen über die *Natur der ästhetischen Erfahrung* (1926) die ästhetische Dimension als Quelle gemeinsamer Erfahrung thematisiert und in diesem Zusammenhang die ästhetische Funktion des Journalismus hervorgehoben, die darin besteht, Menschen derart zusammenzuführen, dass sie in das Leben des jeweils anderen eintreten können. Genau dies ist auch die Absicht der Ethnographie als einem Genre, das den Leser ein Ereignis, eine Situation nachempfinden lassen will. Bourgois' Bericht lässt sich als »impressionistische Erzählung« verstehen, deren Idee es ist, das Publikum in eine unbekannte Welt zu führen und ihm zu ermöglichen zu sehen, zu hören und zu fühlen wie der Feldforscher sah, hörte und fühlte (Van Maanen 1988, S. 103). Im Fall des Gelingens haben auch wir, ob wir wollen oder nicht, bei der Lektüre einen metallischen Geschmack im Mund.

Philippe Bourgois' Studie *In Search of Respect. Selling Crack in El Barrio* (1999) gehört zu den herausragenden neueren Beispiele der *inner-city ethnography*, die erschütternde Einblicke in die Kultur der Straße gibt, eine Beschreibung des Alltags von Crack-Dealern in dem als *El Barrio* bekannten puertoricanischen Viertel von East Harlem. Dabei verschließt der Forscher auch nicht die Augen vor der allgegenwärtigen physischen und sexuellen Gewalt, die die Straßenkultur durchzieht, im Gegenteil, Bourgois macht deutlich, dass die Opfer des Systems häufig dessen eifrigste Exekutoren auf der Alltagsebene sind. Damit bricht er resolut mit einem Tabu der Ethnographen, die ihre Leute nie fies aussehen lassen wollen und deshalb die unangenehmeren Seiten entschärfen oder ganz verschweigen. Für Bourgois aber gibt es nicht nur Freunde im Feld – die übliche Geste des Ethnographen –, sondern, aus guten (mit)menschlichen Gründen, auch Feinde, deren Brutalität nicht zu ›verstehen‹ ist. Das gilt vor allem für Caesar, von Bourgois als Agent persönlichen Terrors bezeichnet, der sich mit zahlreichen Vergewaltigungen brüstet und mit gnadenloser Brutalität gegen Schwächere vorgeht, ein wirklicher Psychopath, dem gegenüber Bourgois seinen Hass aus »ethnographischem Opportunismus«, wie er gesteht, verborgen hielt. Mit dieser Problematik spricht Bourgois einen äußerst heiklen, deshalb auch selten thematisierten Aspekt lebensweltlicher Ethnographie an, die Frage nämlich nach der Grenze des Verstehens. Prinzipiell sollte diese dort gegeben sein, wo das »Verständnis haben« in Apologie der (Un-)Taten übergehen würde (Becker/Althaus 1999). Andererseits ist sich Bourgois sehr wohl darüber im Klaren, dass die periodische Demonstration nackter Gewalt gewissermaßen das Kapital der Straße bildet, weil nur so eine ›Glaubwürdigkeit‹ aufrecht erhalten werden kann, die auf der Verbreitung von Furcht und Schrecken beruht. Aus dieser Felderfahrung heraus problematisiert er grundsätzlich die fundamentale methodologische Prämisse der Ethnologie, sich jeden moralischen Urteils zu enthalten, eine Prämisse, deren Aufrechterhaltung sich nicht zuletzt der Tatsache verdankt, dass die meisten Ethnologen vermeiden, sich in die unerfreulichen Sektoren ihrer Stadt zu wagen, wo sie mit der Kehrseite ihres Klassenprivilegs konfrontiert werden (Bourgois 1998, S. 256).

Da die Verbreitung des ethnographischen Rohmaterials der Ghetto-Forschung immer die Gefahr in sich birgt, rassistischen Stereotypen und populären *blame the victim*-Überzeugungen Nahrung zu geben, hat sich Bourgois mit der bloßen Wiedergabe des inneren Lebens im Ghetto nicht zufrieden gegeben. Nach vierjähriger Feldforschung, die darauf abzielte, die Kultur der Straße zu untersuchen, um sie in ein Verhältnis zur Offizialkultur des weißen Amerikas, vor allem zur sich wandelnden Ökonomie, von der Industriearbeit zu den Dienstleistungsjobs, zu setzen, kommt er zu dem Schluss, dass die Handlungsweisen der Drogendealer als eine alternative Möglichkeit zu verstehen sind, die persönliche Würde zu gewinnen, die ihnen von der Kultur des *mainstream* versagt wird. Damit wird auf neue, rehabilitierende Weise die These von der »Kultur der Armut« (Lewis 1970, Lindner 1999) aufgegriffen. Was die Kultur der Armut für Oscar Lewis im Grunde war, nämlich ein Mechanismus der Lebensbewältigung, ist für Bourgois die »innerstädtische Straßenkultur«: ein komplexes Gewebe von Symbolen, Werten und Interaktionsformen, das als Antwort auf den Ausschluss von der *mainstream*-Gesellschaft zu verstehen ist. Dabei erweist sich die Kultur der Straße tatsächlich als eine Lösung im Sinne der *rational choice*: Weil die Niedriglohn-Jobs in der Dienstleistungsbranche, die einzigen, die den jungen Farbigen ›offen‹ stehen, die unbedingte Unterwerfung unter die kulturellen Standards der Mittelklasse erfordern, bietet die Kultur der Straße nicht nur eine ökonomische, sondern auch eine ideologische Alternative, die statt Demütigung Selbstachtung (»respect«) verspricht. Aber diese ›Lösung‹ ist äußerst prekär. Obwohl die Straßenkultur eine Antwort auf gesellschaftlichen Ausschluss bildet, trägt sie zur Dauerhaftigkeit dieses Ausschlusses bei, indem sie von ihren Partizipanten sozusagen ›verlangt‹, nicht anpassungsfähig, ausgesprochen aggressiv und verstrickt in Drogenmissbrauch und Gewalt zu sein (Bourgois 1996, 1998, 1999). Bourgois kommt also zu dem paradoxen Schluss, dass die Auflehnung gegen Unterdrückung in diesem Fall zur Selbstzerstörung der sich Auflehnenden führt: »Durch kulturelle Praktiken der Opposition gestalten die Individuen die Unterdrückung, der sie von Seiten großer Kräfte unterliegen.« (Bourgois 1999, S. 17)[89]

Bourgois' Leistung besteht nicht zuletzt darin, gezeigt zu haben, dass die Crack-Dealer in El Barrio weder passive Opfer noch glamouröse Gangster sind, sondern, wie Charles Shannon in einer Rezension des Buches feststellt, angreifbare menschliche Wesen, die versuchen, ihre Zukunft zu gestalten (Shannon 1996). Als Unternehmer in Sachen Drogen träumen die Dealer wie irgendein ›normaler Amerikaner‹ den großen amerikanischen Traum: »mit Unternehmergeist vom Tellerwäscher zum Millionär«. Sie sind, wie Bourgois schreibt, »made in America«, weder fremd (*alien*) noch nutzlos, sondern notwendiges Element des ökonomischen, sozialen und kulturellen Gefüges der amerikanischen Gesellschaft. Die meisten Bewohner in El Barrio haben freilich mit Drogen nichts zu tun, sondern versuchen auf rechtschaffene Weise durchs Leben zu kommen. Von ihnen, deren Leben *nolens volens* durch die Drogenszene bestimmt und erschwert wird, erfahren wir so gut wie nichts; damit aber auch nichts über die Möglichkeit, ob und wie eine menschenwürdige und -freundliche Haltung in einer desolaten gesellschaftlichen Situation aufrecht zu erhalten wäre. Noch immer trifft Duneiers Feststellung zu, dass im Zentrum der Ghetto-Forschung der abweichende Lebensstil vom Typ des Hustler steht.

Die Wiederkehr des Ethnographen: Ein Ausblick

Unsere Passage durch die Geschichte der Stadtforschung mutet am Ende wie eine Rundreise an: Das *black ghetto* ist raumbildlich nicht weit vom *dark continent* entfernt, von dem wir unseren Ausgang genommen haben. Auch wenn das Adjektiv *black* auf die Hautfarbe der Ghetto-Bewohner verweist, so schwingt darin doch das Motiv des Dunklen mit, das von Anfang an mit den Orten des »Anderen« verknüpft wurde und das einen solch hervorragenden Rang im Wörterbuch des Primitivismus einnimmt (Schultz 1995). Nicht selten ist die Nähe von *dark continent* und *black ghetto* aber auch räumlich-materieller Natur. Es scheint Orte zu geben, die zur ewigen Wiederkehr des Elends verdammt sind, als sei der Boden kontaminiert, sodass der heruntergekommene kommunale Wohnblock von heute nur als die logische Konsequenz erscheint, die sich aus der Tatsache ergibt, dass sich am selben Ort ein Jahrhundert zuvor ein Elendsquartier befunden hat. Für diese Art von Tradition oder *longue durée* lässt sich eine Reihe von Gründen anführen, von denen die Bodenpreise sicherlich nicht die unwichtigsten sind. Aber auch Bodenpreise sind immateriellen Einflüssen ausgesetzt, wie wir spätestens seit Walter Fireys Ausführungen über *Gefühl und Symbolik als ökologische Variablen* wissen (Firey 1945). Entscheidend für die Nutzung ist nämlich häufig der ›Ruf‹, der einem Ort vorangeht, ein Ruf, der zu einer unwiderruflichen materiellen Kraft werden kann: »Noch immer haftet Straßenzügen oder Nachbarschaften ein Stigma an, deren schlechter Ruf davon herrührt, dass sich dort Ende des 18. Jahrhunderts eine Müllhalde befand, eine Gerberei oder ein stehender Tümpel, der mittlerweile schon längst zugeteert wurde. Keiner erinnert sich an die Gerberei, aber auf sie folgte eine Elendssiedlung, dann zwei Generationen von Mietskasernen, dann ein Sozialwohnungsbau, der jetzt verfällt. In gewisser Weise ist der Verfall des Sozialbaus eine Folge jener Gerberei. So arbeiten die Geister der Stadt«, schreibt Luc Santé in seiner Geschichte des »Low Life« in New York (Santé 1992, S. XIV). Zu den Geistern, die die Orte heimsuchen, gehören auch, wenn auch nicht in vorderster Front, Ethnographien, die in die kumulative Mythographie der Stadt eingegangen sind. Auf diese Weise ist etwa das East End von London zum gewissermaßen natürlichen, weil unvermeidlichen Referenzpunkt bei der Verortung der armen und arbeitenden Klassen Londons, und das North End von Boston, William F. Whytes »Cornerville«, zum paradigmatischen »Little Italy« geworden.

Die motivische Kontinuität, die die Geschichte der Stadtforschung aufweist, verrät uns viel über die Motivation ihrer Betreiber. Die Entdeckung des ganz Anderen, das zugleich, wie bei einer Medaille, bezeichnenderweise als die »andere Seite« vorgestellt wird – die Nachtseite, wie die gängigen Etiketten für diese Welten (*dark continent, nether world*, dunkle Winkel) suggerieren – bildet den motivischen Faden einer Ethnographie, die sich der Stadt als *terra incognita*, als einem erst zu findenden und zu erfindenden Territorium zuwendet. Dabei gewinnt die Absonderung auf Zeit für den Forscher den Charakter eines Initiationsrituals. In der Entscheidung für die Ethnographie als Methode und Darstellungsform ist die Orientierung am Andersartigen und Abweichenden bereits beschlossen, besteht doch das Handwerk des Ethnographen allererst darin, den Uneingeweihten fremde Welten zu erschließen oder bekannte zu verfremden. »Der Feldforscher sucht in einer fremden Kultur nach fremdem Verhalten«, bringen Raoul und Frada Naroll die Logik der Feldforschung auf den Punkt: »Bei seiner Reise in eine fremde Kultur sucht er nach solchem Verhalten und findet es dann auch. Er scheint dazu zu neigen, seine Aufmerksamkeit auf eben diese Phänomene zu lenken und dabei jene Bestandteile der fremden Kultur zu übersehen oder herunterzuspielen, die an seine eigene erinnern.« (Naroll/Naroll 1963, S. 24) Diese Gefahr der selektiven Wahrnehmung bezeichnen die Autoren als »exotistische Voreingenommenheit«. Indem Naroll und Naroll aber betonen, dass diese Tendenz zum Exotismus der ethnologischen Forschung inhärent ist, relativieren sie auch ihre Überlegungen zur Ausschaltung dieses systematischen Fehlers durch »Daten-Qualitätskontrolle«, die ja immer nur im Nachhinein greift. Denn die Exotisierung geschieht ja weder mit Bedacht noch aufgrund mangelnder Aufmerksamkeit; der Ethnograph ist vielmehr in seine eigene Logik verstrickt, dem Ruf der Sirenen, der »Umstrickerinnen« im Sinne der griechischen Mythologie, erlegen. Statt in der Tendenz zur Exotisierung eine zu kontrollierende Fehlerquelle bei dem Versuch einer ›wirklichkeitstreuen‹ Analyse zu sehen, gilt es diese als konstitutiv für ethnographische Forschung zu begreifen: »Die Verlockung des Exotischen ist synonym mit der Attraktivität ethnographischen Forschens.« (Marvasti/Faircloth 2002, S. 770) Hans-Jürgen Heinrichs ist verschiedentlich für eine »exotistisch belebte Wissenschaft« eingetreten, worunter er eine Wissenschaft versteht, die Imaginationen freisetzt und als reale Existenzmöglichkeiten vor Augen führt. Es ist zu fragen, ob dies nicht das eigentliche *movens* einer Forschungs- und Darstellungsweise ist, die auf der *intimen* Nähe zur Untersuchungsgruppe beruht. Als »Gegenwunschwelt«, als »Ort der Differenz, der Imagination und der Phantasie« (Neumann 1996), erscheint auch Heinrichs der Exotismus unabdingbar. Für ihn ist der Exotismus eine lebbare (Psycho-)Analyse: Wir leben unseren Exotismus »als eine in der Gegenbewegung sich realisierende Entdeckung unserer Wünsche« (Heinrichs 1992, S. 87).

Ethnographie als existenzielles Erlebnis

> »I don't want to be a fucked up middle class
> college student anymore.«
> (Lou Reed, *I Wanna Be Black*, 1978)

»[...] ich wünschte, ich wäre ein Neger, denn das Beste, was mir die weiße Welt zu bieten hatte, war nicht genug Ekstase für mich, nicht genug Leben, Freude, Kitzel, Finsternis, Musik, nicht genug Nacht [...].« Jack Kerouac (1957, S. 148) lässt in *On the Road* seinen Protagonisten Sal Paradise in naiver Direktheit das aussprechen, was Generationen von weißen Literaten (von Arthur Rimbaud über Philippe Soupault bis zu Norman Mailer) und mit ihnen, und zum Teil in Personalunion, weiße Ethnographen gesucht haben: das Authentische, das Natürliche, das Ekstatische. Die Versprechen der Ethnographie sind die Sirenen des Ethnographen. Die »kicks«, die der Aufenthalt im Feld zu bereiten vermag (also jene intensiven Erfahrungen, die sich so weit wie möglich von der eintönigen Routine des Alltags unterscheiden), erinnern daran, dass die Ethnographie ein »existenzielles Erlebnis« ist, eine Form der Ergriffenheit und der Hingabe, wie es Kurt Wolff einmal formuliert hat: »Nach meiner eigenen Erfahrung ist die Hingebung der höchste Grad, in dem ich meine überlieferten Gedanken, meine Kultur, meine Sozialität aufgeben und das menschliche Wesen werden kann, das ich potenziell bin. Und das ist nur dadurch möglich, weil ich meine Identität, meine Einmaligkeit aufs Spiel setze: Ich gebe mich hin mit allem, das ich bin und habe.« (Wolff 1987, S. 106) Als Hingabe vermag Ethnographie den Forscher in der Form des *going native*, des Überwältigtwerdens vom Feld, in eine existenzielle Krise zu stürzen; wie anders lässt sich Wacquants Überlegung nachvollziehen, dass er ernsthaft und wider besseren Wissens erwogen hat, seine akademische Laufbahn aufzugeben, um Boxprofi zu werden:

»Heute habe ich es so genossen, im *gym* zu sein, mit DeeDee und Curtis im Hinterzimmer zu sitzen, zu lachen, zu reden und einfach mit ihnen zu leben, zu atmen und, wie ein Schwamm, die Atmosphäre der Halle aufzusaugen, dass mir die Vorstellung, bald nach Harvard zu gehen plötzlich die Kehle zuschnürte. Ich habe ein solches Vergnügen an der bloßen *Teilnahme,* dass die *Beobachtung* zweitrangig wird und ich bei mir schon gedacht habe, dass ich meine Studien, die Forschung und alles, was damit zusammenhängt, gerne dafür aufgeben würde, um hier weiter boxen zu können und »*one of the boys*« zu bleiben. Ich weiß, dass sich das vollkommen verrückt und auch unrealistisch ausnimmt, aber in diesem konkreten Augenblick erscheint mir angesichts des schieren und lebhaften körperlichen Wohlgefühls, das mir dieses verdammte *gym* vermittelt, [...] die Perspektive eines Umzugs nach Harvard, der geplante Vortrag bei der ASA (American Sociological Association), das Verfassen von Artikeln, das Lesen von Büchern, die Teilnahme an Konferenzen und das ganze universitäre *tutti frutti* so sinnentleert, deprimierend, trübselig und leblos, dass ich alles aufgeben möchte, nur um in Chicago zu bleiben.« (Wacquant 2003, S. 10)

Wacquants Feldnotizen machen deutlich, dass beim Interesse am Anderen stets die Kritik an den Unzulänglichkeiten der eigenen Kultur – sinnentleert, deprimierend, trübselig und leblos zu sein – im Spiel ist. Nur in der Hingabe ans Feld, im Akt, sich selbst aufs Spiel zu setzen (und im Fall Wacquant ist dies mehr als nur eine Metapher), scheint die authentische Erfahrung seinerselbst möglich zu sein. Hier zeigt sich, wie richtig Fritz Kramer lag, als er die ethnographische Erfahrung mit Formen der Besessenheit, mit den *passiones* der ›akephalen‹ Kulte verglich (Kramer 1987, S. 236). In der Tat gehört zur Ethnographie ein gutes Stück *Fremdbesessenheit*, ein leidenschaftlicher Drang zur mimetischen Angleichung an ein Anderes. Selbst ein so nüchterner Soziologe wie Wacquant scheint sich dieser Drift nicht entzogen zu haben. Wie anders denn als der Wunsch »schwarz sein zu wollen« können wir seine Freude darüber interpretieren, von seinem Boxtrainer zum »Schwarzen ehrenhalber« ernannt worden zu sein.

»[...] wohlmeinende, linksliberale Beobachter haben eine ganze Mythologie der Schwarzen und ihrer Kultur geschaffen«, heißt es in *Subculture. The Meaning of Style*:

»An diesem Ort führte der Neger ein freies Leben, unberührt von den öden Konventionen, die die glücklicheren Mitglieder der Gesellschaft (etwa die Autoren) tyrannisierten und, obwohl er in einer grausamen Umwelt schäbiger Straßen und Mietskasernen gefangen war, ging er durch eine seltsame Umkehrung letztlich doch als Sieger hervor. Er entkam der Kastration und der einengenden Existenz, die das Leben der Mittelschicht zu bieten hatte. In seiner unbefleckten Armut lebte er die Optionen aus, die einer ganzen Generation von weißen, radikalen Intellektuellen verstellt waren. Der schwarze Mann [...] konnte der weißen Jugend als ein Modell von Freiheit in Knechtschaft dienen.« (Hebdige 1979, S. 47f.)

Hier wird die kulturelle Verwandtschaft zwischen Bohème-Kultur und ethnographischer Forschung deutlich. Beiden liegt als Antrieb der Wunsch nach authentischer Erfahrung zugrunde, beide bedienen sich dabei derselben Logik, der temporären Übertretung, beide wenden sich zu diesem Zweck dem gesellschaftlichen Souterrain, den Kellergewölben der bürgerlichen Gesellschaft als Experimentier- und Forschungsfeld zu. Nur hier, so hat es den Anschein, befinden sich Zonen des authentischen Ausdrucks wie das *boxing gym* von Wacquant, das er als ganz eigene Welt, als *strange planet* beschreibt, mit eigenen Geräuschen und Gerüchen, besonderen Sitten und einer Sprache, die nur die Eingeweihten verstehen.

Die Verwandtschaft zwischen *underground* und *strange planet* verdeutlicht noch einmal, dass der Ethnographie, obwohl sie doch im Sinne von Foucault als ein Instrument der *surveillance*, der Überwachung, gedeutet werden kann, als Narrativ zugleich eine »Rhetorik der Sehnsucht« (Torgovnick) innewohnt. In seinem *Essai sur le Mysterieux*, der Teil einer Ästhetik des Diversen sein sollte, beklagte Victor Segalen (1981), dass es in einer homogenen Gesellschaft nichts Geheimnisvolles mehr gebe: »Vielleicht hat sich die ethnographische Imagination so häufig dem Exotischen zugewandt, weil es einen Zugang zu Mysterien versprach – eine Welt aus Abenteuer, Körperlichkeit, Sexualität, Differenz – die in der Welt zuhause nicht zu finden waren.« (Neumann 1996, S. 181f.) Das Versprechen der Ethnographie als Beruf besteht nicht zuletzt darin, dass der Forscher eingeweiht wird, dass ihm ein Geheimnis anvertraut wird. In dessen Weitergabe beruht zugleich die Faszination des Narrativs für den Leser.

Die Renaissance der Ethnographie

Im Kontext postmoderner Textreflexion ist die ethnographische Repräsentation fraglich geworden und hat zu ihrem zeitweisen konjunkturellen Niedergang geführt. Die Argumente der Kritiker sind bekannt: Die Repräsentationen sind stets Repräsentationen von jemandem und in diesem Sinne ›fiktiv‹, also Gemachtes. Sie bilden in ihrem Gesamt ein Genre, das durch spezifische Gestaltungsprinzipien wie beispielsweise die *arrival story* oder die *typical day-tale* gekennzeichnet ist, deren wesentliche Funktion darin zu sehen ist, dem Autor, dem Urheber Autorität zu verleihen. Dabei enthält, wie Philippe Bourgois in seiner Philippika gegen die dekonstruktivistische Perspektive festgestellt hat, die »anti-autoritäre« Dekonstruktion eine profunde Ironie, die in dem zutiefst elitären, Autorität beanspruchenden Charakter der postmodernen Kritik besteht: »Obwohl postmoderne Ethnographen häufig Subversivität für sich in Anspruch nehmen, konzentriert sich ihre Anfechtung von Autorität auf literarisch gebildete Formkritik mittels evokativer Lexik, spielerischer Syntax und Mehrstimmigkeit, statt in handfeste Auseinandersetzungen des Alltags einzugreifen. Postmoderne Debatten beschäftigen entfremdete Intellektuelle aus den Vororten; sie haben mit den drängenden sozialen Krisen der innerstädtischen Arbeitslosen nicht das Geringste zu tun.« (Bourgeois 1999, S. 14) Bei der Textualisierungsdebatte schwingt auf eine seltsame, den Kritikern wohl kaum bewusste Weise noch die Idee der objektiven Darstellung mit; sie schleicht sich gewissermaßen durch die Hintertür der Dekonstruktion wieder ein. Den Ethnologen als Autor zu ›entlarven‹, und nichts anderes meint ›Dekonstruktion‹, heißt, ihn der Anmaßung zu bezichtigen, ein wahres Bild von etwas geben zu wollen, das er doch nur aus seiner Perspektive kennen kann. Ist damit aber überhaupt das Ziel der Ethnographie begriffen? »Diese Fähigkeit, Leser davon zu überzeugen, dass das, was sie lesen, ein authentischer Bericht von jemandem ist, der persönlich damit vertraut ist, wie das Leben an einem Ort, zu einer Zeit, bei einer Gruppe abläuft, ist die Basis, auf der alles andere, was die Ethnographie zu tun bestrebt ist, letztlich beruht«, schreibt ein Dekonstruktivist, der zugleich die Kunst der »Dichten Beschreibung« wie kein zweiter versteht (Geertz 1990, S. 138). Was meint Clifford Geertz eigentlich, wenn er schreibt, dass diese Fähigkeit die Basis bildet, auf der *alles* andere beruht? Heißt das etwa nicht, dass, wenn diese Basis ins Wanken gerät, alles weitere haltlos ist? Heißt das nicht jenes ästhetische Erlebnis zu gefährden, das wir nur gewinnen, wenn wir unsere ganze Aufmerksamkeit auf das Objekt richten, uns ihm aussetzen, wie Kurt Wolff formuliert hat? »Die Beschreibung«, schreibt der Soziologe und Anthropologe Pierre Sansot mit Emphase, »erscheint uns als das einzige protokollarische und theoretische Äquivalent zu dem, was die Menschen aus ihrem Leben, ihrem Körper, ihrem Raum machen.« (Sansot 1986, S. 26) So gesehen gewinnt die Sprachkunst des Ethnographen, wie sie in Erzählmustern und Darstellungsweisen zur Geltung gelangt, einen anderen Stellenwert als bei den dekonstruktivistischen Kritikern. Nicht in erster Linie als ein Ausweis von Autorität erweist sie sich, sondern als ein Medium der Humanisierung ihrer selbst wie ihrer Protagonisten. Aus dieser Perspektive wäre in der Tat alles verloren, wenn wir nicht mehr erführen, dass die Luft im *carry-out-shop* von *Tally's Corner* erfüllt ist von Gerüchen der Kaffeemaschinen und des Grills und gesättigt vom Fett der Friteusen. »Die Welt, die uns belohnt oder besiegt, die uns verlockt oder abstößt, die unsere Neunläufe und Enttäuschungen, unsere Freude und unseren Kummer bestimmt; das, was letztlich bedeutsam und unsere Anstrengungen wert ist, die Schönheit, der Ruhm und der Traum, kann nicht in der Sprache der exakten Wissenschaft ausgedrückt werden«, schrieb George

Herbert Mead zu einer Zeit, in der sich das ethnographische Paradigma in der Kulturanthropologie Bahn brach (Mead 1926, S. 383). Die Sprache, die nötig wird, um das aufzuzeichnen, was einen verlockt oder abstößt, ist durchtränkt von der ästhetischen Einstellung, wie sie den Künstler ebenso auszeichnet wie den Ethnographen. Im Kontrast zum szientifischen Jargon, der nichts von dem weiß (und vielleicht auch nichts davon wissen will), was dem Menschen wirklich wichtig ist, versucht der Ethnograph seine Daten in einen sinnlichen Zusammenhang zu bringen, der es dem Leser erlaubt, die Erfahrungen des Autors nachzuvollziehen, um auf diese Weise sein Bewusstsein für die eigene Lebensform zu schärfen und für andere Lebensformen zu öffnen. Auf diese Weise sind die großen Gestalten der klassischen Monographien in unser Leben getreten: Elliot Liebows *Tally* ebenso wie William F. Whytes *Doc* oder Oscar Lewis' *Cruz*. Auch zukünftige Leser von *La Vida* (1971), der Geschichte der Familie Ríos, werden mit Cruz, der jüngsten Tochter, Abschied nehmen vom alten, farbenprächtigen *barrio* »La Esmeralda« mit seinem Lärm und Leben, und sich mit ihr zurechtzufinden suchen im neuen *caserio* von »Villa Hermosa«, wo »[d]ie Leute [sich] benehmen, als wären sie böse oder in Trauer«, und sie werden *verstehen*, warum der Übergang von der einen (schlechteren, aber ›lebendigeren‹) in die andere (bessere, aber isolierte) Wohnung dem Übergang von einer in eine andere Lebensweise gleichkommen kann. Und möglicherweise wird der Leser daraus Schlüsse für sein eigenes Leben ziehen.

Täuschen wir uns, wenn wir Wacquants emphatische Hingabe als ein Indiz für die Renaissance der Ethnographie als Forschungs- und Darstellungsweise nehmen? Nicht länger gewillt, sich mit Texten über Texte abspeisen zu lassen, ist angesichts der schon von Robert Park beklagten Unwirklichkeit der akademischen Welt wieder eine Kritik an dem mageren Bücherwissen zu vernehmen, die, wie wir gesehen haben, junge brillante Harvard-Absolventen gegen Ende des 19. Jahrhunderts zum Journalismus als Erfahrungswelt stoßen ließ. Erinnern wir uns: »New York erschien mir als eine zauberhafte Stadt. Es war um so vieles großartiger als Harvard«, schrieb John Reed Anfang des 20. Jahrhunderts. Ist es ein Zufall, wenn es, fast hundert Jahre später, bei Wacquant heißt, dass ihm die Vorstellung, bald nach Harvard zu gehen, »plötzlich die Kehle zuschnürte«? Ethnographie, als eine Forschungs- und Darstellungsweise, die den Wissenschaftler mit dem Leben versöhnt, erscheint hier als ein Rettungsanker, als akademische Lösung eines existenziellen Problems. Sie speist ihn und den Leser nicht mit magerer, asketischer Kost ab, sondern setzt ihn wie den Leser der »Erotik der Erfahrung« (Koepping 1987) aus.

Die Gründung der internationalen und interdisziplinären Zeitschrift *Ethnography* im Jahre 2000 ist ein beredtes Zeichen für diese Renaissance. Loïc Wacquant, neben Paul Willis Herausgeber der Zeitschrift, organisierte im September 2002 am Center for Urban Ethnography der University of California at Berkeley eine internationale Konferenz über »Ethnographie für ein neues Jahrhundert«, die nicht zuletzt dazu diente, die Zukunft der Ethnographie als eine unverwechselbare Methode der Sozialforschung zu skizzieren. Dieses Treffen von Ethnologen und Soziologen, hieß es in der Ankündigung der Konferenz, würde nach einer Phase solipsistischen Zweifelns und nihilistischen Grübelns die Gründe für die erneuerte Vitalität und Zentralität der Ethnographie für die Sozialforschung darlegen. »Die Sozialwissenschaften leiden an körperlosen, verflachten und gestutzten Vorstellungen vom gesellschaftlichen Akteur, die dem ›gesellschaftlichen Leben‹ buchstäblich das ›Leben‹ entziehen«, vermerkt Wacquant in der Ankündigung seines Konferenzbeitrags: »Ethnographie – diese besondere Technik der Datenproduktion und -analyse, die auf dem Körper des Beobachters als dessen wichtigsten Untersuchungswerkzeug beruht – ist einzigartig dazu geeignet, diese Beschränkungen zu beheben und Gesellschaft wieder zu ›verkörpern‹ (›re-incarnate‹), indem sie die sinnlichen und praxeologischen Dimensionen der gesellschaftlichen Existenz zur Geltung bringt.« Gelebte Erfahrung und leibliche Präsenz von Akteur und Beobachter sind es, die die Ethnographie zu einer einzigartigen Forschungsweise machen. Das wird auch im ethnographischen Text spürbar. Es gibt ein seltsames Verlangen nach Ethnographie in der gegenwärtigen Welt, stellte Ruth Behar auf der Konferenz fest, ein Verlangen, »das geprägt ist durch Vorstellungen von der ›wahren Wirklichkeit‹ (›really real‹) und dem Wunsch nach Geschichten, die auf Wahrheit und Unmittelbarkeit der Zeugenschaft beruhen« (Behar 2003, S. 16). Von allen wissenschaftlichen Darstellungsweisen vermag die Ethnographie am ehesten dieses Verlangen zu stillen.

Anmerkungen

1 Die Idee, »Straßenordonanzen« aus einem sozial prekären Umfeld zu rekrutieren, wird gegenwärtig in Berlin wieder belebt. Der CDU-Rechtspolitiker Michael Braun hat unlängst im Kontext der Projektgruppe »Saubere Stadt« angeregt, verstärkt Sozialhilfeempfänger zum Streifendienst (so genannte »Gassi-Polizei«) heranzuziehen. Vgl. *Der Tagesspiegel* vom 28./29. Mai 2003.

2 Steven Marcus hat anlässlich seiner Engels-Lektüre (»Die großen Städte«) noch eine andere Gleichung aufgemacht: zwischen den Wohnverhältnissen von Millionen von Menschen in der »Scheiße« und ihrem symbolischen Platz in der Gesellschaft: »das (Scheiße) ist, was sie waren« (1973, S. 266).

3 In seiner Geschichte des Tabu-Konzepts deutet Franz Steiner an, dass die viktorianischen Ethnologen geradezu prädestiniert waren, Tabus bei ›primitiven‹ Völkern zu entdecken, weil ihre eigene Gesellschaft eine der am stärksten mit Tabus belegte war: »Man darf nicht vergessen, dass Wissenschaftler wie Frazer unter Menschen aufwuchsen, die unter gewissen Umständen lieber ›Unaussprechliche‹ als ›Hosen‹ sagten.« (Steiner 1967, S. 51)

4 Man beachte aber die psychologische Deutung der Tiefenstruktur der Gesundheitsbewegung (*sanitary movement*) am Beispiel von Edwin Chadwick durch Schoenwald (1973).

5 Die Gleichsetzung von Geld und Kot und in der Psychoanalyse legt den Schluss nahe, dass es so kommen musste. Nicht von ungefähr nannte Norman O. Brown das Geld »schmutzigen Mammon« (zitiert nach Pearson 1975, S. 165).

6 Henry Mayhew weist in seinen Briefen für den *Morning Chronicle* die Übertragung der Cholera durch Kleidungsstücke nach, die in den *sweatshops* von Whitechapel für den Markt im West End hergestellt und von den Näherinnen in Krankheitsfällen angeblich als Zudecke benutzt wurden. Auch wenn es sich hier um frühe *urban legends* handeln sollte, illustrieren Erzählungen dieser Art doch die große Angst vor der Verbreitung der Seuche durch Bazillenträger, die als solche überhaupt erst erkannt werden mussten.

7 Im eingeschränkten Sinne gilt das noch bis heute. Vgl. die ethnographische Studie über *table dance clubs* in Los Angeles (mit *spotmaps*). Die Attraktion dieser Klubs besteht nach Ansicht der Autoren darin, dass sie in Zeiten des *safe sex* intime Einblicke ohne Risiken bieten (Hong/Duff 1997).

8 Die stadtsoziologische Rezeption von Engels' Abhandlung *Die Lage der arbeitenden Klasse in England* beschränkt sich auf das Kapitel »Die großen Städte«. Ihren Ruf als Klassiker, auch und gerade im Vergleich zu Georg Simmels Aufsatz »Die Großstädte und das Geistesleben«, verdankt die Abhandlung vor allem grundsätzlichen Überlegungen über

die »Auflösung der Menschheit in Monaden«, die in der großen Stadt auf die höchste Spitze getrieben sei. Steven Marcus nennt diese Eingangspassage »eine der bleibendsten und wichtigsten Aussagen, die je über die moderne Stadt geschrieben wurden« (Marcus 1973, S. 258).

9 In den Kultur- und Sozialwissenschaften herrscht bis heute der Blick von oben vor, wovon Theoreme wie der *trickle down effect* und der *top down approach* zeugen sowie ganz generell die Anweisungen an Feldforschende, die Anfangskontakte mit den sozial Höherstehenden oder den Meinungsführern aufzunehmen. Stets ist es ein Oben, von dem aus Forschungs-, Erkenntnis- und Vermittlungsprozesse ihren Ausgang nehmen.

10 Trotz der auf das »dunkelste Afrika« verweisenden Analogien bei der Entdeckung der »Wilden der Zivilisation« scheint es mir letztlich müßig, den äußeren und inneren Diskurs in ein kausales Verhältnis zu setzen. Vielmehr scheinen sich beide Seiten in verschiedenen Phasen wechselseitig zu konstituieren, miteinander zu verschränken und dadurch zu verstärken (vgl. zu den Parallelen von innerer und äußerer Mission: Geisthövel/Siebert/Finkbeiner 1997).

11 Immer wieder ist es die Trope vom »walk«, vom Gang ins Jenseits, die bemüht wird. Bei Sims (*How the Poor Live*, 1889) ist das Andere »within easy walking distance«, bei Zorbaugh (*The Gold Coast and the Slum*, 1929) handelt es sich um einen »Spaziergang von zehn Minuten«, bei Whyte (*Street Corner Society*, 1943) um einen »Spaziergang von einigen Minuten [...] aus dem Gewohnten ins Unbekannte«. In dieser Trope spiegelt sich *in nuce* die »Heuristik der Entdeckung des Unbekannten«, der Erkenntnisstil der Ethnographie (Amann/Hirschauer 1997, S. 9).

12 Die Chronologie der Reisen in die Unterwelt der Großstadt reicht von den *Kanalmenschen* eines Emil Klaeger (1908) bis zu den *Tunnelmenschen* von Margaret Morton (1995). Beide Studien gewinnen ihren besonderen Reiz durch die Photographien aus der Unterwelt. Klaegers Buch ist im Übrigen aus einem Lichtbildervortrag hervorgegangen, den er dreihundertmal an der Wiener Urania gehalten hat. Das deutet darauf hin, dass er sich Jacob Riis' *How The Other Half Lives* (1890) zum Vorbild genommen hat, dessen ursprünglich vorgesehener Untertitel »With One Hundred Illustrations, Photographs from Real Life, of the Haunts of Poverty and Vice in a Great City« lautete. Auch Riis hielt jahrelang Lichtbildervorträge. Die Fotos stammen übrigens nicht von Klaeger, sondern vom Gerichtssekretär Hermann Drawe, der mit ihm zusammen gearbeitet hat.

13 Cesare Lombroso (1836–1909), Begründer der Kriminalanthropologie, stellte die Behauptung auf, dass man den Verbrecher an seiner Physiognomie erkennen könne. Nimmt man deren angebliche Charakteristika (starke Kinnlade, vorragende Stirnhöhlen und Jochbeine, Henkelohren, dichte Haarfülle und falscher finsterer Blick), so gewinnt man den Eindruck, dass sich der Zeichner der Titelillustration daran (oder an entsprechenden Vorlagen) orientiert.

14 »Die Modewelle scheint mit James Greenwoods *A Night in a Workhouse* (1866) begonnen zu haben. Der Vorschlag, ein Reporter solle als Gelegenheitsarbeiter verkleidet eine Nacht in einem Londoner Arbeitshaus verbringen, um dieselbe Behandlung wie ein tatsächlicher Obdachloser zu erfahren, stammte von Greenwoods Bruder Frederick, einem Redakteur der kurz zuvor gegründeten *Pall Mall Gazette*. Die Artikel waren eine Sensation. Sie sollen zur schnellen Auflagensteigerung der Pall Mall Gazette beigetragen haben, wurden vollständig in *The Times* nachgedruckt und gaben dem jungen Greenwood das Pseudonym ›der

Amateur-Gelegenheitsarbeiter‹ (*the amateur casual*).« (Keating 1976, S. 16) Diese Tradition hat sich bis zu Günther Wallraff gehalten, der Anfang der 1970er Jahre eine Reportage mit dem Titel »Asyl ohne Rückfahrkarte« veröffentlichte (Wallraff 1977, S. 15–21).

15 »Experiment« ist hier mehr als nur eine Metapher, entspricht doch das Vorgehen ganz der experimentellen Methode, bei der es um die Isolation, Kontrolle und Manipulation von Variablen in einer Laboratoriumssituation geht, die zeitlich begrenzt ist. Das Arbeitshaus beziehungsweise das Obdachlosenasyl wird zu einem Laboratorium, in dem in einem begrenzten Zeitraum die Einwirkung der Umwelt auf Physis und Psyche des Experimentators, der zugleich seine eigene Versuchsperson ist, überprüft wird. Später spricht man auch von soziologischen Selbstversuchen.

16 Nicht alle, die sich diesem Experiment unterzogen, hielten eine ganze Nacht durch. Der Chicagoer Soziologe Nels Anderson, der für seine Studie über den Hobo, den Wanderarbeiter, ebenfalls eine Nacht in einem Asyl (»Hogan's Flop«) verbrachte, brach sein Experiment gegen halb drei Uhr ab, froh darüber, dass ein anderer als erster »schlapp gemacht hatte« (Anderson 1967 [1923], S. 33).

17 Das Beispiel, das Victor Turner für diesen Schwellenzustand anführt, nämlich von Prinz Philip, der seinen Sohn Charles für kurze Zeit nach Australien in eine Buschschule geschickt hatte, damit er lerne, anspruchslos zu leben, ist auch für unseren Zusammenhang erhellend und bezeichnend.

18 Als ein Spiel der »feinen Gesellschaft« setzt sich das *dressing down* bei *society*-Anlässen in den 1910er und 20er Jahren, etwa bei so genannten »poverty-parties«, durch, Kostümbälle, bei denen die Gäste als »Arme« verkleidet waren.

19 Bernard Taithe betont in seiner Studie *The Essential Mayhew*, dass die Cholera in gewisser Weise das medizinische Äquivalent zum Chartismus in der politischen Sphäre war: »[...] beide waren Monster, die wiederkehrende Ängste widerspiegelten« (1996, S. 17).

20 Die Idee einer *Iron Times* ist nicht so exzentrisch wie sie zunächst erscheinen mag. Der Eisenbahnboom der 1840er Jahre hatte ein neues Lesebedürfnis zur Folge, das sich etwa in der Einführung einer billigen Buchreihe (*Railway Library*) niederschlug. Mayhew selber schreibt darüber in *London Labour and the London Poor*: »Die in Bahnhöfen verkauften Bücher gehören fast alle zu jener Kategorie, die man gemeinhin als ›leichte Lektüre‹ bezeichnet, bzw. was manchen als leichte Lektüre gilt. Der Preis geht selten über einen Schilling hinaus.« (Mayhew 1967 [1861], vol. 1, S. 291)

21 Hier zeigt sich, dass das Medium die Botschaft ist. Ein *Penny*-Periodikum, das gemeinsam mit Groschenheften vertrieben wird, stellt sich anders dar (und wird anders gelesen) als die Serie in einer seriösen Tageszeitung oder die repräsentative vierbändige Verlagsausgabe. Vgl. Taithe 1996, S. 5.

22 Deborah Epstein Nord (1987) hat zu Bedenken gegeben, dass ein Autor, der die Bewohner der Slums weder zum Objekt moralischer Missbilligung noch zum Gegenstand bloßen Amüsements machen wollte, Mitte des 19. Jahrhunderts auf den anthropologischen Diskurs zur ›wissenschaftlichen‹ Rahmung verwiesen war, weil ein anderer Rahmen nicht zur Verfügung stand.

23 Anscheinend ist der Stil der Coster-Lads zum Vorbild nachfolgender Stilformationen geworden. Geoffrey Pearson mutmaßt in seiner Geschichte des Hooligan (dessen Geburt er auf das London der 1890er Jahre ansetzt), dass »manche Elemente des Kleidungsstils der Hooligans von der Kleidung der Costermongers im London Mitte des 19. Jahrhunderts

stammen.« (Pearson 1983, S. 98) In einer Beschreibung der Hooligans in *The Daily Graphic* vom 16.11.1900 heißt es: »Alle haben einen besonderen, um den Hals gewundenen Schal, eine verwegen über die Augen nach vorn gezogene Mütze sowie Hosen, die am Knie sehr eng sind und an den Füßen sehr weit. Am charakteristischsten für ihre Uniform ist der schwere, metallbesetzte Ledergürtel.« (Ebd., S. 93f.) Bereits der Manchester »Scuttler« der 1880er Jahre wird ganz ähnlich beschrieben: »Ein loser, weißer Schal zierte seinen Hals, seine Haare klebten an der Stirn, er trug eine spitze Mütze über einem Auge, die Hosen waren aus Barchent und – wie die von Matrosen – nach Schlaghosenschnitt gefertigt.« (Russell 1913, S. 48) Entsprechend nennt Pearson als gemeinsame Stilelemente von Costers, Scuttlers und Hooligans Mütze, Halstuch und die glockenförmig auslaufenden Hosen. Deutlich zeigt sich, dass der Dresscode jugendlicher Subkulturen nicht erst eine Erfindung der 1940er und 50er Jahre ist.

24 Dass sich der Übergang von »Rasse« zu »Kultur« so leicht bewerkstelligen lässt, verweist aber auch auf die Problematik, dass das Kulturkonzept, das »Rasse« als Konzept ersetzen sollte (und dies historisch ja auch getan hat), sich in seiner essentialistischen Variante eher als eine Fortsetzung denn als Zurückweisung »rassischen« Denkens erwiesen hat (Michaels 1992). Dies wird in der Politik der französischen Neuen Rechten manifest, in deren Diskurs der Kulturbegriff den Begriff der Rasse abgelöst hat, zugleich aber unterschwellig darauf anspielt (Taguieff 1994).

25 Auf andere Weise drückt Himmelfarb in ihrem Pamphlet das Gleiche aus: »Das Straßenvolk, wie Mayhew es beschrieb, genoss eine sexuelle Freiheit und Freizügigkeit, um die sie jene sehr wohl beneidet haben mögen, die ihrem ›Geheimleben‹ nur drinnen nachgehen konnten, eben hinter geschlossenen Türen. Die Straßen, die offene und öffentliche Zurschaustellung des Lasters, muss für sie ein unerreichbares, nicht zu befriedigendes Verlangen bedeutet haben.« (1973, S. 730) Dies erklärt besser als andere Deutungen die Ambivalenz von Abwehr und Verlangen, obwohl es noch nicht viel über Mayhews Beschreibung des Straßenvolkes aussagt, in der meines Wissens die »öffentliche Zurschaustellung« sexueller Freizügigkeit nicht vorkommt. Vgl. aber die Ausführungen über die sexuelle Zügellosigkeit in den billigen Herbergen im Abschnitt »Of the Filth, Dishonesty, and Immorality of Low-Lodging Houses« (1967 vol. 1, S. 254–257).

26 »[…] die moderne Hochkonjunktur von *oral history* und populärer Autobiographie«, schreibt Richard Johnson Ende der 1970er Jahre, »hat in Henry Mayhews intelligentem Zuhören einen Vorläufer.« (Johnson 1979, S. 43)

27 Es wurde zeitweise vermutet, dass Jack the Ripper selber einer der »gaslight wanderer down east« war, nämlich entweder ein wahnsinniger Doktor, ein religiöser Fanatiker, ein manischer Triebtäter aus der Oberschicht oder ein Sozialwissenschaftler [sic!]. Vgl. Walkowitz 1992.

28 Wenn bei Booth dennoch von »Sozialismus« die Rede war, so war damit jede Art von staatlicher Intervention und Hilfeleistung wie etwa die Einrichtung von »Arbeitskolonien« gemeint.

29 Charles Booth hat selber eine hochinteressante Definition vorgelegt: »Ein *settlement*, für sich betrachtet, kann wohl als ›*residential club with a purpose*‹ beschrieben werden – der Zweck ist eben mit der sozialen, moralischen oder religiösen Besserung der Nachbarschaft verbunden, in welcher der Club angesiedelt ist.« (III: 7, S. 377; Hervorhebung R.L.)

30 Robert Park spricht in seinem Artikel »The City as a Social Laboratory« von den Settlements als »outposts for observation« (Park 1952 [1929], S. 75).

31 Vgl. zu der prekären Rolle der School Board Visitors als Kontrollorgane: Bales 1991, S. 84ff. Lakonisch hat Karel Williams den Unterschied zwischen Booth und Mayhew zusammengefasst: »Booth sprach mit den Personen, die über administrative Autorität über die Armen verfügten, wohingegen Mayhew mit den Armen sprach [...]« (Williams 1981, S. 313).

32 Die sozialpolitische Bestimmung der 1869 gegründeten *Charity Organization Society* (COS) trat in der ursprünglichen, bald aber fallengelassenen Bezeichnung »Society for Organizing Charitable Relief and Repressing Mendicity« deutlicher zutage. Nicht um Wohltätigkeit ging es dieser Gesellschaft in erster Linie, sondern um deren organisatorische Überwachung, um das zu vermeiden, was nicht nur die Vertreter der COS als wahlloses Almosenverteilen anprangerten. Zugleich richtete sich die Gesellschaft gegen jegliche Liberalisierung des Armengesetzes von 1834, in dessen Zentrum das Arbeitshaus als »Hilfs«maßnahme stand. Die Zusammenarbeit von Charles Booth sowohl mit den Siedlern von Toynbee Hall als auch mit den Repräsentanten der COS stellt ihn und sein Werk eindeutig in den Kontext der zivilisierenden Reformanstrengungen seiner Zeit. Dies wird besonders deutlich anhand der in unserem Zusammenhang vernachlässigten siebenbändigen *Religious Influences Series*, die, im Unterschied zu den anderen Reihen, ausschließlich von Booth verfasst worden ist. Hier handelt es sich um die Beschreibung der Religion als ein »zivilisierender Agent in der Metropole«. Dabei geht es nicht nur um den Kirchenbesuch, sondern auch um Klubs, Sonntagsschulen, Missionen und Wohlfahrtseinrichtungen. Das Fazit ähnelt dem, was die »Soziale Arbeitsgemeinschaft Berlin-Ost«, ein nach dem Vorbild Toynbee Hall gegründetes Settlement, für Berlin gezogen hat: die Kirchen erreichen die gewünschten Zielgruppen nur, wenn ihre Klubs und andere Organisationen keine offensichtlichen religiösen Ziele verfolgen. Siehe auch das nächste Kapitel.

33 Das Hauspersonal wurde seit den 1850er Jahren zu einem wichtigen Statussymbol auch für die kleinbürgerlichen Kreise, die die Klasse G im Sinne von Booth ausmachten: »Nicht nach diesen Statussymbolen zu streben [...] bedeutete, sich der Ächtung auszusetzen. Sogar die ziemlich mittellose Marx-Familie sah sich genötigt, zwei Hausdiener anzustellen, ihre Töchter für acht Pfund pro Semester in das »South Hamstead College for Ladies« zu schicken und für Sprach- und Zeichenkurse extra zu zahlen. ›Und jetzt muss ich noch einen Musiklehrer einstellen‹, beklagte sich Marx 1857 gegenüber Engels« (Jones 1979, S. 321).

34 Der in der viktorianischen Zeit geläufige Begriff »Residuum« meint zeitgenössisch nicht nur Rest und Rückstand, sondern auch Exkrement.

35 Was Booth gegenüber den Angehörigen der Klasse B empfiehlt, entspricht im Kern dem Arbeitshausprinzip der Armengesetze von 1834, dass nämlich »den Arbeitsfähigen Fürsorge nur innerhalb des Arbeitshauses gegeben werden soll, was die prosaische physische Wirkung hätte, sie von den unabhängigen Armen abzusondern.« (Himmelfarb 1973, S. 720)

36 »Die Abwesenheit des fabrikindustriellen Zwangs zu regelmäßiger Arbeit war das wohl wichtigste Charakteristikum des Hafenbetriebs. Das System der Gelegenheitsarbeit und die extrem kurzfristigen Arbeitsverhältnisse im Hafen sorgten für den Fortbestand von Verhaltensweisen und Mentalitäten, die anderswo im Zuge der Durchsetzung industriekapitalistischer Produktionsverhältnisse zwar nicht beseitigt, aber doch marginalisiert worden

waren.« (Grüttner 1984, S. 96) Die Gelegenheitsarbeit war also nicht nur Ursache von materieller Unsicherheit, sondern bildete auch einen Rest an Selbstbestimmung.

37 In seiner Geschichte der thematischen Kartierung äußert Arthur Robinson die Vermutung, dass die »poverty map« von Booth der »sanitary map« nachgebildet sei, die W.R. Wilde 1841 für Dublin angefertigt hat. Auch Brown hatte die Straßen nach einem Farbsystem koloriert, das bei ihm von »blau« (first class) bis »braun« (third class) reichte (vgl. Robinson 1982, S. 184f.).

38 Über R.A. Valpy, einem Booth-Mitarbeiter aus der zweiten Reihe, ist wenig mehr bekannt als dass er Mitglied der Royal Statistical Society war (vgl. Bales 1996).

39 William und Charles Booth sind nicht miteinander verwandt, und auch wenn Letzterer gewisse Sympathien für die Heilsarmee hegte, gehörte William Booth für ihn doch zu den Malern von Schreckensbildern, die er mit seiner Studie korrigieren wollte.

40 Vgl. etwa die entsprechende Verkleidungspassage bei Jack London: »Schließlich wählte ich derbe, aber stark abgetragene Hosen, eine verschlissene Jacke, an der nur noch ein Knopf saß, ein Paar derbe Stiefel, die offenbar beim Kohlenlöschen getragen worden waren, einen Lederriemen und eine sehr schmutzige Sportmütze« (London 1976, S.11). Derb ist eben nicht nur der Mensch, sondern auch seine Kleidung.

41 Zur Vorbereitung empfahl Siegmund-Schultze in seinem Antwortschreiben die Lektüre von Walther Classens *Großstadtheimat* und »falls Sie sich nicht davor fürchten«, Bebels Autobiographie (EZA 626/SIIc21).

42 Maxa Harden hatte 1925 eine Erhebung im Kreise der SAG-Jugend zum Thema »Freizeit der Jugendlichen« durchgeführt, die auf Fragebogen sowie Aufsätze einer Klasse von Berufsschülerinnen zum Thema »Meine Freizeit« beruhte. Sie wurde in der von Siegmund-Schultze herausgegebenen *Akademisch-Sozialen Monatsschrift* publiziert (Harden 1925). Hardens Erhebung ist ein frühes Beispiel für die in den 1920er und frühen 1930er Jahren in der Entwicklungspsychologie weit verbreitete Methode der Auswertung von Schulaufsätzen. Vgl. exemplarisch für unsere Fragestellung die Arbeit von Robert Dinse (1932) über das Freizeitleben der Großstadtjugend.

43 Mit seinem 1909 erschienenen autobiographischen Werk *Lebensgang eines deutschtschechischen Handarbeiters* gehört Wenzel Holek zu den bekanntesten frühen Arbeiterschriftstellern. Die Kontakte, die ihm dieses Werk erschloss, ermöglichten es ihm, die Existenz eines Proletariers hinter sich zu lassen und als Jugendpfleger tätig zu werden. Im Mai 1916 trat er eine Stelle als Jugendpfleger in der SAG an, eine der wenigen honorierten Stellen im Rahmen der Arbeitsgemeinschaft überhaupt. Über seine Zeit in der SAG erzählt der dritte Band seiner Erinnerungen *Meine Erfahrungen in Berlin-Ost* (Berlin 1998), dessen Typoskript im Rahmen eines von mir geleiteten Studienprojekts an der Humboldt-Universität zu Berlin von Jens Schley im Evangelischen Zentralarchiv Berlin gefunden wurde. Es sollte ursprünglich 1931 von der SAG publiziert werden; der Plan wurde aber aus finanziellen Gründen fallen gelassen.

44 Im Angebot eines Surrogats kann man ein wichtiges Arbeitsprinzip der SAG sehen. Generell wurde an den Interessen und Bedürfnissen der Kinder, Jugendlichen und jungen Arbeiter angeknüpft und ein Ersatz für die »richtige« Sache geboten: statt »Bande« Klub, statt »Schundhefte« Abenteuerliteratur, statt »Tanzboden« (Volks-)Tanzkreis (Lindner 1997).

45 Mit dieser Professur wurden seine Verdienste in der Kinder- und Jugendarbeit gewürdigt, bei der er sich anfänglich von der Adoleszenztheorie G. Stanley Halls, insbesondere seiner Rekapitulationsthese leiten ließ. Dieser zufolge befinden sich Jungen im Alter von 12 bis 16 Jahren im Hordenalter, was sich in der Bandenbildung artikuliert (Schlossman 1973). In verschiedenen Artikeln über die »12–14-jährigen Großstadtjungen«, unter anderem im *Berliner Tageblatt*, plädierte Siegmund-Schultze für die »Zusammenfassung der Jungen in kleinen Banden unter der Leitung von rechten Jugendfreunden« (BT, 2.2.1916). Die Klubarbeit im Rahmen der SAG kann als Ausdruck dieser Orientierung begriffen werden. Aus den Akten der SAG geht im Übrigen hervor, dass Siegmund-Schultze das Buch von Bernheimer und Cohen über *Boys' Clubs* (1914) kannte, in dem die Autoren die Bande als notwendigen Vorläufer jeden gesunden Jungenklubs behaupten (vgl. Schlossman 1973, S.144). Siegmund-Schultze gilt als Mitbegründer der wissenschaftlichen Sozialpädagogik. Nach dem Zweiten Weltkrieg wurde er zunächst zum ordentlichen Professor für Sozialpädagogik und Sozialethik an der Humboldt-Universität zu Berlin ernannt, lehnte diese Ernennung aber aus politischen Gründen ab. 1947 wurde er Leiter der Sozialpädagogischen Abteilung der Sozialforschungsstelle Dortmund und nahm eine Honorarprofessur für Sozialethik und Sozialpädagogik an der Universität Münster an. Siegmund-Schultze gehörte zum Umkreis der Zeitschrift *Soziale Welt*.

46 Hans Rücker ist sowohl was das Studienfach als auch was das Herkunftsgebiet anbetrifft typisch für die »Siedler« der SAG. Die meisten Mitarbeiter kamen aus Südwestdeutschland, vor allem aus und um Tübingen, und waren Studenten der evangelischen Theologie. Man kann die deutsche Settlementbewegung daher geradezu als eine pietistische Bewegung bezeichnen.

47 Die Abstinenzbewegung ist ein weiteres Beispiel dafür, dass die kartographische Erschließung des städtischen Raums in erster Linie dem präventiven Eingriff diente.

48 Bis zum Ersten Weltkrieg ist die amerikanische Soziologie eine eng mit klerikalen Wohltätigkeitsorganisationen verflochtene Disziplin; nicht wenige der frühen Soziologen waren ursprünglich Theologen. Evangelikale (oder christliche) Soziologie meint eine dem sozialen Evangelium (*social gospel*) verpflichtete praktische Wissenschaft, die sich an sozialen Problemen (*Big C-Sociology: Charity, Crime, Correction*) orientiert. Ihr Ziel ist die Prävention alles sozial schädlich angesehenen Verhaltens (vgl. Lindner 1990, S. 239ff.). Das Untersuchungsprogramm der Vergnügungskommission der Sozialen Arbeitsgemeinschaft weist große Übereinstimmungen mit dem empirischen Programm der Evangelikalen Soziologie auf.

49 Mary Jo Deegan unterscheidet »Kernethnographien der Chicago-Schule« und »Studien der Chicago-Schule«. Letztere sind stärker quantifizierende Studien, die sozialpathologische Reaktionen auf das Großstadtleben untersuchen. Sie sind, soweit ich sehe, sämtlich unter der Leitung von Parks Kollegen Ernest W. Burgess durchgeführt worden, der mit seinen Schwerpunkten in Forschung und Lehre (»Social Pathology«) noch stark der Präventionsperspektive verhaftet war. Zu den Studien gehören Arbeiten über Selbstmord, Geisteskrankheiten und Verhaltensstörungen.

50 Die »Chicago Irregulars« gehören zu den Gründungsmitgliedern der Zeitschrift *Urban Life and Culture* (1972) (heute *Journal of Contemporary Ethnography*), einer Zeitschrift für ethnographische Forschung mit definitivem Chicago *touch*.

51 Dieses seltene Beispiel einer Bestätigung von Behauptungen von Wissenschaftlern durch die Besuchten stammt aus dem später von Martin Scorcese verfilmten Buch *Sister of the Road*, im Deutschen unter dem (Film-)Titel *Boxcar Bertha* veröffentlicht. Die angebliche Lebensgeschichte eines weiblichen Hobos, von Ben Reitman aufgezeichnet, wird heute als eine von Reitman geschaffene Fiktion angesehen, in die viele Elemente seiner eigenen Lebensgeschichte eingegangen sind: »In Box-Car Bertha steckte tatsächlich eine Menge von Ben Reitman. Ben veröffentlichte keine Autobiographie, aber dieses Leben der Bertha kam nah daran heran.« (Bruns 1987, S. 263) In einer Rezension des Buches im *American Journal of Sociology*, verfasst von Herbert Blumer [sic!], heißt es: »Man wird den Verdacht nicht los, dass Dr. Reitman, dem die Geschichte ursprünglich erzählt worden ist, großzügige Einfügungen aus seiner eigenen Kenntnis über die Welt der Hobos und Vagabunden vornahm – offensichtlich allerdings um den Bericht realistischer zu machen. Es scheint auch klar zu sein, dass das Philosophieren und ›Soziologisieren‹, mit dem das Dokument gespickt ist, in erster Linie von Dr. Reitman stammt.« (Blumer 1938, S. 680)

52 Ich behalte den englischen Ausdruck »city editor« bei, weil das deutsche Äquivalent »Lokalredakteur« eine provinzielle Note in diese genuin großstädtische Berufsrolle bringt.

53 Die Humanökologie entwickelte sich, einmal aus dem Kontext der Chicago-Schule gerissen, zu einer eigenständigen Disziplin (Sozialökologie) und zu einer eigenständigen makrosoziologischen Perspektive. Das Bild der Chicagoer Schule wurde in der bundesdeutschen Stadtsoziologie der 1970/80er Jahre eindeutig durch die sozialökologische Perspektive bestimmt, die in der extremen Variante von Jürgen Friedrichs gänzlich ohne handlungstheoretische Elemente auskommen zu können meinte (Friedrichs 1977, S. 38).

54 Indem Robert Park auf die Nützlichkeit der Methoden, die die Ethnologen zur Untersuchung ›primitiver‹ Ethnien entwickelt haben, für die Untersuchung großstädtischer Kulturen und Lebensformen verweist, wird er zum mittelbaren Begründer der Stadtethnologie. Von daher ist es nur konsequent, dass die Stadtethnologie (*urban anthropology*) heute auf die Chicagoer Soziologie als ›Ahne‹ verweist.

55 Das Konzept der »sozialen Desorganisation« ist von Kritikern als Ersatz für das Konzept individueller Pathologie gesehen worden (Matza 1973). In der Tat sind im Kontext der »Chicago School Studies« im Sinne von Deegan (vgl. Anm. 49) »pathologische« Reaktionen auf soziale Desorganisation (zum Beispiel gemessen an der Scheidungs- und Selbstmordrate) zum Gegenstand empirischer Forschung gemacht worden. Bei Park verweist soziale Desorganisation aber auf eine Übergangsphase im Prozess der Modernisierung, bei der die traditionelle Ordnung zerbricht und durch neu entstehende Formationen abgelöst wird. Der Verfall der alten Ordnung entlässt den Einzelnen aus traditionellen Bindungen, was eben auch einen Emanzipationseffekt mit sich bringt. Daher kann man in Parks Überlegungen, zieht man die Formierung durch den zeitgenössischen Diskurs in Betracht, durchaus bereits die Konturen der Individualisierungsthese im Sinne von Ulrich Beck sehen, meint doch soziale Desorganisation nichts anderes als den sozialen und kulturellen Erosionsprozess, der durch die Individualisierung von Lebenslagen und Lebenswegen ausgelöst wird (vgl. Beck 1983). Insofern macht die Rede von der »zweiten Moderne« (Beck) wirklich Sinn.

56 Die dramaturgische Soziologie von Erving Goffman lässt sich als Großstadtsoziologie *sui generis* bezeichnen und ist vielleicht das beste Beispiel für eine sinnvolle empirische Variante der formalen Soziologie von Simmel (Goffman 1959, 1963).

57 Es gibt einige Chicago-Monographien über großstadtspezifische Berufe, beispielsweise *The Saleslady* (1929) von Frances R. Donovan, *The Nursemaid* (1931) von Martha Hall oder *The Young Man employed in the Loop* (1933) von Chester S. Alexander.

58 »Hobohemia« war der ursprünglich in Aussicht genommene Titel der Studie. Er wurde aus rechtlichen Gründen fallengelassen, weil Sinclair Lewis eine gleichnamige Erzählung publiziert hatte, die einen ironischen Schüsseltext zum Verständnis der New Yorker Bohème bildete (Lewis 1917). 1919 wurde daraus ein gleichnamiges Stück gemacht, das im Greenwich Village Theatre aufgeführt wurde. In der Wortschöpfung findet die Vermischung von vagabundierenden Existenzen und Bohème-Zirkeln im Greenwich Village der 1910er Jahre ihren Ausdruck (vgl. Fishbein 1993). Es ist davon auszugehen, dass der Titelvorschlag von Park stammte, der Anderson auch die Bezeichnung »Hobohemia« anstelle des geläufigeren und aus der Sicht der Hobos zutreffenderen »Main Stem« empfahl. In seinem Aufsatz »The Mind of the Hobo« charakterisiert Park den Hobo als »Bohemien der Arbeiterstände« (Park 1925, S. 160).

59 »Skid row« meint ursprünglich eine abschüssige Straße (skid *road*), auf der Holzfäller die Baumstämme herabgleiten ließen. Später wurde die Bezeichnung sinnbildlich für Straßen übernommen, die zum *home territory* von sozial abgeglittenen Menschen geworden sind.

60 James Eads How, ein exzentrischer Millionär, gründete die *International Brotherhood Welfare Association* (IBWA), eine Hilfsorganisation für Hobos. Unter anderem plante How, in allen wichtigen Städten der Vereinigten Staaten Unterkünfte für Wanderarbeiter einzurichten. Zur Zeit von Andersons Studie gab es in 20 Städten so genannte »Hotels de Bum«. John X. Kelly war zu Andersons Zeiten ein berühmter Propagandist (*soap box orator*) und Organisator der Hobo-Sache.

61 Bei Meuters Arbeit handelt es sich, dem Ausschreibungstext folgend, um eine »Literatur sammelnde und kritisch sichtende Schreibtischarbeit«. Dabei wird deutlich, in welch ungewöhnlichem Ausmaß Meuter auf belletristische Literatur rekurriert, ein Charakteristikum auch ihrer weiteren soziologischen Arbeiten (vgl. Wobbe 1994). Von der soziologischen Literatur ist ihr Andersons Studie, die kurioserweise immer als »das Hobo-Buch« zitiert wird, Orientierung und Quelle. Als Indiz für die geringe Rezeption dieser Pionierarbeit sehe ich den Tatbestand an, dass das mir vorliegende Exemplar der Humboldt-Universität zu Berlin, 1925 vom Gustav Fischer Verlag publiziert, noch unaufgeschnitten war.

62 In den zwanziger und dreißiger Jahren bildete der Hotelfilm ein eigenes Genre, bei dem das Hotel als geschlossener Schauplatz einen vielfältigen gesellschaftlichen Mikrokosmos darstellte. Norman Hayner, für den das Hotel als *pars pro toto* für die Großstadt stand, hat das Hotel im Grunde genommen ähnlich genutzt (Hayner 1928, Lindner 1990, S. 91–93).

63 Ein solches Vorgehen lädt zur Produktion von Anekdoten aus dem Feld geradezu ein. So berichtet Saul Alinsky, der um 1930 am Department studiert hatte, in einem *Playboy*-Interview [sic!], dass er eine Dissertation über die Al Capone-Gang plante und aus diesem Grunde tagelang in der Lobby des Lexington Hotel, dem Hauptquartier der Bande, ›herumhing‹, um Kontakt mit Mitgliedern der Bande aufzunehmen (Alinsky 1972). Man kann in der soziologischen *city lore* durchaus einen erwünschten Nebeneffekt der Forschung sehen.

64 In den 1920er Jahren wurde am Chicagoer Department als Vordruck eine so genannte *social base map* entwickelt, die das Eisenbahngelände (schwarz), die Industriegebiete (schraffiert), Parks, Friedhöfe etc. (getupft) und die Sprachgruppen (»Italian«, »Polish«, »Bohemian« etc.) von Chicago zeigt und auf der dann die speziellen Phänomene (z.b. »Gangs«) eingezeichnet wurden (Young 1924/25). Die Entwicklung eines Vordrucks, der von der University of Chicago Press vertrieben wurde, zeigt die Verbreitung des *mapping* in der Hochzeit der Chicago School an.

65 Mit »symbolischer Gentrifizierung« meint Barbara Lang die Vorbereitung und Begleitung der architektonischen und sozialen Umstrukturierung von Wohngebieten durch medial gefertigte Images, Bilder und Repräsentationen (Lang 1996, S. 28ff).

66 William F. Whyte ist vom ersten Jahrgang (1941) an regelmäßiger Mitarbeiter der Zeitschrift *Applied Anthropology. Problems of Human Organization* (später: *Human Organization*), der es um einen wissenschaftlichen Beitrag zur Verbesserung der »Human Relations« im zivilen wie im militärischen Bereich geht. Exemplarischer Vertreter einer solchen organisationssoziologischen Sicht ist interessanterweise einer der Hauptinformanten von Whyte, Angelo Ralph Orlandella, genannt Sam Franco, der in seiner späteren militärischen und zivilen Laufbahn das bei Whyte informell Gelernte als so genannter »trouble shooter« (bei Führungsproblemen) praktisch umsetzte.

67 Objektorientiertes Verhalten ist ein Verhalten, das auf das Erwerben/Erreichen eines Objekts/Ziels ausgerichtet ist, sei dieses nun moralischer, kultureller oder materieller Natur, während personenorientiertes Verhalten darauf abzielt, eine von den anderen Mitgliedern einer Gruppe anerkannte und geschätzte Person zu sein (Gans 1965, S. 89ff).

68 In Willis' Unterscheidung kommt noch einmal eine uns bereits bekannte Differenzierung zum Vorschein, nämlich die in »respectable« und »rough working class«.

69 Der Titel der Studie war unglücklich zeitaktuell gewählt. Als das Buch 1962 erschien, hatte das Halbstarken-Phänomen bereits seinen Zenit überschritten.

70 Es liegt auf der Hand, dass diese Rolle prekär ist. Verschiedentlich äußert »Männe«, die Führungsfigur der Heimgruppe, entsprechendes Misstrauen: »Was spioniert die hinter uns her?« (Bals 1962, S. 66)

71 Diese Auswahl gilt auch forschungsstrategisch. Jonathan Schwartz zitiert einen Forscher, der die Italiener als seine Untersuchungsgruppe ausgesucht hatte, »weil der Ermittler glaubte, dass sie zu den gastfreundlichsten und gesprächigsten unter den Minderheitengruppen zählten« (I.L. Child [1943], zit. n. Schwartz 1991, S. 24). Immer noch geht es also um »Unterhaltung, Essen und Gesang« als kulturelle Trias.

72 Auf der Folie der postulierten Einheit von Raum und Kultur ist es nur folgerichtig, wenn Young und Willmott für Greenleigh, dem Ort, an den Bewohner von Bethnal Green umgesetzt wurden, eine Beurteilung der Person nach Besitz und Konsum konstatieren (Young/Willmott 1967, S. 162f.). Diese Logik sieht Loïc Wacquant bei der räumlichen Ausschließung städtischer Minderheiten (»Nachbarschaften des Abstiegs«) noch heute am Werk, führt doch die Schwächung territorial verankerter Gemeinschaftsbande zu einem Rückzug in die Sphäre privatisierten Konsums und zu Strategien der Distanzierung (»Da gehöre ich nicht dazu«) (Wacquant 1999, S. 1644).

73 Mit dieser Definition ist Hannerz erstaunlich nahe am aktuellen »black identity«-Diskurs afroamerikanischer Kulturwissenschaftler und Kulturwissenschaftlerinnen. Bei einer Roundtable-Diskussion im Rahmen der New York University-Konferenz »Soul. Black

Power, Politics, and Pleasure« (1995) führte Portia Maultsby aus, dass Soul ein Konzept sei, »das eine distinktive schwarze Weltanschauung und eine Art des Seins definiert«, um etwas später zu ergänzen: »Soul ist ein Stil – ein Stil, der afrikanischen Amerikanern eigen ist.« (Guillory/Green 1998, S. 282, 283)

74 Hannerz führt selbst eine Liste von zeitgenössischen, 1967 veröffentlichten Soul-Songs auf: »Sam and Dave hatten im Herbst 1967 mit ›Soul Man‹ einen Hit, und im Sommer desselben Jahres war ›Soulfinger‹ von den Bar-Kays angesagt. Wilson Picket nahm ›Soul Dance No. 3‹ auf, Shirley Ellis ›Soultime‹, The Coasters ›Soul Pad‹, Smockey Robinson and the Miracles nahmen ›The Soulful Shack‹ auf usw.« (Hannerz 1969, S. 149). 1966 und 1967 waren auch die Jahre, in denen die Leitfiguren der Soul-Musik auf ihren Album-Titeln inthronisiert wurden: »King of Soul« (Ray Charles), »Queen of Soul« (Aretha Franklin), »High Priestess of Soul« (Nina Simone) oder schlicht »Mr. Soul« (James Brown).

75 Der »house nigger« war in der Zeit der Sklaverei der persönliche Diener des weißen »master«. Das brachte ihm auf der einen Seite Privilegien, auf der anderen Seite den Ruf des »Abtrünnigen« ein.

76 Unter dem Titel *Soul Sister* erschien 1969 einer der absonderlichsten, auf Feldforschung beruhenden Berichte, »die Geschichte einer weißen Frau, die sich zu einer Schwarzen machte und dann in Harlem und Mississippi lebte und arbeitete«, wie es auf dem Cover der Taschenbuchausgabe heißt. Grace Halsell, die Autorin dieser »einzigartigen und tief bewegenden Geschichte«, war nicht die erste, die sich mittels eines Melanine produzierenden Stoffes in eine ›schwarze‹ Person auf Zeit verwandelte; sie orientierte sich an John Howard Griffin, der 1959 ein ähnliches Experiment (»Black like me«) am eigenen Leib vollzogen hatte. Diese Art von *Ethno-Mimikry* hat in Deutschland Günter Wallraff als »Türke Ali« mit schwarzem Schnauzer, dunklen Kontaktlinsen und Perücke produziert (*Ganz unten*).

77 Die genannten Unruhen bilden nur die Speerspitze; laut Bericht der *U.S. Riot Commission* gab es allein in den ersten neun Monaten des Jahres 1967 164 Unruhen in 128 Städten, von denen die Kommission acht als »schwer« (mehrtägige Unruhen, Brandstiftung und Plünderungen im großen Maßstab, Einsatz der Nationalgarde) und 33 als »gravierend« einschätzte (U.S. Riot Commission Report 1968, S. 114).

78 Sowohl *Tally's Corner* als auch *Hustling and Other Hard Work* wurden vom *National Institute of Mental Health* mitfinanziert, wobei sich die Autorin der letzteren Studie in ihrer ›Danksagung‹ von dieser Institution distanziert – »vertragliche Verpflichtungen verlangen die Erwähnung der Förderung durch das *National Institute of Mental Health*«.

79 Ein Beispiel für die romantische Sicht ist Ned Polskys Studie über den »poolroom hustler«, die von Howard Becker »angezettelt« wurde, wie Polsky schreibt. Polsky, der unter anderen bei Herbert Blumer und Everett C. Hughes in Chicago studierte, war selber ein halbprofessioneller Billardspieler. Vgl. Polsky 1967.

80 Der Slogan der Schulbehörden »Be Smart: Stay in School« antwortet in direkter Weise auf diese Haltung, indem er die Sprache der Straße (»Be Smart«) übernimmt, um das offizielle Bildungswissen (»Stay in School«) zu lancieren.

81 »Ein Besuch beim Sozialamt begann mit einer mehrere Meilen langen Reise mit den öffentlichen Verkehrsmitteln, für gewöhnlich um sieben Uhr morgens, damit man an den Anfang der Schlange kommen konnte. Wer das Glück hatte, an diesem Tag durch die Eingangstür zu gelangen, wartete oft stundenlang, bis er oder sie zum zuständigen Sach-

bearbeiter vordringen konnte. Dann wurde der Antragsteller häufig von einem Teil dieses mehrstöckigen Bürogebäudes in einen anderen oder auf ein anderes Amt in einem anderen Stadtteil geschickt. Der Großteil eines Arbeitstages ging oft für das Sozialamt drauf. Der Ertrag, auf den man hoffen konnte, betrug bestenfalls weniger als zwei Dollar pro Tag. Sozialhilfe ist wirklich harte Arbeit.« (Valentine 1978, S. 121f.)

82 Charles Valentine ist der Autor von *Culture and Poverty* (1968), einer vehementen Kritik des Konzepts der »Kultur der Armut« von Oscar Lewis.

83 Dieses radikale, über die Normalanforderungen von Feldforschung hinausgehende Sich-Hinein-Versetzen in die Lebensumstände anderer erinnert an das Konzept des »Mitlebens« des umstrittenen deutschen (Psycho-)Anthropologen und ›Rasseforschers‹ Ludwig Ferdinand Clauss, für den der Forscher im Akt des Mitlebens die Rolle des Forschers transzendierte und ganz Mimema wurde. »Methodisch mitleben heißt: selber ein Glied der fremden Gemeinschaft werden und als solches leben« (Clauss 1965, S. 105). Zur umstrittenen Person L.F. Clauss' vgl. Weingart 1995.

84 Elijah Anderson (2002) hält Wacquant in seiner Antwort auf dessen ›Rundumschlag‹ eine Fehlinterpretation vor, die aus dessen deduktivem *top down approach* resultiert, der mit einem mangelhaften Verständnis für die ethnographische Methode einhergeht. Für Anderson wollen die meisten Bewohner der innerstädtischen *neighborhoods* als »anständig« gelten, ob uns das gefällt oder nicht. Zugleich hat sich gezeigt, dass sich die Unterscheidungen zwischen »anständig« und »Straße« in der Praxis verflüssigen, da die Bewohner »Code-Umschalten« betreiben: »[...] das heißt, dass eine Person zu unterschiedlichen Zeitpunkten sich am Anständigen und an der Straße orientieren kann, je nach Umständen« (Anderson 1999, S. 35). Eben dieses *switching* berücksichtigt Wacquant in seiner Kritik nach Ansicht von Anderson zu wenig.

85 Damit scheint Wacquant einem methodischen Vorschlag von Ned Polsky gefolgt zu sein: »[...] eine hervorragende Möglichkeit, Kontakte herzustellen, schließt anfangs ein bisschen Flunkerei ein, indem man auf der Grundlage gemeinsamer Freizeitbeschäftigungen einen Kriminellen kennen lernen kann und ihm *dann* von dem Forschunginteresse unterrichtet, das man hat. [...] Wenn Du dich mit Pferden auskennst, fang im Wettbüro an. Wenn Du dich mit Karten auskennst, frage dich zu einem guten Pokerspiel durch. Wenn Du dich mit Kämpfen auskennst, fang in der örtlichen Boxhalle an.« (Polsky 1971, S. 130)

86 Dass die Geschichte vom »boxenden Professor« in der Pariser Öffentlichkeit mit *Entzücken* aufgenommen wurde und *une vague médiatique* provozierte, kann jeder nachvollziehen, der von der traditionellen Verbindung von Kunst, Ethnographie und Faustkampf in der Pariser Gesellschaft der ersten Hälfte des 20. Jahrhunderts weiß. In gewisser Weise setzt der Boxer-Soziologe Wacquant die Tradition des Boxer-Poeten, des Profiboxers und Dadaisten Arthur Cravan fort (Cravan 1991).

87 Ein »lady friend« zu sein ist nicht unbedingt gleichbedeutend mit Zuhälter: »Was in der Sprache der Straße *broad money* heißt, wird dem Mann oft ohne Einsatz von körperlichem Zwang als Bezahlung für reale Dienste gegeben (Schutz, Zuneigung, Gesellligkeit und die Disziplinierung der Kinder im Haushalt)« (Wacquant 1998, S. 30, Anm. 10). Wacquant sieht in diesem Arrangement einen Ausdruck der ökonomischen Marginalisierung schwarzer Männer im Ghetto und ihrer finanziellen Abhängigkeit von Frauen.

88 Shooting gallery, eigentlich Schießstand, Schießbude, im Slang: Ort, an dem ein Süchtiger eine Injektion erhalten kann.

89 Diese These stimmt in verblüffender Weise mit den Befunden der klassischen Schul-Ethnographie von Paul Willis, *Learning To Labour* (1977), überein. Willis untersucht eine Gruppe von Hauptschülern, in der Studie »lads« genannt, die mit ihrem aufsässigen Verhalten ihre ›oppositionelle‹ Haltung gegenüber der als irrelevant empfundenen Institution Schule artikulierten. Diese kulturelle Selbstbehauptung, die die informelle Kultur der Gruppe zur Lebensausrichtung für wichtiger erachtet als die offizielle der Schule, führt letztlich zur Selbstverurteilung zu einer Existenz als ungelernte Arbeiter.

Literatur

EZA 626   Nachlass Friedrich Siegmund-Schultze
EZA S...   Schriften des ökumenischen Archivs
Beides in: Evangelisches Zentralarchiv in Berlin
EWB   Edward W. Burgess – Papers
JTC   James T. Carey – Interviews
REP   Robert E. Park – Papers
REPA   Robert E. Park – Addenda
Alle in: Joseph Regenstein Library, Special Collections Department, University of Chicago

Abrahams, Roger D. *Deep Down in the Jungle. Negro Narrative Folklore From the Streets of Philadelphia.* Chicago 1974 [1963].

Abu-Lughod, Janet L. *From Urban Village to East Village.* Oxford, Cambridge 1994.

Alemann, Heinz von.»Leopold von Wiese und das Forschungsinstitut für Sozialwissenschaften in Köln 1919 bis 1934.« In: Wolf Lepenies (Hrsg.), *Geschichte der Soziologie.* Frankfurt am Main 1981

Alexander, Chester Stephen. *The Young Men Employed in the Loop* (M.A. Thesis, University of Chicago, Department of Sociology). Chicago 1931.

Alinsky, Saul D. »A candid conversation with the feisty radical organizer.« *Playboy Magazine*, March 1972, 59–78, 150–178.

Amann, Klaus und Stefan Hirschauer. »Die Befremdung der eigenen Kultur. Ein Programm.« In: dies. (Hrsg.), *Die Befremdung der eigenen Kultur. Zur ethnographischen Herausforderung soziologischer Empirie.* Frankfurt am Main 1997, 7–52.

Anderson, Nels. *The Hobo. The Sociology of the Homeless Man.* Chicago, London 1967 [1923].

—. *The American Hobo. An Autobiography.* Leiden 1975.

—. »A Stranger at the Gate. Reflections on the Chicago School of Sociology.« *Urban Life* 11.4 (1983), 396–406.

Anderson, Elijah. *Street Wise.* Chicago 1990.

Anderson, Elijah. *Code of the Street.* New York 1999.

—. »The Ideologically Driven Critique.« *American Journal of Sociology* 107 (2002), 1533–50.

225

Atkinson, Paul. »The Ethnographic Imagination.« In: Ken Plummer (Hrsg.), *The Chicago School. Critical Assessments.* London, New York 1990, 160–168.

Auden, W.H. »A very inquisitive old party.« In: ders., *Forewords and Afterwords.* London 1973, 233–243.

Bales, Kevin. »Charles Booth's survey of Life and Labour of the People in London 1889–1903.« In: Martin Bulmer, Kevin Bales und Kathryn Kirk Sklar (Hrsg.), *The Social Survey in Historical Perspective.* Cambridge etc. 1991

—. »Lives and Labours in the Emergence of Organized Social Research, 1886–1907.« *Journal of Historical Sociology* 9.2 (1996), 113–138.

Bals, Christel. *Halbstarke unter sich.* Köln und Berlin 1962.

Behar, Ruth. »Ethnography and the book that was lost.« *Ethnography* 4 (2003), 15–39.

Bennett, James. *Oral History and Criminology.* Chicago, London 1981.

Benzler, Elisabeth. »Großstadtsiedlung und Jugendbewegung.« *Neue Nachbarschaft. Akademisch-soziale Monatsschrift* IX, Okt.-Nov. 1928, 178–187.

Blumer, Herbert. »Review of Ben Reitman, Sister of the Road.« *American Journal of Sociology* 43 (1938), 679–680.

—. »Der methodologische Standpunkt des Symbolischen Interaktionismus.« In: Arbeitsgruppe Bielefelder Soziologie (Hrsg.), *Alltagswissen, Interaktion und gesellschaftliche Wirklichkeit.* Reinbek bei Hamburg 1973

Boelen, W.A. Marianne. »Street Corner Society. Cornerville Revisited.« *Journal of Contemporary Ethnography* 21 (1992), 11–51.

Bogdal, Klaus-Michael. *Schaurige Bilder. Der Arbeiter im Blick des Bürgers.* Frankfurt am Main 1978.

Booth, Charles. *Labour and Life of the People.* Band 1: *East London.* London 1889.

—. *On the City. Physical Pattern and Social Structure.* Herausgegeben von Harold W. Pfautz. Chicago, London 1967.

—. *Life and Labour of the People in London.* New York 1969 [1902].

Bornemann, Ernst. »Professor Dr. Friedrich Siegmund-Schultze 80 Jahre alt.« *Soziale Welt* 16 (1965), 86–90.

Bourdieu, Pierre. »Verstehen.« In: ders. et al. (Hrsg.), *Das Elend der Welt.* Konstanz 1997

Bourgois, Philippe. »Confronting Anthropology, Education, and Inner-City Apartheid.« *American Anthropologist* 98.2 (1996), 249–258.

—. »Just Another Night in a Shooting Gallery.« *Theory, Culture and Society* 15.2 (1998), 37–66.

—. *In Search of Respect. Selling Crack in El Barrio.* Cambridge 1999.

Briggs, Asa. »The Culture of Poverty in Nineteenth-Century London.« *Scientific American* 215 (1966), 123–126.

Briggs, Asa und Anne MacCartney. *Toynbee Hall.* London etc. 1984.

Brown, John. »Charles Booth and Labour Colonies, 1889–1905.« *The Economic History Review* 21 (1968), 349–360.

Bruns, Roger A. *The Damndest Radical.* Urbana, Illinois and Chicago 1987.

Brunt, Lodewijk. »The Ethnography of ›Babylon‹: The Rhetoric of Fear and the Study of London, 1850–1914.« *City and Society* 4.1 (1990), 77–87.

—. »Die Stadt als Leviathan. Henry Mayhew und die Londoner Welt.« *Historische An-thropologie* 3 (1995), 460–477.

—. »Into the Community.« In: Paul Atkinson et al. (Hrsg.), *Handbook of Ethnography*. London, Thousand Oaks, New Delhi 2001, 80–91.

Bulmer, Martin. »The Methodology of The Taxi-Dance Hall.« *Urban Life* 12.1 (1983), 95–101.

Bulmer, Martin, Kevin Bales und Kathryn Kirk Sklar (Hrsg). *The social survey in historical perspective*. Cambridge etc. 1991

Bulmer, Martin, Kevin Bales und Kathryn Kirk Sklar. »The social survey in historical perspective.« In: dies., (Hrsg.), *The social survey in historical perspective*. Cambridge etc. 1991, 1–48.

Bushnell, Charles J. »Some Social Aspects of the Chicago Stock Yards.« *American Journal of Sociology* 7 (1901/02), 145–170, 289–330, 433–474, 687–702.

Cahnmann, Werner J. »Robert E. Park at Fisk.« *Journal of the History of the Behavioral Sciences* 14 (1978), 328–336.

Carey, James T. *Sociology and Public Affairs*. The Chicago School. Beverly Hills, London 1975.

Cavan, Ruth Shonle. »The Chicago School of Sociology, 1918–1933.« *Urban Life* 11.4 (1983), 407–420.

Chadwick, Edwin. *An inquiry into the sanitary condition of the labouring population of Great Britain*. London 1842.

Chauncey, George. *Gay New York. Gender, Urban Culture, and the Making of the Gay Male World, 1890–1940*. New York 1994.

Chesney, Kellow. *The Victorian Underworld*. London 1970.

Clarke, John u.a. *Jugendkultur als Widerstand. Milieus, Rituale, Provokationen*. Frankfurt am Main 1979.

Clauss, Ludwig Ferdinand. »Mimesis und Mimema. Art und Schwierigkeit des methodischen Mitlebens.« *Jahrbuch für Psychologie und Psychotherapie* 2 (1954), 258–282.

—. »Die Krise des Mitlebens.« *Jahrbuch für Psychologie, Psychotherapie und medizinische Anthropologie* 13 (1965), 92–110.

Cohen, Phil. »Out of the Melting Pot into the Fire Next Time. Imagining the East End as City, Body, Text.« In: Sallie Westwood und John Williams (Hrsg.), *Imagining Cities. Scripts, Signs, Memory*. London 1997, 73–86.

Conway, John S. »Friedrich Siegmund-Schultze (1885–1969).« *Evangelische Theologie* 43 (1983), 221–250.

Corbin, Alain. *Women for Hire*. Cambridge, Mass. and London 1990.

—. *Pesthauch und Blütenduft. Eine Geschichte des Geruchs*. Frankfurt am Main 1992.

Crane, Stephen. *Stories and Tales*. Herausgegeben von Robert Worster Stallman. New York 1894.

Cravan, Arthur. *Der Boxer-Poet*. Hamburg 1991.

Cressey, Paul G. *The Taxi-Dance Hall*. Montclair, N.J. 1969 [1932].

—. »A Comparison of the Roles of the »Sociological Stranger« and the »Anonymous Stranger« in Field Research.« *Urban Life* 12.1 (1983), 102–120.

Cullen, Michael. *The Statistical Movement in Early Victorian Britain*. Hassocks, Sussex 1975.

Darden, Joe T. »Definitions of Ghetto.« In: ders. (Hrsg.), *The Ghetto*. Port Washington and London 1981, 5–14.

Deegan, Mary Jo. *Jane Addams and the Men of the Chicago School, 1892–1920*. New Brunswick, N.J. 1988.

—. »The Chicago School of Ethnography.« In: Paul Atkinson, et al. (Hrsg.), *Handbook of Ethnography*. London, Thousand Oaks, New Delhi 2001, 11–25.

Denzin, Norman. »Whose Cornerville is it, anyway?« *Journal of Contemporary Ethnography* 21 (1992), 120–132.

Dickens, Charles. *Oliver Twist*. Leipzig 1928.

Dießenbacher, Hartmut. »Altruismus als Abenteuer.« In: Christoph Sachße und Florian Tennstedt (Hrsg.), *Jahrbuch der Sozialarbeit*. Reinbek bei Hamburg 1981, 272–298.

—. »Der Armenbesucher: Missionar im eigenen Land.« In: Christoph Sachße und Florian Tennstedt (Hrsg.), *Soziale Sicherheit und soziale Disziplinierung*. Frankfurt am Main 1986, 209–244.

—. »›Kolonisierung‹ fremder Lebenswelten. Über ›Menschenfischen‹ im eigenen Land.« In: Siegfried Müller und Hans-Uwe Otto (Hrsg.), *Verstehen oder Kolonialisieren?* Bremen 1986, 207–226.

Dinse, Robert. *Das Freizeitleben der Großstadtjugend*. Eberswalde und Berlin 1932.

Donald, James. *Imagining the Modern City*. Minneapolis 1999.

Donovan, Frances. *The Saleslady*. Chicago 1929.

Driver, Felix. »Moral geographies: social science and the urban environment in mid-nineteenth century England.« *Transactions of the Institute of British Geography* NS13 (1988), 275–287.

Duneier, Mitchell. *Slim's Table. Race, Respectability, and Masculinity*. Chicago, London 1992.

—. *Sidewalk*. New York 1999.

—. »What Kind of Combat Sport Is Sociology?« *American Journal of Sociology* 107 (2002), 1551–76.

Dyos, H.J. »The Slums of Victorian London.« *Victorian Studies* 11 (1967), 5–40.

Dyos, H.J. und Michael Wolff (Hrsg). *The Victorian City. Images and Realities*. 2 Bände. London, Boston 1973

Egan, Pierce. *Life in London*. London 1821.

Engels, Friedrich (Hrsg). *Die Lage der arbeitenden Klasse in England*. Marx/Engels Werke Band 2. Berlin 1974

Evans, Richard J. *Tod in Hamburg. Stadt, Gesellschaft und Politik in den Cholera-Jahren 1830–1910*. Reinbek bei Hamburg 1990.

Fine, Gary Alan (Hrsg). *A Second Chicago School? The Development of a Postwar American Sociology*. Chicago, London 1995

Finestone, Harold. »Cats, Kicks, and Color.« *Social Problems* 5 (1957), 3–13.

Firey, Walter. »Sentiment and Symbolism as Ecological Variables.« *American Sociological Review* 10 (1945), 140–180.

Fischer, Hans R. *Unter den Armen und Elenden Berlins. Streifzüge durch die Tiefen der Weltstadt*. Berlin 1887.

Fischer, Hans. *Die Hamburger Südsee-Expedition. Über Ethnographie und Kolonialismus.* Frankfurt am Main 1981.

Fishbein, Leslie. »The Culture of Contradiction: The Greenwich Village Rebellion.« In: Rick Beard und Leslie Cohen Berlowitz (Hrsg.), *Greenwich Village: Culture and Counterculture.* New Brunswick, N.J. 1993

Foster, George. *New York By Gaslight.* New York 1850.

Friedrichs, Jürgen. *Stadtanalyse. Soziale und räumliche Organisation der Gesellschaft.* Reinbek bei Hamburg 1977.

Galliher, John F. »Chicago's Two Worlds of Deviance Research: Whose Side Are They On?« In: Gary Alan Fine (Hrsg.), *A Second Chicago School?* Chicago, London 1995

Gans, Herbert J. *The Urban Villagers. Group and Class in the Life of Italian-Americans.* New York, London 1965.

—. »Uses and Misuses of Concepts in American Social Science Research: Variations on Loïc Wacquant's Theme of ›Three Pernicious Premises in the Study of the American Ghetto‹.« *International Journal of Urban and Regional Research* 21 (1997), 504–507.

Geertz, Clifford. *Die künstlichen Wilden.* München 1990.

Geisthövel, Alexa, Ute Siebert und Sonja Finkbeiner. »›Menschenfischer‹. Über die Parallelen von inneren und äußerer Mission um 1900.« In: Rolf Lindner (Hrsg.), *»Wer in den Osten geht, geht in ein anderes Land«. Die Settlementbewegung in Berlin zwischen Kaiserreich und Weimarer Republik.* Berlin 1997

Gierlichs, Willy. »Zwischenmenschliche Probleme des Ghettos.« *Kölner Vierteljahreshefte für Soziologie* 10 (1931/32), 364–386.

Giordano, Christian. *Die Betrogenen der Geschichte: Überlagerungsmentalität und Überlagerungsrationalität in mediterranen Gesellschaften.* Frankfurt am Main, New York 1992.

Girtler, Roland. *Vagabunden in der Großstadt – Teilnehmende Beobachtung in der Lebenswelt der »Sandler« Wiens.* Stuttgart 1980.

Glazer, Nathan. *Affirmative Discrimination: Ethnic Inequality and Public Policy.* New York 1975.

Goffman, Irving. *The Presentation of Self in Everyday Life.* Garden City 1959.

—. *Behavior in Public Places.* New York 1963.

Gouldner, Alvin W. *Reziprozität und Autonomie. Ausgewählte Aufsätze.* Frankfurt am Main 1984.

Green, Brian A. »A Particular Class of Woman: Class Struggle on the Prostitute Body, 1830–1900.« *Organdi Quarterly* 2 (2001).

Green, Bryan S. »Learning from Henry Mayhew. The Role of the Impartial Spectator in Mayhew's London Labour and the London Poor.« *Journal of Contemporary Ethnography* 31 (2002), 99–134.

Green, David R. *From Artisans to Paupers: Economic Change and Poverty in London, 1790–1870.* Aldershot 1995.

Green, Richard C. und Monique Guillory. »Question of a ›Soulful Style‹. Interview with Paul Gilroy.« In: Monique Guillory und Richard C. Green (Hrsg.), *Soul. Black Power, Politics, and Pleasure.* New York, London 1998

Greenblatt, Stephen. »Schmutzige Riten.« In: ders., *Schmutzige Riten. Betrachtungen zwischen Weltbildern.* Berlin 1991

Greenwood, James. *A Night in a Workhouse*. London 1866.

—. *The Wilds of London*. London 1874.

Griffin, John Howard. *Black Like Me*. Boston 1961.

Grüttner, Michael. »Soziale Hygiene und soziale Kontrolle. Die Sanierung des Hamburger Gängeviertel 1892–1936.« In: Arno Herzig u.a. (Hrsg.), *Arbeiter in Hamburg*. Hamburg 1983, 359–371.

Guillory, Monique und Richard C. Green (Hrsg). *Soul. Black Power, Politics, and Pleasure*. New York, London 1998

Haarbeck, Lina. *Geschichten aus dem Rauhen Hause*. Hamburg o.J.

Haggard, Robert F. »Jack the Ripper as the Threat of Outcast London.« *Essays in History* 35 (1993).

Hall, Martha H. *The Nursemaid. A Socio-Psychological Study of an Occupational Group (M.A. Thesis, University of Chicago)*. Chicago 1931.

Halsell, Grace. *Soul Sister*. New York 1970.

Hannerz, Ulf. »The Rhetoric of Soul: Identification in Negro Society.« *Race* 9.4 (1968), 453–465.

—. *Soulside. Inquiries Into Ghetto Culture and Community*. New York 1969.

—. »The Notion of Ghetto Culture.« In: John F. Szwed (Hrsg.), *Black America*. New York, London 1970, 99–109.

—. »Research in the Black Ghetto: a Review of the Sixties.« In: Roger D. Abrahms and John F. Szwed (Hrsg.), *Discovering Afro-America*. Leiden 1975, 5–25.

—. *Exploring the City. Inquiries Toward an Urban Anthropology*. New York 1980.

Hapgood, Hutchins. *The Autobiography of a Thief, Recorded by Hutchins Hapgood*. New York 1903.

Harden, Maxa. »Die Freizeit der Jugendlichen. Eine Erhebung im Kreise der SAG-Jugend.« *Akademisch-soziale Monatsschrift* IX, Okt.-Nov. 1925, 79–93.

Harrison, Brian. »Pubs.« In: H.J. Dyos und Michael Wolff (Hrsg.), *The Victorian City*. London, Boston 1973, 161–190.

Hayner, Norman S. »Hotel Life and Personality.« *American Journal of Sociology* 33 (1928), 784–795.

Häussermann, Harmut. »Herbert J. Gans, The Urban Villagers.« In: Dirk Kaesler und Ludgera Vogt (Hrsg.), *Hauptwerke der Soziologie*. Stuttgart 2000, 133–136.

Hebdidge, Dick. *Subculture. The Meaning of Style*. London 1979.

Hegemann, Werner. *Das steinerne Berlin*. Braunschweig 1979 [1930].

Heinrichs, Hans-Jürgen. *Ein Leben als Künstler und Ethnologe. Über Michel Leiris*. Frankfurt am Main 1992.

Hellpach, Willy. *Mensch und Volk der Großstadt*. Stuttgart 1952.

Hendin, Josephine Gattuso. »Italian Neighbors.« In: Rick Beard und Leslie Cohen Berlowitz (Hrsg.), *Greenwich Village*. New York 1993, 141–150.

Herbert, Christopher. »Rat Worship and Taboo in Mayhew's London.« *Representations* 23 (1988), 1–24.

—. *Culture and Anomie. Ethnographic Imagination in the Nineteenth Century*. Chicago, London 1991.

Hetscher, Elke und Norbert Steigerwald. »Die Kaffeeklappe der SAG.« In: Rolf Lindner (Hrsg.), »*Wer in den Osten geht, geht in ein anderes Land*«: *Die Settlementbewegung zwischen Kaiserreich und Weimarer Republik*. Berlin 1997, 179–192.

Hilger, Marie-Elisabeth. »Seuchen verändern die Stadt.« *Die alte Stadt* 18 (1991), 154–172.

Himmelfarb, Gertrude. »The Culture of Poverty.« In: H.J. Dyos und Michael Wolff (Hrsg.), *The Victorian City*. London, Boston 1973, 707–736.

Hirschauer, Stefan und Klaus Amann. *Die Befremdung der eigenen Kultur*. Frankfurt am Main 1997.

Hobbs, Dick. »Ethnography and the Study of Deviance.« In: Paul Atkinson et al. (Hrsg.), *Handbook of Ethnography*. London, Thousand Oaks, New Delhi 2001, 204–219.

Hoggart, Richard. *The Uses of Literacy. Aspects of Working Class Life With Special Reference to Publications and Entertainments*. London 1957.

Holek, Wenzel. *Meine Erfahrungen in Berlin Ost*. Köln, Weimar, Wien 1998.

Homans, George Caspar. *Theorie der sozialen Gruppe*. Köln 1960.

Honer, Anne. *Lebensweltliche Ethnographie*. Wiesbaden 1993.

Hong, Lawrence K. und Robert W. Duff. »The Center and the Peripheral. Functions and Locations of Dance Clubs in Los Angeles.« *Journal of Contemporary Ethnography* 26.2 (1997), 182–201.

Hughes, Linda K. und Michael Lund (Hrsg). *The Victorian Serial*. Charlottesville, London 1991

Humpherys, Anne. *Travels Into the Poor Man's Country. The Work of Henry Mayhew*. Firle, Sussex 1977.

Humpherys, Anne. *Henry Mayhew*. Boston 1984.

Ickstadt, Heinz. »Gesichter Babylons: Zum Bild der Großstadt im modernen amerikanischen Roman.« *Jahrbuch für Amerikastudien* 16 (1971), 60–76.

—. »The Descent into the Abyss: Die literarische Entdeckung des sozialen Untergrunds in der amerikanischen Fiktion des späten 19. Jahrhunderts.« *Amerikastudien* 26 (1981), 260–269.

Jackson, Peter. »Urban Ethnography.« *Progress in Human Geography* 9.2 (1985), 157–176.

Jargowsky, Paul und Mary Jo Bane. »Ghetto Poverty in the United States, 1970–1980.« In: C. Jencks und P. Peterson (Hrsg.), *The Urban Underclass*. Washington, D.C. 1991

Jensen, Jürgen. »Der Gegenstand der Ethnologie und die Befassung mit komplexen Gesellschaften.« *Zeitschrift für Ethnologie* 120 (1995), 1–14.

Joas, Hans. »Symbolischer Interaktionismus. Von der Philosophie des Pragmatismus zu einer soziologischen Forschungstradition.« *Kölner Zeitschrift für Soziologie und Sozialpsychologie* 40 (1988), 417–466.

Johnson, Richard. »Culture and the Historians.« In: John Clarke, Chas Critcher und Richard Johnson (Hrsg.), *Working Class Culture. Studies in History and Theory*. London 1979, 41–71.

Jones, Gareth Stedman. *Outcast London. A Study in the Relationship between Classes in Victorian Society*. Harmondsworth 1976.

—. »Kultur und Politik der Arbeiterklasse in London 1870 bis 1900.« In: Detlev Puls (Hrsg.), *Wahrnehmungsformen und Protestverhalten*. Frankfurt am Main 1979, 317–368.

Keating, Peter J. *The Working Classes in Victorian Fiction*. London 1971.

—. »Fact and Fiction in the East End.« In: H.J. Dyos und Michael Wolff (Hrsg.), *The Victorian City*. London, Boston 1973, 585–602.

—. (Hrsg). *Into Unknown England. 1866–1913. Selections from the Social Explorers*. Glasgow 1976

Keil, Charles. *Urban Blues*. Chicago 1966.

Kern, Horst. *Empirische Sozialforschung. Ursprünge, Ansätze, Entwicklungslinien*. München 1982.

Kerouac, Jack. *On the Road*. New York 1958.

Klaeger, Emil. *Durch die Wiener Quartiere des Elends und Verbrechens. Ein Wanderbuch aus dem Jenseits*. Wien 1908.

Knoblauch, Hubert A. »Zwischen Geschlechtern? In-Szenierung, Organisation und Identität des Transvestismus.« In: Stefan Hirschauer und Klaus Amann (Hrsg.), *Die Befremdung der eigenen Kultur*. Frankfurt am Main 1997, 84–114.

Koepping, Klaus-Peter. »Authentizität als Selbstfindung durch den anderen: Ethnologie zwischen Engagement und Reflexion, zwischen Leben und Wissenschaft.« In: Hans Peter Duerr (Hrsg.), *Authentizität und Betrug in der Ethnologie*. Frankfurt am Main 1987, 7–37.

Korff, Gottfried. »Berlin-Berlin. Menschenstadt und Stadtmenschen.« In: Ulrich Eckhardt (Hrsg.), *750 Jahre Berlin*. Frankfurt am Main 1986, 144–155.

Korff, Gottfried. »Die Stadt aber ist der Mensch...« In: Gottfried Korff und R. Rürup (Hrsg.), *Berlin – Berlin*. Berlin 1987, 643–663.

König, René. »Soziologie und Ethnologie.« *Kölner Zeitschrift für Soziologie und Sozialpsychologie*, Sonderheft 26: Ethnologie als Sozialwissenschaft (1984), 36–68.

Kramer, Fritz. *Verkehrte Welten*. Frankfurt am Main 1977.

—. *Der rote Fes. Über Besessenheit und Kunst in Afrika*. Frankfurt am Main 1987.

Krieger, Susan. »Fiction and Social Science.« *Studies in Symbolic Interaction* 5 (1984), 269–286.

Kumar, Kristian. »Versions of the Pastoral: Poverty and the Poor in England Fiction from the 1840s to the 1950s.« *Journal of Historical Society* 8 (1995), 1–35.

Laplanche, Jean und J.B. Pontalis. *Das Vokabular der Psychoanalyse*. Band 2. Frankfurt am Main 1973.

Lepenies, Wolf. *Das Ende der Naturgeschichte*. Frankfurt am Main 1978.

—. (Hrsg). *Geschichte der Soziologie. Studien zur kognitiven, sozialen und historischen Identität*. 4 Bände. Frankfurt am Main 1981

—. *Die drei Kulturen: Soziologie zwischen Literatur und Wissenschaft*. München 1985.

Lepenies, Wolf. »Beatrice Webb: Meine Lehrjahre – Ein Klassiker der englischen Literatur, ein Klassiker der Sozialforschung.« In: Beatrice Webb, *Meine Lehrjahre*. Frankfurt am Main 1988, 5–37.

Leuret, Fr. *Notice Historique sur A.J.B. Parent-Duchâtelet*, In: A.J.B. Parent-Duchâtelet, *La Prostitution dans la ville de Paris*. Paris 1857

Lewis, Sinclair. »Hobohemia.« *The Saturday Evening Post*, 7.4. 1917.

Lewis, Oscar. »The Culture of Poverty.« In: ders., *Anthropological Essays*. New York 1970

—. *La Vida. Eine puertoricanische Familie in der Kultur der Armut: San Juan und New York*. Düsseldorf, Wien 1971.

Lévi-Strauss, Claude. *Traurige Tropen.* Frankfurt am Main 1978.

Liebow, Elliot. *Tally's Corner. A Study of Negro Streetcorner Men.* Boston, Toronto 1967.

Lindner, Rolf. »Das andere Ufer. Zwei-Kulturen-Metapher und Großstadtforschung.« In: Hermann Bausinger und Theodor Kohlmann (Hrsg.), *Großstadt. Aspekte empirischer Kulturforschung. 24. Deutscher Volkskundekongreß in Berlin vom 26. bis 30.9. 1983.* Berlin 1985, 297–304.

—. »Nels Anderson (1889–1986). Eine Hommage.« *Jahrbuch für Volksliedforschung* 34 (1989), 81–91.

—. *Die Entdeckung der Stadtkultur. Soziologie aus der Erfahrung der Reportage.* Frankfurt am Main 1990.

—. »Literatur und Soziologie: James T. Farrell und das Chicagoer Department of Sociology.« *Sociologische Gids* XL.1 (1993).

—. »Die Anfänge der sozialen Arbeitsgemeinschaft Berlin-Ost.« In: Rolf Lindner (Hrsg.), *»Wer in den Osten geht, geht in ein anderes Land«. Die Settlementbewegung zwischen Kaiserreich und Weimarer Republik.* Berlin 1997, 81–94.

—. (Hrsg). *»Wer in den Osten geht, geht in ein anderes Land«. Die Settlement-Bewegung in Berlin zwischen Kaiserreich und Weimarer Republik.* Berlin 1997

—. »Dreieinhalb Arten, »Street Corner Society« zu lesen.« *Berliner Journal für Soziologie* 8 (1998), 278–283.

—. »Was ist »Kultur der Armut«? Anmerkungen zu Oscar Lewis.« In: Sebastian Herkommer (Hrsg.), *Soziale Ausgrenzungen.* Hamburg 1999, 171–178.

—. »The Construction of Authenticity: The Case of Subcultures.« In: John Liep (Hrsg.), *Locating Cultural Creativity.* London/Sterling, Virginia 2001, 81–89.

Lindner, Rolf und Heinrich Th. Breuer. *»Sind doch nicht alles Beckenbauers«. Zur Sozialgeschichte des Fußballs im Ruhrgebiet.* Frankfurt am Main 1978

Lippold, Verena. »Hinter seiner anachronistischen Würdigung verborgen geblieben: Der ethnologische Blick des Sozialreporters Henry Mayhew auf das Londoner East End.« *Historische Anthropologie* 4 (1996), 476–484.

Lofland, Lyn H. »Reminiscences of Classic Chicago. The Blumer-Hughes Talk.« *Urban Life* 9 (1980), 251–281.

London, Jack. *In den Slums.* München 1977.

Low, Gail Ching-Ling. »White Skins/Black Masks: the Pleasures and Politics of Imperialism.« In: Erica Carter, James Donald und Judith Specories (Hrsg.), *Space and Place. Theories of Identities and Location.* London 1993, 241–266.

Madge, John. *The Origins of Scientific Sociology.* New York 1967.

Malinowski, Bronislaw. *Argonauts of the Western Pacific. An Account of Native Enterprise and Adventure in the Archipelagoes of Melanesian New Guinea. With a Preface by Sir James George Frazer.* London 1922.

Marcus, Steven. »Reading the Illegible.« In: H.J. Dyos und Michael Wolff (Hrsg.), *The Victorian City.* London, Boston 1973, 257–276.

Marvasti, Amir und Christopher Faircloth. »Writing the Exotic, the Authentic and the Moral: Romanticism as Discursive Resource for the Ethnographic Text.« *Qualitative Inquiry* 8.6 (2002), 760–784.

Matza, David. *Abweichendes Verhalten. Untersuchungen der Genese abweichender Identität.* Heidelberg 1973.

Maxwell, Richard. »Henry Mayhew and the Life of the Streets.« *Journal of British Studies* XVII (1977), 87–105.

Mayhew, Henry. *London Labour and the London Poor (in weekly numbers).* Band 1. London 1851.

—. *London Labour and the London Poor.* 4 Bände 1967 [1861/62].

Mayhew, Henry und John Binny. *The Criminal Prisons of London.* London, New York 1968 [1862].

Mayhew, Henry. *Die Armen von London. Ausgewählt und mit einem Nachwort versehen von Kurt Tetzeli von Rosador.* Frankfurt am Main 1996.

Mayne, Alan. *The Imagined Slum.* Leicester, London, New York 1993.

McKinney, John D. *Constructive Typology and Social Theory.* New York 1966.

Mead, George Herbert. »The Nature of Aesthetic Experience.« *International Journal of Ethics* 36 (1926), 382–393.

Mearns, Andrew. *The Bitter Cry of Outcast London.* London 1883.

Meuter, Hanna. »Anderson, Nels: The Hobo (Besprechung).« *Kölner Vierteljahreshefte für Soziologie* 3 (1923/24), 193–4.

—. *Die Heimlosigkeit. Ihre Einwirkung auf Verhalten und Gruppenbildung des Menschen.* Jena 1925.

—. »Park and Burgess: The City (Besprechung).« *Kölner Vierteljahreshefte für Soziologie* 6 (1926/27), 89–91.

—. »Die Bibliographie des Dorfes als sozialen Gebildes.« In: Leopold von Wiese (Hrsg.), *Das Dorf als soziales Gebilde.* München 1928, 78ff.

Michaels, Walter Benn. »Race into Culture: A Critical Genealogy of Cultural Identity.« *Critical Inquiry* 18 (1992), 655–685.

Miller, Walter B. »Lower Class Culture as a Generating Milieu of Gang Delinquency.« *The Journal of Social Issues* 14 (1958), 5–19.

Mills, C. Wright. *Kritik der soziologischen Denkweise.* Neuwied, Berlin 1963.

Morton, Margaret. *The Tunnel: The Underground Homeless of New York City.* New Haven 1995.

Murphy, Paul Thomas. »The Voices of the Poor? Dialogue in Henry Mayhew's London Labour and the London Poor.« *Nineteenth-Century Prose* 25 (1998), 24–44.

Müller, Lothar. »Die Großstadt als Ort der Moderne. Über Georg Simmel.« In: Klaus R. Scherpe (Hrsg.), *Die Unwirklichkeit der Städte.* Reinbek bei Hamburg 1988

Naipaul, V.S. *Auf der Sklavenroute.* München 1962.

Naroll, Raoul und Frada Naroll. »The Bias of Exotic Data.« *Man* 63.24/25 (1963), 24–26.

Nead, Lynda. *Victorian Babylon. People, Streets and Images in Nineteenth-Century London.* New Haven, London 2000.

Neckel, Sighard. »Zwischen Robert E. Park und Pierre Bourdieu: Eine dritte »Chicago School«?« *Soziale Welt* 47 (1997), 71–84.

Neumann, Mark. »Collecting Ourselves at the End of the Century.« In: Carolyn Ellis und Arthur P. Bochner (Hrsg.), *Composing Ethnography.* Walnut Creek, London, New Delhi 1996

Newman, Katherine. *No Shame in My Game: The Working Poor in the Inner City.* New York 1999.

Nord, Deborah Epstein. »The Social Explorer as Anthropologist: Victorian Travellers among the Urban Poor.« In: William Sharpe und Leonard Wallock (Hrsg.), *Visions of the Modern City. Essays in History, Art, and Literature.* Baltimore, London 1987

O'Day, Rosemary und David Englander. *Mr. Charles Booth's Inquiry. Life and Labour of the People in London Reconsidered.* London, Rio Grande 1993.

Olk, Thomas und Rolf J. Heinze. »Die Bürokratisierung der Nächstenliebe. Am Beispiel von Geschichte und Entwicklung der »Inneren Mission«.« In: Christoph Sachße und Florian Tennstedt (Hrsg.), *Jahrbuch der Sozialarbeit 4.* Reinbek bei Hamburg 1981, 233–271.

Olson, Donald. *The City as a Work of Art.* London 1974.

Parent-Duchâtelet, Alexandre J.B. *Essais sur les cloaques ou égouts de la ville, envisagés sous la rapport de l'hygiène publique et de la topographie médicale de cette ville.* Paris 1824.

—. *La Prostitution dans la ville de Paris.* 2 Bände. Paris 1857.

Park, Robert E. »The City: Suggestions for the Investigation of Human Behavior in the City Environment.« *American Journal of Sociology* 20 (1915).

—. »The City: Suggestions for the Investigation of Human Behavior in the Urban Environment.« In: Robert E. Park, E.W. Burgess und R.D. McKenzie (Hrsg.), *The City.* Chicago 1925, 1–46.

—. »The City as a Social Laboratory.« In: Thomas V. Smith und Leonard D. White (Hrsg.), *Chicago. An experiment in social science research.* New York 1929, 1–19.

Parssinen, Carol Ann. »Social Explorers and Social Scientists: The Dark Continent of Victorian Ethnography.« In: Jay Ruby (Hrsg.), *A Crack in the Mirror. Reflexive Perspectives in Anthropology.* Philadelphia 1982, 205–217.

Pearson, Geoffrey. *Hooligan. A history of respectable fears.* London, Basingstoke 1983.

Pfautz, Harold W. »Charles Booth: Sociologist of the City.« In: Charles Booth, *On the City.* Chicago, London 1967, 1–170.

Pfeil, Elisabeth. *Großstadtforschung. Entwicklung und gegenwärtiger Stand, 2., neu bearbeitete Auflage.* Hannover 1972.

Picon, Antoine. »Cartography, Statistics and the Nineteenth-Century City. The Case of Paris.« Paper presented at the Workshop Science and the City, Berlin, 1.–3.12. 2000.

Pitkin, Donald S. »Italian Urban Space: Intersection of Private and Public.« In: Robert Rotenberg und Gary McDonogh (Hrsg.), *The Cultural Meaning of Urban Space.* Westport, Connecticut and London 1993

Platt, Jennifer. »The Development of the ›Participant Observation‹ Method in Sociology: Origin Myth and History.« *Journal of the History of the Behavioral Sciences* 19 (1983), 379–393.

Plummer, Ken (Hrsg). *The Chicago School. Critical Assessments.* 4 Bände. London, New York 1997

—. »Introducing Chicago Sociology: The Foundations and Contibutions of a Major Sociological Tradition.« In: Ken Plummer (Hrsg.), *The Chicago School. Critical Assessments.* London, New York 1997, 3–40.

Polsky, Ned. *Hustlers, Beats and Others.* Harmondsworth 1971.

Raban, Jonathan. »The Invisible Mayhew.« *Encounter* XLI (1973), 64–70.

Rauschenbush, Winifred. *Robert E. Park: Biography of a Sociologist*. Durham, N.C. 1979.

Reckless, Walter C. *Vice in Chicago*. Montclair, N.J. 1969.

Reed, John. *Stationen eines Lebens. Eine Anthologie* 1977.

Reinharz, Shulamit. »The Chicago School of Sociology and the Founding of the Brandeis University Graduate Program in Sociology: A Case Study in Cultural Diffusion.« In: Gary Alan Fine (Hrsg.), *A Second Chicago School?*, Chicago, London 1995, 273–321.

Reitman, Ben L. *The Second Oldest Profession. A Study of the Prostitute's »Business Manager«*. New York 1931.

—. *Boxcar Bertha. Eine Autobiographie*. Reinbek bei Hamburg 1996.

Residents of Hull House. *Hull-House Maps and Papers*. New York 1970 [1895].

Riis, Jacob A. *How The Other Half Lives*. New York 1971 [1890].

Robinson, Arthur H. *Early Thematic Mapping in the History of Cartography*. Chicago, London 1982.

Rosador, Kurt Tetzeli von. »Henry Mayhews Vielstimmigkeit.« In: Henry Mayhew, *Die Armen von London*. Frankfurt am Main 1996, 361–381.

Russell, Charles E.B. *Manchester Boys. Sketches of Manchester Lads at Work and Play*. Manchester 1913.

Said, Edward W. *Kultur und Imperialismus*. Frankfurt am Main 1994.

—. *Orientalism*. Harmondsworth 1995.

Salzmann, Philip Carl. »The Lone Stranger in the Heart of Darkness.« In: Robert Borofsky (Hrsg.), *Assessing Cultural Anthropology*. New York etc. 1984, 29–39.

Sanborn, Alvan Francis. *Moody's Lodging House and Other Tenement Sketches*. Boston 1895.

Sansot, Pierre. *Les formes sensibles de la vie sociale*. Paris 1986.

Santayana, George. *The Genteel Tradition*. Cambridge, Massachussetts 1967.

Santé, Luc. *Low Life*. New York 1992.

Schlossman, S.L. »G. Stanley Hall and the Boy's Clubs. Conservative Applications of Recapitulation Theory.« *Journal of the History of the Behavioral Sciences* 9 (1973), 140–147.

Schlör, Joachim. *Nachts in der großen Stadt: Paris, Berlin, London 1840–1930*. München 1991.

Schoch, Russell. »A conversation with Loïc Waquant.« *Alumni. Cal Monthly* December 2003.

Schocket, Eric. »Undercover Explorations of the ›Other Half‹, Or the Writer as Class Transvestite.« *Representations* 64 (1998), 109–133.

Schoenwald, Richard L. »Training urban man. A hypothesis about the sanitary movement.« In: H.J. Dyos und Michael Wolff (Hrsg.), *The Victorian City*. London, Boston 1973, 669–692.

Schubert, Dirk. »Charles Booth – Entdecker der ›Zwei-Drittel-Gesellschaft‹ und die ›Arithmetik des Jammers‹.« *Jahrbuch für Soziologiegeschichte* (1994), 117–140.

Schultz, Joachim. *Wild, irre und rein. Wörterbuch zum Primitivismus*. Gießen 1995.

Schwartz, Jonathan Matthew. »Urban Pastoral and American Social Science: The Italian Presence.« *American Studies in Scandinavia* 23 (1991), 15–28.

Segalen, Victor. *Essai sur l'exotisme*. Paris 1981.

Seltzer, Mark. »The Princess Casamassima. Realism and the Fantasy of Surveillance.« In: Eric J. Sundquist (Hrsg.), *American Realism. New Essays*. Baltimore, London 1982, 95–118.

Shannon, Charles. »In Search of Respect (review).« *Anthropology and Education Quarterly* 27 (1996).

Shaw, Clifford R. *The Jack-Roller. A Delinquent Boy's Own Story.* Chicago 1930.

Siegmund-Schultze, Friedrich. »Eine Nacht im Osten von London.« *Die Innere Mission im Evangelischen Deutschland* 4 (1909), 210–226.

—. »Berlin-Ost – Zur Klärung unserer ›sozialen Armut‹ im Osten von Berlin.« *Die Furche* 2 (1912).

—. »Ein praktischer Versuch zur Lösung des sozialen Problems.« *Die Innere Mission im Evangelischen Deutschland* 7 (1912).

Simey, T.S. »Charles Booth (1840–1916).« In: Timothy Raison und Paul Becker (Hrsg.), *The Founding Fathers of Social Science.* London 1979, 108–115.

Simmel, Georg. *Soziologische Vorlesungen. Gehalten an der Universität Berlin im Wintersemester 1899.* Chicago 1931.

—. »Die Großstädte und das Geistesleben.« (Hrsg.), *Georg Simmel, Brücke und Tür.* Stuttgart 1957, 227–242.

—. *Soziologie. Untersuchungen über die Formen der Vergesellschaftung.* Berlin 1983.

Sims, George R. *How the Poor Live and Horrible London.* London 1889.

Spiller, Else. *Slums. Erlebnisse in den Schlammvierteln moderner Großstädte.* Aarau, Leipzig, Wien 1911.

Spinner, Gerhard. »Welche Aufgabe hat die Soziale Arbeitsgemeinschaft als Forschungs-, Ausbildungs- und Auskunftsstelle?« *Neue Nachbarschaft. Akademisch-soziale Monatsschrift* XII (1929a), 12–13.

—. »Forschungs- und Ausbildungsarbeit.« In: *Nachbarschaftssiedlung in der Großstadt. Grundsätzliches aus der Arbeit der Sozialen Arbeitsgemeinschaft Berlin-Ost.* Berlin 1929b, 62–67.

Stafford, Robert. *Scientist of Empire: Sir Roderick Murchison, Scientific Exploration and Victorian Imperialism.* Cambridge 1989.

Stallybrass, Peter und Allon White. *The Politics and Poetics of Transgression.* London 1986.

Steiner, Franz. *Taboo.* Harmondsworth 1967.

Suttles, Gerald D. *The Social Construction of Communities.* Chicago 1972.

Taithe, Bertrand. *The Essential Mayhew: Representing and Communicating the Poor.* London 1996.

Thompson, Edward J. »The Political Education of Henry Mayhew.« *Victorian Studies* 11 (1967), 41–62.

—. »Mayhew and the Morning Chronicle.« In: Edward J. Thompson und Eileen Yeo (Hrsg.), *The Unknown Mayhew.* London 1971, 11–50.

Thompson, Edward J. und Eileen Yeo (Hrsg). *The Unknown Mayhew. Selections from the Morning Chronicle 1849–1950.* London 1971

Thrasher, Frederic Milton. *The Gang. A Study of 1,313 Gangs in Chicago.* Chicago 1927.

Tolson, Andrew. »Social Surveillance and Subjectification: The Emergence of Subculture in the Work of Henry Mayhew.« *Cultural Studies* 4 (1990), 113–127.

Topalov, Christian. »The Neighborhood of the Social Sciences in the 1950s and 60s: Three Cross-National Case-Studies.« Paper presented at the workshop Science and the City, Berlin, 1.–3.12. 2000.

Torgovnick, Marina. *Gone Primitive. Savage Intellects, Modern Lives.* Chicago 1990.

Townsley, Eleanor. »›The Sixties‹ Trope.« *Theory, Culture and Society* 18.6 (2001), 99–123.

Trachtenberg, Alan. »Experiments in Another Country. Stephen Crane's City Sketches.« In: Eric J. Sundquist (Hrsg.), *American Realism. New Essays.* Baltimore, London 1982, 138–154.

Truzzi, Marcello. »Sherlock Holmes.« In: Umberto Eco und Thomas A. Sebeok (Hrsg.), *Der Zirkel oder im Zeichen der Drei. Dupin, Holmes, Peirce.* München 1985

Turner, Victor. *Vom Ritual zum Theater.* Frankfurt am Main, New York 1989.

U.S. Riot Commission. *Report of the National Advisory Commission on Civil Disorders.* New York 1968.

University of Chicago Press. *Catalogue of Books and Journals, 1891–1941.* Chicago 1941.

Valentine, Charles A. *Culture and Poverty: Critique and Counter-Proposals.* Chicago 1968.

Valentine, Bettylou. *Hustling and Other Hard Work. Life Styles in the Ghetto.* New York 1978.

Van Deburg, William L. *Black Camelot.* Chicago, London 1997.

Van Maanen, John. *Tales of the Field.* Chicago, London 1988.

Veith, Dominik und Jens Sambale. »Wer drinnen ist, ist draußen. Warum auch in Berlin neuerdings über ›Ghettos‹ debattiert wird.« In: Michi Knecht (Hrsg.), *Die andere Seite der Stadt. Armut und Ausgrenzung in Berlin.* Köln, Weimar, Wien 1999, 60–72.

Vincent, David. »Secrecy and the City, 1870–1939.« *Urban History* 22 (1995), 341–359.

Wacquant, Loïc J.D. »Corps et Ame. Notes Ethnographiques d'un Apprenti-Boxeur.« *Actes de la Recherche en Sciences Sociales* 80 (1989), 33–67.

—. »The pugilistic point of view: How boxers think and feel about their trade.« *Theory and Society* 24 (1995), 489–535.

—. »Three Pernicious Premises in the Study of the American Ghettos.« *International Journal of Urban and Regional Research* 21.2 (1997), 341–353.

—. »Inside the Zone. The Social Art of the Hustler in the Black American Ghetto.« *Theory, Culture and Society* 15.2 (1998), 1–36.

—. »Urban Marginality in the Coming Millenium.« *Urban Studies* 36 (1999), 1639–1647.

—. »Opfer. Über die Berufsethik der Preisboxers.« *Berliner Debatte Initial* (2001a), 22–29.

—. »›Busy Louie‹ im Ring: Ein Soziologe unter Preisboxern. Interview mit Loïc Wacquant.« *Berliner Debatte Initial* 12 (2001b), 30–35.

—. »Scrutinizing the Street: Poverty, Morality and the Pitfalls of Urban Ethnography.« *American Journal of Sociology* 107 (2002), 1468–1532.

—. »From Slavery to Mass Incarceration.« *New Left Review* 13 (2002), 41–60.

—. *Leben für den Ring. Boxen im amerikanischen Ghetto.* Konstanz 2003.

Walkowitz, Judith R. »Jack the Ripper und der Mythos von der männlichen Gewalt.« In: Alain Corbin (Hrsg.), *Die sexuelle Gewalt in der Geschichte.* Berlin 1992, 107–156.

Wallraff, Günter. *13 unerwünschte Reportagen.* Reinbek bei Hamburg 1977.

Warner Jr., Sam Bass. »Slums and Skyscrapers. Urban Images, Symbols, and Ideology.« In: Lloyd Rodwin und Robert M. Hollister (Hrsg.), *Cities of the Mind. Images and Themes of the City in the Social Sciences.* New York, London 1984

Webb, Beatrice. *My Apprenticeship.* London, New York, Toronto 1950.

Webb, Beatrice. *Meine Lehrjahre. Mit einer Einführung von Wolf Lepenies*. Frankfurt am Main 1988.

Weingart, Peter. *Doppelleben. Ludwig Ferdinand Clauss: Zwischen Rassenforschung und Widerstand*. Frankfurt am Main, New York 1995.

Weisbrod, Bernd. »›Visiting‹ und ›Social Control‹. Statistische Gesellschaften und Stadtvisionen im viktorianischen England.« In: Christoph Sachße und Florian Teunstedt (Hrsg.), *Soziale Sicherheit und soziale Disziplinierung*. Frankfurt am Main 1986, 181–209.

Weisz, Antonia. »Großstadtdrama. Die SAG und das Kino.« In: Rolf Lindner (Hrsg.), »*Wer in den Osten geht, geht in ein anderes Land«. Die Settlementbewegung in Berlin zwischen Kaiserreich und Weimarer Republik*. Berlin 1997, 153–159.

Wells, Herbert George. *The Time Machine*. New York 1895.

Welz, Gisela. *Street Life: Alltag in einem New Yorker Slum*. Frankfurt 1991.

Weppner, Robert S. *Street Ethnography*. Beverly Hills, London.

Whyte, Kathleen King. »An Autobiographical Note.« *Qualitative Sociology* 16 (1993), 333–335.

Whyte, William F. *Street Corner Society. The Social Structure of an Italian Slum*. Chicago 1943.

—. *Street Corner Society. The Social Structure of an Italian Slum (second, enlarged edition)*. Chicago 1958.

—. »On Making the Most of Participant Observation.« *The American Sociologist* 14 (1979), 56–65.

—. *Die Street Corner Society. Die Sozialstruktur eines Italienerviertels*. Berlin, New York 1996.

Wichern, Johann Heinrich. »Hamburgs wahres und geheimes Volksleben.« In: Christoph Sachße und Florian Tennstedt (Hrsg.), *Jahrbuch der Sozialarbeit 4*. Reinbek bei Hamburg 1984, 207–222.

Wiese, Leopold von. *Das Dorf als soziales Gebilde*. München, Leipzig 1928.

—. »Das Ghetto in Amsterdam. Ein Beitrag zur Soziologie des Ghettos.« *Jüdische Wohlfahrtspflege und Sozialgeschichte* NF1.12 (1930), 445–449.

Wilk, Richard. »Consumer Goods As a Dialogue About Development.« *Culture and History* 7 (1990), 79–108.

Williams, Karel. *From pauperism to poverty*. London, Boston, Henley 1981.

Willis, Paul. *Learning to Labour. How Working Class Kids Get Working Class Jobs*. Westmead etc. 1977.

—. *Spaß am Widerstand. Gegenkultur in der Arbeiterschule*. Frankfurt am Main 1979.

Wirth, Louis. *The Ghetto*. Chicago 1960 [1928].

Wobbe, Theresa. »Hanna Meuter (1889–1964).« In: Barbara Hahn (Hrsg.), *Frauen in den Kulturwissenschaften*. München 1994

Wohl, Anthony S. »The Bitter Cry of Outcast London.« *International Review of Social History* 13 (1968).

—. *The Eternal Slum*. London 1977.

Wolff, Kurt H. »Authentizität in Loma und die Authentizität von ›Loma‹.« In: Hans Peter Duerr (Hrsg.), *Authentitzität und Betrug in der Ethnologie*. Frankfurt am Main 1987

Woodcock, George. »Henry Mayhew and the Undiscovered Country of the Poor.« *Sewanee Review* 92 (1984), 556–573.

Yeo, Eileen. »Mayhew as a social investigator.« In: Edward J. Thompson und Eileen Yeo (Hrsg.), *The Unknown Mayhew*. London 1971, 51–95.

—. »The social survey in social perspective, 1830–1930.« In: Martin Bulmer, Kevin Bales und Kathryn Kirk Sklar (Hrsg.), *The social survey in historical perspective*. Cambridge 1991, 49–65.

Young, Erle Fiske. »The Social Base Map.« *Journal of Applied Sociology* IX (1924/25), 202–206.

Young, Pauline. *The Pilgrims of Russian-Town: The Community of Spiritual Christian Jumpers in America, with an introduction by Robert E. Park*. Chicago 1932.

Young, Michael und Peter Willmott. *Family and Kinship in East London*. Harmondsworth 1976 [1957].

Zorbaugh, Harvey Warren. *The Gold Coast and the Slum. A Sociological Study of Chicago's Near North Side*. Chicago, London 1983 [1929].